精品课程新形态教材
21世纪应用型人才培养“十四五”教材
“双创”型人才培养优秀教材

微商概论

刘 丹 主 编
姚春荣 马三中 叶冰清 副主编
丁 浩 吕 敏 程思宇
余建平 黄 睿 杨丽英

中国商业出版社

图书在版编目(CIP)数据

微商概论 / 刘丹主编 . —北京:中国商业出版社,
2024. 1

ISBN 978-7-5208-2697-6

Ⅰ. ①微… Ⅱ. ①刘… Ⅲ. ①网络营销-概论 Ⅳ.
①F713. 365. 2

中国国家版本馆 CIP 数据核字(2023)第 214944 号

责任编辑:聂立芳

策划编辑:张 盈

中国商业出版社出版发行

(www. zgsycb. com 100053 北京广安门内报国寺 1 号)

总编室:010-63180647 编辑室:010-63033100

发行部:010-83120835/8286

新华书店经销

涿州汇美亿浓印刷有限公司印刷

* * * *

787 毫米×1092 毫米 16 开 15. 5 印张 300 千字

2024 年 1 月第 1 版 2024 年 1 月第 1 次印刷

定价:46. 00 元

* * * *

(如有印装质量问题可更换)

前　言

近几年，随着电商的迅猛发展，" 微商" 这个字眼已经进入人们的视线，同时渗入我们的生活中. 几乎各行各业都能看到微商的影子。对于高校而言，迎接信息改革的大浪潮，在电子商务专业中自然要结合微商的特征和模式进行本课程的教学。

党的二十大报告指出：加快发展数字经济，促进数字经济和实体经济深度融合，打造具有国际竞争力的数字产业集群。中共中央、国务院印发的《数字中国建设整体布局规划》，旨在加快建设数字中国，探索一条中国特色数字化发展道路，打造数字领域国际合作格局，与世界各国共享数字化发展成果，构建网络空间命运共同体，共同培育全球发展的数字新动能，为全球互联网发展贡献力量。

目前市面上还没有关于《微商概论》的高校教材，因此本书在撰写的过程中，编写人员通过查阅了大量参考文献及最新研究数据、资料，才顺利完成了编写任务。从而使学生能够掌握微商领域中最新研究成果。同时“互联网+”时代下，随着特殊的营商环境和创业背景的形成，大学生通过微商创业的案例越来越多，因此高校也需要通过《微商概论》课程的开设对大学生的微商创业进行科学指导和管理，引导他们沿着正确的道路和方向践行创业行为。在此基础上，高校需做好宏观调控和全局把关，构建专门的大学生微商创业平台，将大学生微商创业与专业教育进行科学对接，为大学生提供合理化微商创业的建议和指导。

本书撰写了十章内容，分别是微商概述、微商的商业模式、微商经济学、微信与微信朋友圈、微商营销、微商与新媒体营销、移动电子商务技术基础、移动营销、微商文案的策划与撰写技巧以及微商负面效应与网络舆情管理。全面科学地分析了微商所涉及的重要内容。

本书是编写人员在研究领域经过数年的教学经验总结而成，适合作为电子商务、市场营销相关专业的教材，也适合微商从业者进行自学，特别感谢相关人员在本书编写过程中的大力支持和帮助，欢迎广大读者提出宝贵的意见，在此一并谢过。

编　者

CONTENTS 目录

目录 | CONTENTS

目录 | CONTENTS

目录 | CONTENTS

第一章 微商概述

项目导读

随着互联网社交生态的不断发展，微商的概念范畴也在不断演进，目前包括大型品牌、个体户、电商平台等在内的所有基于社交生态平台进行销售和营销行为的商户都可以称为微商。在外部环境和各行业需求渗透的驱动下，2019 年中国微商市场交易规模已经超过 2 万亿元，中国微商市场从业人数达 0.6 亿人。

学习目标

1. 了解微商的背景及发展现状；
2. 掌握微商的概念及内涵；
3. 理解微商的特点及分类；
4. 掌握微商产生的影响。

思政目标

本章对微商相关概念进行深度的分析，引导大学生树立“理性消费”的消费观念，有助于介入大学生消费价值观教育的研究。

案例导入

明星做微商，躺赢？

微商大军又推动了一个公司走向上市。2023 年 7 月，与周杰伦有着千丝万缕关系的巨星传奇集团有限公司（以下简称巨星传奇）在港交所上市。招股书中，成立于 2017 年的巨星传奇自定位是“新零售运营商”，专注通过各种渠道（主要通过微信等社交电商渠道）销售健康管理产品及护肤产品。公司主要产品为魔胴防弹咖啡，同时在护肤品市场，巨星传奇拥有摩肌博士及茶小姐等多个品牌。

据 IPO 报道，2019—2020 年，魔胴防弹咖啡的经销商和分销商的总数量从 3000 多家激增到 17000 多家，他们大多向一家叫“昆山汀奢”的总分销商采购商品，这家公司的主要负责人李婷曾登上过美国时代广场广告牌，有“微商女王”之称。借着“微商大军”，巨星传奇 2019—2020 年的收入也从 8658 万元激增到约 4.57 亿元。

周杰伦并非该公司的老板，只是将自己的 IP 形象授权给巨星传奇。当然，这也是一门稳赚不赔的生意，所有宣传、运营等事宜全部由巨星传奇运作，在产品“不翻车”的情况下，周杰伦可以说是躺着赚钱。除了周杰伦，近年来涌入微商热潮的明星不计其数，关于此现象，有网友打趣称“明星的尽头就是微商”。

目前，饱受诟病的“明星产品”不在少数，下滑的口碑，无疑会吞噬明星的光环效应。另外，随着越来越多的明星跻身直播带货领域，明星光环也在逐渐淡化，消费者对微商品牌的信任和支持能够维持多久不得而知。

思考题：

1. 目前对“明星产品”存在的诟病有哪些？
2. 你对越来越多的明星做微商有什么看法？

第一节　微商的概念及内涵

一、电子商务概述

（一）电子商务的定义

电子商务的发展是互联网社会时代的产物，是社会新浪潮的助推器，对互联网的发展具有巨大的推动作用。近年来，我国电子商务发展迅猛，不仅创造了新的消费需求，引发了新的投资热潮，开辟了创、就业增收新渠道，为“大众创业、万众创新”提供了新空间，而且电子商务正加速与制造业融合，推动服务业转型升级，催生新兴业态，成为提供公共产品、公共服务的新力量，成为经济发展新的原动力。加快发展电子商务是企业降低成本、提高效率、拓展市场和创新经营模式的有效手段，是提升产业和资源的组织化程度、转变经济发展方式、提高经济运行质量和增强国际竞争力的重要途径，对于优化产业结构、支撑战略性新兴产业发展和形成新的经济增长点具有非常重要的作用，对满足和提升消费需求、改善民生和带动就业具有十分重要的意义，对于经济和社会可持续发展具有越发深远的影响。推进“大众创业、万众创新”，是发展的动力之源，也是富民之道、公平之计、强国之策，对推动经济结构调整、打造发展新引擎、增强发展新动力、走创新驱动发展道路具有重要意义，是稳增长、扩就业、激发亿万群众智慧和创业激情，促进社会纵向流动、公平正义的重大举措。

电子商务源于英文“Electronic Commerce”，即 EC。顾名思义，其内容包含两方面：一是电子方式，二是商贸活动。电子商务指的是利用简单、快捷、低成本的电子通信方式，买卖双方不谋面地进行各种商贸活动。电子商务是指利用计算机技术、网络技术和远程通信技术，实现整个商务（买卖）过程中的电子化、数字化和网络化。人们不再面对面地看着实实在在的货物，靠纸介质单据（包括现金）进行买卖交易，而是通过网上琳琅满目的商品信息、完善的物流配送系统和方便安全的资金结算系统进行交易（买卖）。

电子商务的概念包括以下含义：

（1）电子商务是一种采用先进信息技术的买卖方式；

（2）电子商务造就了一个虚拟的市场交换场所；

（3）电子商务是“现代信息技术”和“商务”的集合；

（4）电子商务是一种理念，而非简单地采用电子设施完成商务活动。

电子商务可以通过多种电子通信方式来完成。现在人们所探讨的电子商务主要是以电子数据交换（EDI）和互联网来完成的。尤其随着互联网技术的日益成熟，电子商务的发展将建立在互联网技术上。所以，也有人把电子商务简称为 IC（Internet Commerce）。

电子商务分为两个层次，较低层次的电子商务如电子商情、电子贸易、电子合同等。最完整的也是最高级的电子商务应该是能够利用网络进行全部交易流程的贸易活动，即在网上将信息流、商流、资金流和部分的物流完整地实现。也就是说，你可以从寻找客户开始，一直到洽谈、订货、在线付（收）款、开具电子发票以至到电子报关、电子纳税等通过互联网一气呵成。

（二）电子商务优点

电子商务提供企业虚拟的全球性贸易环境，大大提高了商务活动的水平和服务质量。新型的商务活动主要有以下优点。

（1）大大提高了通信速度，尤其是国际范围内的通信速度。

（2）节省了潜在开支，如电子邮件节省了通信邮费，而电子数据交换则大大节省了管理成本和人员环节的开销。

（3）增加了客户和供货方的联系。如电子商务系统网络站点使客户和供货方均能了解对方的最新数据，而电子数据交换则意味着企业间的合作得到了加强。

（4）提高了服务质量，能以一种快捷方便的方式提供企业及其产品的信息及客户所需的服务。

（5）提供了交互式的销售渠道，使商家能及时得到市场反馈，改进本身的工作。

（6）提供全天候的服务，即每年 365 天，每天 24 小时的服务。

（7）最重要的一点是，电子商务增强了企业的竞争力。

（三）电子商务的发展层次

虽然电子商务的范围很广，但是企业仍是电子商务运作的主体。我们可以根据企业电子商务的运作程序将其划分为三个层次，这三个层次也可以反映企业实施电子商务的不同发展阶段。

1. 初级层次——建立易于实施的可操作系统

初级层次是指企业开始在传统商务活动中的一部分引入计算机网络信息处理与交换，代替企业内部或对外部分传统的信息储存和传递方式。例如，企业建立内部电脑网络进行信息共享和一般商务资料的储存和处理，通过国际互联网传输电子邮件，在国际互联网上建立网页，宣传企业形象等。

在初级层次，企业虽然利用了计算机网络进行了信息处理和信息交换，但所做的一切并未构成交易成立的有效条件，或者并未构成商务合同履行的一部分。企业实施初级层次的电子商务投资成本低，易于操作。这一层次的电子商务并未涉及复杂的技术问题和法律问题。

2. 中级层次——维系牢固的商业链

中级层次是指企业利用计算机的信息传递部分地代替了某些合同成立的有效条件，或者构成履行商务合同的部分义务。例如，企业网上在线交易系统的建立，网上有偿信息的提供，贸易伙伴之间约定文件或单据的传输等。在某种程度上，中级层次的电子商务是使企业走上建立外联网的道路。

在中级层次，企业实施电子商务的程度有所加深，特别是电子商务已涉及交易成立的实质条件，或已构成商务合同履行的一部分。因此，这一层次的电子商务就要涉及一些复杂的技术问题和法律问题等。这一层次电子商务的实现需要社会各界相互配合，特别是政府机构和商业团体应该为电子商务创造良好的发展环境。

3. 高级层次——实现全方位的数字自动化

高级层次是电子商务发展的理想阶段。它是将企业商务活动的全部程序用计算机网络的信息处理和信息传输所代替，最大限度消除了人工干预。在企业内部和企业之间，从交易的达成到产品的生产、原材料供应、贸易伙伴之间单据的传输、货款的清算、产品和服务的提供等，均实现了一体化的计算机网络信息传输和信息处理。

高级层次是将企业对消费者（B2C）、企业对企业（B2B）甚至企业对行政机构（B2A）的电子商务有机地结合起来，实现企业最大限度的内部办公自动化和外部交易的电子化连接。这一层次电子商务的实现将有赖于全社会对电子商务的认同，以及电子商务运作环境的改善。

（四）电子商务发展现状

据中商情报网讯：2021 年上半年中国网上零售额为 61133 亿元，同比增长 23. 2%。随着电商平台持续渗透下沉市场，线上零售额不断增加。目前，电商平台正在加大新业务、新渠道投入，不断完善平台生态，利润阶段性承压。在监管常态下，竞争将更加公平有序，有助于行业长期健康发展。

1. 电商行业发展势头良好

2021 年，我国整体消费沿袭了稳步复苏的态势 。随着市场下沉 、平台多渠道发展，电商行业市场规模逐年增长。中国电子商务交易额 2020 年增至 37. 21 万亿元。面对复杂多变的全球经济形势和新冠疫情，我国电子商务行业保持平稳发展态势。2022 年，全国电子商务交易额 42. 93 万亿元，较上年增加 1. 53 万亿元，同比增长 3. 5%，如图 1-1 所示。

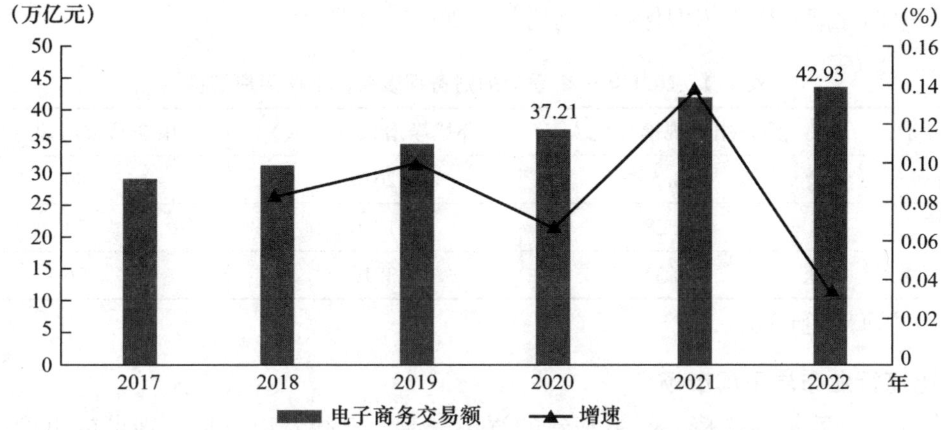

图 1-1 2017—2022 年中国电子商务交易额预测趋势

［数据来源：商务部、共研产业咨询（共研网）］

面对复杂多变的全球经济形势和新冠疫情，我国电子商务服务业保持平稳发展态势。2022 年，全国电子商务服务业营收规模 6. 79 万亿元，较上年增加 0. 39 万亿元，同比增长 6. 1%。直播带货、社区团购等新业态快速发展，电子商务与实体经济的加速融合带动更多人从事电子商务行业。2022 年，全国共有电子商务从业人员 6937. 18 万人，较上年增加 209. 38 万人，同比增长 3. 1%，如图1-2所示。

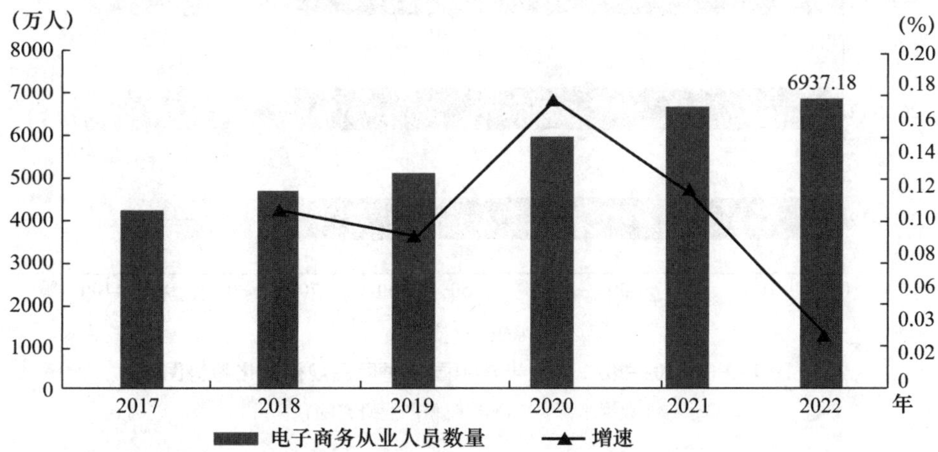

图 1-2 2017—2021 年中国网络购物用户规模及使用率统计

［数据来源：商务部、共研产业咨询（共研网）］

2. 头部电商用户规模增加

2021年第二季度，头部电商用户规模仍保持增长。拼多多的活跃用户规模在四大电商中最多，为8.5亿人，其次分别为阿里巴巴（8.28亿人）及京东（5.32亿人）。环比净增长最多的是京东，达到3210万人，其次为拼多多（2610万人）及阿里巴巴（1700万人）。单季营收增速最快的是拼多多，增速达89%，其次是阿里巴巴（34%）及京东（26%）。三大头部电商在高基数下依旧保持强劲增长，如表1-1所示。

表1-1 2021年一个季度的财务报表头部电商用户规模

电商平台	活跃用户规模（亿人）	环比净增长（万人）	单季营收增速（%）
拼多多	8.5	2610	89
阿里巴巴	8.28	1700	34
京东	5.32	3210	26

数据来源：中商产业研究院。

3. 电商行业布局下沉市场

近年来，受政策的扶持、网络基建的逐渐完善，三线及以下城乡地区的电商发展迅猛。2016—2020年，农村网民规模在逐渐上升，从2016年的2.01亿人增至2020年的3.09亿人，年均复合增长率达到11.35%，2021年上半年农村网民规模就达到2.97亿人。截至2022年6月，我国农村网民规模为2.93亿人，占网民整体的27.9%。（见图1-3）现阶段农村网民规模正在上涨，下沉市场吸引了众多电商企业的目光，电商平台的用户数量也逐渐攀升。

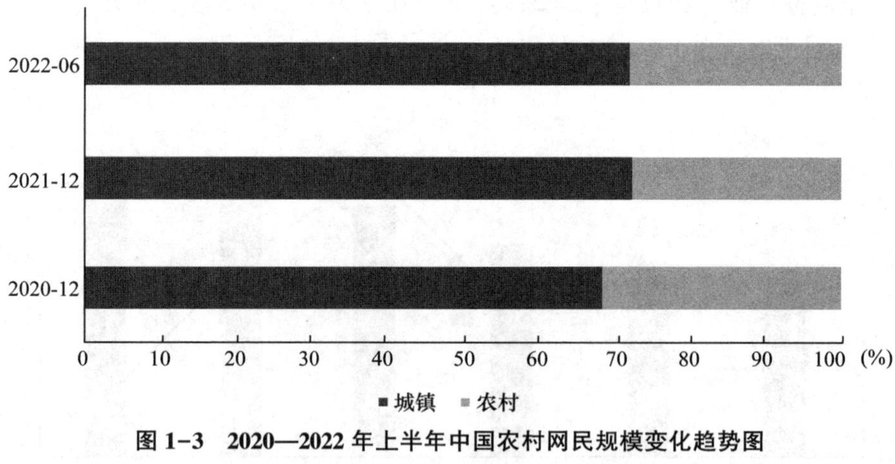

图1-3 2020—2022年上半年中国农村网民规模变化趋势图

（数据来源：CNNIC 前瞻产业研究院）

下沉市场，指的是三线以下城市、县镇与农村地区的市场。范围大而分散，服务成本更高是这个市场的基本特征。限于收支水平，下沉市场的整体消费仍然以“商品满足基本功能”为主，但依旧追求商品的良好品质。下沉市场单体消费能力相对较弱、熟人社会特征明显，同时，下沉市场的消费者依然青睐线下实体店的购物方式，线下和线上相结合更容易吸引消费者。

2022 年 6 月 7 日，QuestMobile 发布 2022 年下沉市场洞察报告。数据显示，截至 2022 年 4 月，下沉市场月活跃用户 6.92 亿，在整体中占比为 58.4%，同时，月人均时长、次数分别为 163 小时、3932 次，同比增长 10.9%、12.5%。增量 5000 万以上的行业中，下沉市场贡献率均超过 60%。过去一年，增长 TOP10 的行业分别为生活服务、办公商务、金融理财、智能设备、移动购物、系统工具、新闻资讯、医疗服务、移动社交、汽车服务，增量多数来自下沉市场；其他行业，如短视频、电商等 App，增量中超半数来源于下沉市场。从用户数据来看，下沉市场女性用户占比为 53.5%，51 岁以上中老年群体占比为 26.4%，24 岁以下用户占比为 21.5%，一老一少群体特性突出，同时，这些群体的线上中高消费能力，尤其是中老年用户的消费能力一直在持续提升。预计中国农村网络零售额将从 2021 年的 2.05 万亿元增至 2025 年的 3.34 万亿元，年均复合增长率将达 12.98%，如图 1-4 所示。

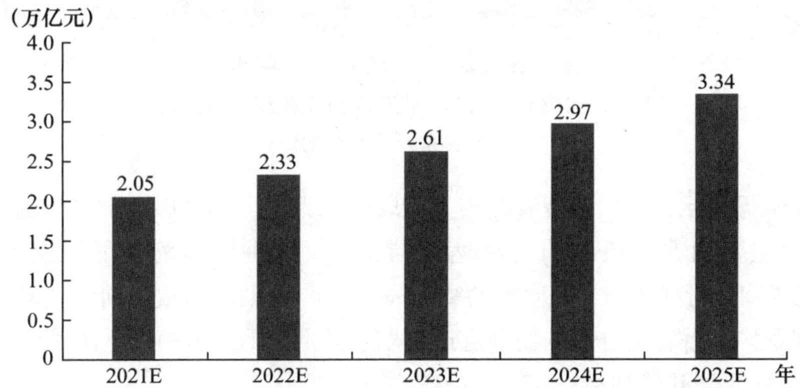

图 1-4　2021—2025 年中国农村网络零售额预测趋势

（数据来源：中商产业研究院整理资料）

相较于传统电商，下沉市场更注重“性价比”。各大主流平台根据自身优势资源，制定下沉市场的发展定位。淘宝推出以 C2M 定制商品为核心供给，主打“低价+品类”的淘特，拼多多则主攻“社交电商”的卖点迎合下沉市场重社交的属性，京东推出“特价+多场景触达”的“京喜”，苏宁采用“供应链+门店+社交玩法”模式大力推动零售云模式，等等。各大电商平台都在加速供应链下沉市场、差异化布局下沉市场电商平台生态。

（五）电商行业前景

1. 社交电商成为新消费趋势

随着无线端流量爆发的结束，电商行业流量增长放缓，流量红利逐渐逝去，通过下沉市场渗透、垂直领域延伸加强电商平台的发展，加大新渠道投入和延伸。传统电商已趋于稳定发展，新零售业务逐渐兴起。线上线下融合成为大势所趋，社交电商具有很高的价值。

社交电商平台就是“分享经济+粉丝经济+新零售”。社交电商的出现增加了消费者与企业之间的互动，并随着市场的扩展有效地保持了受众群体。中国社交电子商务行业的一些市场参与者亦被 IP 赋能，按总商品交易额计，中国社交电子商务行业在过去几年实现大幅增长，近几年，中国社交电商行业吸引不少资本涌入，交易规模逐年上升。2021 年中国社交电商的交易规模达 23785.7 亿元，同比增长 15.1%。随着社交流量与电商交易不断深入融合，预计 2025 年中国社交电商行业的交易规模将达 48300.6 亿元，如图 1-5 所示。

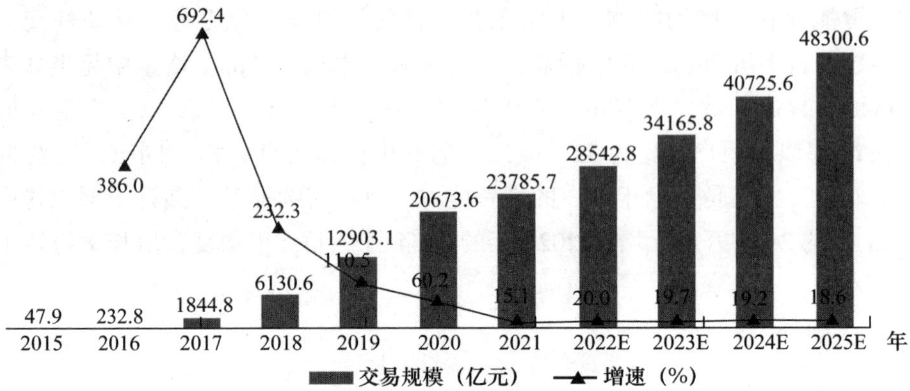

图 1-5　2015—2025 年社交电商交易规模预测趋势

（数据来源：艾媒咨询）

根据调研数据显示，中国消费者购买渠道以线上为主，其中以淘宝、天猫为主的传统综合电商平台为主要消费渠道的消费者达 89.7%，而以拼多多为首的社交电商平台也有 60.2%。艾媒咨询分析师认为，互联网的高速发展，购物渠道的重点向线上转移，传统综合电商市场格局稳定，垂直细分的购物渠道正在崛起，中国消费者的线上消费行为将成常态。

2. 电商行业受到政策加持

由于电商行业影响力不断扩大，央企电商联盟制定了《2021—2023 年国企电子商务创新发展行动计划》，旨在全力打造以数据驱动为核心、以互联网平台为支撑、以产业融合为特征的数字化发展生态体系，努力成为企业深入推进数字化转型和促进经济社会健康可持续发展的新引擎。重点推进深化联合采购集约共享、优化稳定产业链供应链、共建共享现代物流体系、推动跨境电商协同发展、支持民营企业高效发展、服务乡村振兴战略落地、释放企业数据资产价值、促进科技创新成果转化、确保核心技术自主可控、培育国际一流联盟品牌十项任务。未来在监管常态下，竞争将更加公平有序，有助于行业长期健康发展。

二、微商的概念与范畴界定

（一）微商的概念

微商是一种以社交营销为中心、人脉资源为纽带，基于移动互联网的空间，以各种社交媒体平台为工具，来开拓市场、开展销售活动的电子商务。从 2013 年一直盛行至今，截至 2019 年，中国微商市场规模已经超过 2 万亿元，中国微商市场从业人数达 0.6 亿人。2019 年 1 月，《中华人民共和国电子商务法》正式实施，微商被正式划为电子商务行业的范围，微商行业的发展受到了法律的管辖和保护。作为一种变革商务，微商销售模式的现状和发展备受社会各界关注，能否规范化、能否走得更加长远，是目前人们关注的重点。

从传统PC电商转向移动电商，而移动电商最重要的代表就是微商，微商可以推动全球电子商务的发展，同时也在改变着电商全球格局。而随着互联网社交生态的不断发展，微商的概念范畴也在不断演进，目前包括大型品牌方、个体户、电商平台等在内，所有基于社会生态平台进行销售和营销行为的商户都可以称为微商。而这些商户、社交生态平台和从业人员等共同构建了社交时代下的微商市场。在外部环境和各行业需求渗透的驱动下，社交生态平台作为枢纽连接上下游，形成微商模式的营销及销售链路生态。对于品牌方/商户来说，更加重视社交渠道，通过渠道建设及新品推出等多元方式入场微商；对于平台方来说，社交平台不断深化电商布局，电商平台也持续探索基于社交的功能与产品；对于服务商来说，微商发展愈加精细化，第三方技术服务商就会迎来更多机会，社交渠道正在成为越来越重要的消费触点。

知识延伸

微商的起源

随着近十年中国移动互联网的高速发展，移动社交工具也发生了巨大变革：从QQ到微信、博客到微博、花椒映客到抖音快手。而伴随着移动社交生态的不断完善，市场上的商业模式也是日新月异：从门店到电商、代购到公众号商城、直销到微商，可谓百花齐放、各领风骚。

与之息息相关的移动电商升级版、社交新零售的典型代表——微商，是如何发展的？让我们一起回顾一下。

2011年微信上市，仅有通信功能、漂流瓶和摇一摇。可以匹配通信录和QQ账号，也就是熟人关系链吸引；摇一摇、漂流瓶则允许陌生人社交。

2012年微信开放朋友圈，注册用户达到2亿。陌生人升级为点赞之交，互动增加，微信从一个通信软件转变为社交圈。开始有人在朋友圈分享吃喝玩乐、所见所闻。

2013年微信添加公众号、微信支付、游戏中心等功能，活跃用户达3.5亿。第一批嗅觉灵敏的人开始了海外代购，开创了微商的买卖交易，但此时的微商是混乱的：没有模式、没有产品保证、刷屏卖货。

2014年春节微信红包功能开放，一夜之间让数千万用户绑定了自己的银行卡，而微信支付也一战成名，奠定了自己在移动支付中的地位；同年，朋友圈允许发布短视频。与此同时，微商开始有层级代理模式，诞生第一个百亿微商品牌——思埠集团，产品依旧混乱。

2015年各类产品大举进入微商：洗护、母婴用品、保健品、化妆品等均通过微商层级模式快速裂变，也引起国家重视，开始打击不法分子，央视报道毒面膜事件，“市场+政策”双调控之下微商“大换血”。

2016年微商从业人数超过2000万人，流水突破5000亿元，各省出现微商大团队；“朋友或熟人推荐”成为当年网络消费第二决定因素，但是“微商”居当年中国网络消费不满意排行榜首。同年，微信限制加好友人数，关停三级分销微商城、关闭营销号。

2017年摩能国际崩盘，环球捕手、云集微店、小黑裙等三级分销类公众号被封，微商操盘揭秘文章盛行，用风口浪尖形容这一年不为过。

2018年微信活跃用户达到10亿。蒙牛、娃哈哈、达利、南京同仁堂进军微商，微商品牌化、规范化、企业化正式形成。

2019年电子商务法出台，国家开始把微商列入法律政策，开始整顿微商市场，微商从业人员需要办理个体户营业执照、公司营业执照。同年5月，社交电商平台——云集在美国纳斯达克上市。

2020年新冠疫情暴发，线下生意受到冲击，短视频、社群运营等异军突起，全民直播、万物分销！

（二）微商的发展对电子商务的影响

1. 促进网络经济的繁荣与发展

近年来微商的发展日新月异，同时它还带动了整个网络经济的飞快发展，它的存在充分实现了信息共享，能利用传输信息的快速渠道向消费者传播商品信息。因为它还可以让买方咨询具体的产品情况和产品细节，所以这一特点大大弥补了以往电子商务的缺陷，并且加快了移动端网络经济的发展。鉴于目前很多人还对微信上五花八门的产品广告及微商服务有所怀疑，所以商家如果想要注册微信公众号的话，必须申请实名的官方认证，这样就有效地消除了消费者的担忧，同时保证了微信服务的可靠性和真实性。整体来说，微商的产生顺应了当今人们快节奏的生活规律，更造就了新的经济增长模式，是科技的产物更是时代的产物。

2. 销售范围狭窄、存在虚假信息，抑制了网络经济的发展

微商在促进网络经济发展的同时也产生了一定的消极影响。微商销售的产品主要是快速消费品和日常生活用品，其中化妆品、保健品、服装最为常见。销售的狭窄性很难满足消费者的全部需求，因此在一定程度上抑制了网络经济的发展。同时，微商的支付交易也有很大的风险。有一些虚假的微商在宣传自己的产品，当有消费者询问并确定购买时十分热情，等到消费者支付成功后微商就凭空消失了，这对微商信誉的建立产生了很大的负面影响。此外，由于微信朋友圈里的消费者群体是较狭窄的，所以很多微商为了使自己的产品卖得出去在朋友圈中疯狂刷屏，使很多好友厌烦，从而产生了一种抵触的消费心态。

三、电商的优势

（一）电商的立足点

对于电商来说，讲究信用是前提。信用主要是顾客与商家之间的相互信任。加快物流是基础，线下实物的传递需要十分便捷的物流业作为支持。注重安全是保障，因为是利用互联网技术来传输和处理商业信息，微商需要对信息提供足够的安全保护，建立一个安全、便捷的电子商务应用环境的重要意义不言而喻。

（二）其他电商与微商的比较

其他电商主要以商品为中心做货的生意，微商则以人为中心做人的关系。在电商时代只要产品好、价格低就会创造爆品神话。但是对于以社交为背景的微商，在这个时候最核心的东西是商家和粉丝的关系程度以及人与人的关系。微商获得成功的关键就是大家通过关系获得信任，通过信任不断地卖出商品。

微商的玩法和淘宝相差很大。对于淘宝来说店铺的信誉至关重要，而相较于淘宝，微商看重个人信誉所起的作用。店铺的信誉和商品价格是淘宝的主要成交的因素，而在微商中，信任是成交的一个主要因素。

（三）其他电商与微商各自的综合优势

营销、产品和服务是其他电商主要注重的环节，电商平台以淘宝为代表，它们的竞争逐渐激烈，门槛越来越高，并且逐渐过了红利期。电商的一大优势就是物流配送能力，几大主要电商一方面积极努力与各大物流企业达成一系列深度的战略合作，另一方面建立属于它们自身的仓储物流体系，面对中小型网商、微商的时候，这一个重要的因素就是它的竞争力所在。

微商主要是以人为中心，这是区别于很多传统电商的，因为电商主要是以商品为中心。微商因为其具有传播范围广、门槛低、投入小、足不出户便可销售推广等很多传统电商不具备的特点，满足了很多没有太多资本投入，也不熟悉企业运营的个体用户。

相对于传统市场与电商市场一些缺点，比如投入多、回收慢、人员素质要求较高等，微商具有很大的优势，它的经营门槛的降低对很多自主创业的小型商户来说有很大的诱惑力。大家依托微信平台进行快速交易，与一些潜在的买家建立联系。

四、中国微商的发展历程

随着微商模式的演进，其承载的概念范畴和商业价值也在扩大。在微商最早进入大众规模视野的时候，其正处于社交生态平台的普及期，微商更多表现在用户个人借助社交生态平台进行卖货的行为。但随着社交生态媒体的影响力越来越大，开始涌现出一批依托社交生态平台成长起来的自主品牌，微商也开始被用来形容这些社交生态下的品牌和商户，在行业更加规范后，传统品牌和综合电商也纷纷加入社交生态平台的营销与销售布局中，微商已经成为一种新兴且在不断成熟的销售渠道与生态，各行各业都逐渐开始在微商模式上投入更多的精力和资源。总体上看，中国微商的发展经历了以下几个阶段。

1. 微商 1.0 阶段：野蛮发展的初期

微商 1.0 主要是囤货在朋友圈发布广告进行售卖。微商初期存在许多弊端，暴力刷屏，牛皮癣广告图，污染粉丝的视觉。牛皮吹破天，晒单晒截图，晒完豪宅晒豪车，再晒游艇派对，其实大家都已经知道那些图片多数是造假的，这样适得其反。不仅如此，微商1.0阶段的产品大多数是爆款，哪个火就卖哪个，哪里人多就往哪里挤，在产品上也毫无竞争力。

2. 微商2.0阶段：初具规模阶段

微商在1.0阶段大量进行囤货，导致了层层压货，被库存压得苦不堪言。因此，微商逐渐演变到了2.0阶段。在微商2.0阶段，卖家不需要囤货，直接与厂商进行合作，厂商发货，自己赚个中介费。在2.0阶段，微商的产品得到了大量的扩充，不再是微商1.0阶段单一的爆款产品，不用积压库存的模式让很多卖家不再担心库存的问题，更加着重于广告营销。但是，微商2.0依然没有能够跳出朋友圈的范围，面对的买家寥寥无几，再好的营销得到的效果也甚微。

3. 微商3.0阶段：分销模式登场

如果说微商2.0阶段是直销时代的话，那么微商3.0阶段就是分销的时代。微商3.0在微商2.0的基础上，为了解决受众面小、局限性大的问题，微商3.0阶段开启了分销的时代，只要是在卖家的店铺中购买了一定金额的产品即可成为下级代理商，而下级代理商销售出产品即可获得一定的佣金，累积一定的佣金便可在卖家处进行提现。这样看来，似乎之前的问题都得到了解决，但是新的问题依然出现了，如佣金提取速度慢，必须累积到一定金额才可提现等，导致下级代理商用户体验极差，卖产品的动力也在逐渐削减。恰逢微信推出微信红包功能，微商3.0版本佣金提取的问题正好得到了解决。总代理在微商3.0版本上增加了红包系统，代理商每次卖出去的产品都可通过红包系统来进行发送，时间快而且没有金额限制，系统自动发送，省时省力。

4. 微信4.0阶段：社群管理

虽然目前微商模式已经趋向于稳定，但是在人员管理上还是存在一定的问题。目前微信只支持500人的微信群，而且功能简陋，管理起来较为麻烦，于是微商4.0概念就应运而生。微商4.0阶段抛弃管理功能，全新推出社群管理概念，每个人都拥有自己独立的社群，社群人数无上限，管理模式更加多样化，功能更加便捷。不仅如此，相对于微信群的模式，社群的加入更加方便，系统自动分配所属社群，更有更多公开社群供大家娱乐和学习。多样化的娱乐活动，多营销干货，专业的客服辅导，尽在微商4.0社群。

知识延伸

什么是社群？

网上对社群的定义是指在某些边界线、地区或领域内发生作用的一切社会关系。沃斯利（Worley）曾提出社群的广泛含义：可以解释为地区性的社区；用来表示一个有相互关系的网络；社群可以是一种特殊的社会关系，包含社群精神或社群情感。古语说：物以类聚，人以群分。我们将人群称为部落。随着互联网的发展，人们开始聚集在网络上，进入一些社区，类似贴吧、论坛、博客等进行交流，学习知识等，获取彼此所需。社群真正开始流行是在QQ面世的时候，那时一系列的QQ群出来了，人们开始聚集在QQ群进行交流，类似于建立一些地方群、学习群、老乡群等。后来移动互联网的风潮来了，我们开始聚集在微信上面，很多用户开始建立属于自己的圈子，吸引自己的粉丝进来交流，这就衍生出了社群经济，“社群”也是近几年最火爆的互联网热词之一。通过交流与社群内成员做交互，了解彼此需求，社群成员的资源得到整合和交换。社群基于圈子、人脉将有共同爱好的人聚集在一起，比如一些微商学院，就是微商学习和交流的圈子，将想学习微商的、对微商有困惑的、想建立人脉的微商拉进来一起学习、交流，这就是一个社群。社群种类分为很多种，要找到一个适合自己的分类，将类别定位展现在群名称上。另外，社群分为收费和免费的。免费社群大多用来休闲娱乐和交友聊天。想做真正有价值的社群，还是需要组建收费社群。另外，收费社群可以设置门槛，借此吸引有相同价值观和相同兴趣爱好的人进来。明确建立社群的三个目的：学习知识、销售产品和扩展人脉。

第二节 微商的特征与分类

一、微商的优势与劣势

（一）微商的优势

1. 成本低

首先，经营微商前期可以不需要租赁场地进行线下销售，后期视经营状况决定。经营可以仅凭借一部手机来操作，只需要通过手机与批发商、买家进行联络，在社交软件上进行产品发布与推广。过程方便简单，成本与风险都比较小。如若经营不当，导致实际有所亏本，其中的损失绝大部分来自囤货，这些商品可以选择低价或者亏本卖出，以求得损失最小化，或者可以自用商品，这样损失也少了很多。相较于传统的经营模式所耗费的成本，微商的成本就显得微不足道了。

2. 操作简单

微商经营最主要的营销渠道就是微信等社交软件平台，可以定期更新商品，进行活动推广，交流群讨论交流等方式进行推销，操作十分容易上手。而且，微商客户具有一定的指向性，顾客需要时会向商家进行询问，推销不会给不需要的人造成困扰。一旦双方达成交易，卖家就可以立刻安排发货相关事宜。买家可选择的付款方式也较多样，便于交易的达成。

3. 客户基数庞大

因为微信的广泛普及与运用，再加上小程序、微信支付、扫一扫等程序的出现，微信已成了每个人手机上不可或缺的软件之一。通过各类自媒体软件的推广，许多经营者也得到了一定数量的客源。而且随着关系网呈树状方式延伸的特点，微商是有非常可观的发展前景的。

（二）微商的劣势

1. 可靠度低，售后不完善

微商所销售产品的质量和真伪得不到很好的保障，有些卖家以次充好，模糊概念，导致消费者在不经意间可能购买到瑕疵或者仿品。很多人认为微商可靠度比较低，售后不完善，甚至也有少数买家收到过假货。也有些商家表示货已售出，但不支持退款。售后不到位、投诉无门等情况，使消费者无法很好地维护自己的权益。

2. 监管困难，存在信用危机

电商相关的法律法规虽然已出台，但电商是近年来兴起并迅速发展的行业，相关法律法规必然存在一些不完善的地方，而且微商利用社交媒体进行销售的营销模式，在监管方式和手法上无法准确到个体。微商存在信用危机隐患，对微商监管较为困难。微商营销方式多种多样，转发抽奖、集赞、邀请新用户注册立得优惠等活动层出不穷，监管就更加困难。

3. 宣传方式单一，引起买家反感

微商大多以固定的文字加图片的模式进行产品上新，这种千篇一律的上新方式，一天可以在朋友圈或微信群看到几十条，甚至几百条。这反而是得不偿失的，会使本来有意向或者想回购某些商品的买家产生反感心理，对这类信息进行自主过滤，从而导致客户的流失。部分人对朋友圈的微商推送表示不关注甚至是持反感的态度，这说明微商的推广其实并没有获得特别大的效果。

4. 裂变效应具有不确定性

微商是以庞大的人际关系网络进行连接的，无论是哪一种裂变方式，营销都离不开人，但是这个裂变不是无限发展的，但凡其中出现任一消费者对商品表示不满意的态度，此段裂变就可能会被中断，无法再进行推广。

二、微商的传播特点及优势

（一）微商的传播特点

1. 双向性的直接传播

微商借助社交软件进行营销活动，利用群体传播的模式进行宣传与推广。微商的传播模式是传播者与受传者之间进行宣传与推广，是传播者与受传者之间的信息传播过程，传播中的最主要的特点是人和人之间的直接、双向传播。微商利用这种双向传播的方式，构成了微商传播的主要途径，也将传播过程各个要素联系起来，组合成为传播的群体。

2. 群体意识的觉醒

群体意识是指在这个群体里，群体的组成部分都有共同的信仰、价值观、规范准则，类似于组织意识。在互联网世界中，群体具有超越时空、彼此链接、相对平等、自由散漫、没有组织性、缺乏秩序性等特点，但是这个信息泛滥、传播迅速的时代，会促使受众形成一个个群体。当下，群体意识多样，其中从众是群体意识的特点。

3. 传播受众的群体化

微商的用户大部分是借助社交软件进行商业活动的，这些社交软件里的受众都是潜在的消费者，微商在利用社交软件进行宣传和推广的时候，他们本身就是一个个群体，这些群体呈现出年轻化、高学历的特点。随着社会的发展，科技的不断进步，人们的学历水平普遍有所提高，接触新兴媒体的机会较多，利用媒体的能力也较强，而且微商的受众主要还是学生、白领等人群。

（二）微商的传播优势

1. 传播方式的多样化

互联网环境下的微商传播方式相对于传统电商更具有多样性。口碑传播、情感传播、粉丝传播、微博、微信等新的传播方式让每个人都能个性地表达自己的看法，因此使微商又拥有平民化和草根化的受众。受众接收信息的形式由以前的固定接收转变为移动接收，任何时间、任何地点都能进行阅读、购物、支付，改变了原有的生活方式。

传播方式不同于以前的传统网络营销商家，之前的传播是仅仅商家一方直接宣传给受众，带有一定的强制性。而如今互联网环境下发展起来的微商，利用多种多样的传播方式进行营销，比如发红包、设置微博热搜话题、引导 QQ 粉丝关注、发语音和视频等。不同于以往单纯的图片、文字宣传，传者和受者之间可以更好地沟通交流，传播的方式更加丰富，传播效果较好。

2. 传播功能的全面化

对于现代的高节奏生活，人们需要的也是高节奏的社交软件，手机的出现让人们有了较好的利用工具。伴随手机功能的不断升级，手机成为可移动的“小电脑”，它具备了电脑的一些功能，由于手机便捷、轻盈、方便，所以人们更青睐于这类移动媒体的使用。手机终端的传播地位在逐渐提高，它的功能不局限于打电话、发信息、听广播、看视频、上网、购物、支付等，而是联合互联网开发出各种软件的其他功能，让微商的宣传手段更加多样化，信息传播的影响力也更为强大。

3. 传播速度的实时化

微商借助的社交软件都具有传播速度迅速的特点。传统的营销活动比较烦琐，需要一系列的宣传活动，例如传统的电视购物、电视上的广告、广播里的宣传、报纸上的广告，互动性和速度，以及所达到的效果都远不及社交媒体。以电视广告为例，电视在进行广告宣传之后，观众只是接收到了电视上所宣传的商品信息，如果想要继续详细地了解产品其他信息却不能迅速得到，甚至是没有获取的渠道，这就拉开了受众和传播者之间的距离，削弱了广告传播的效果。

而在互联网技术上发展起来的微商，它的传播和反馈都是比较及时、便捷的，互动性也较强，信息不受时间、地域、空间的限制，只要有网络、只要微商发布信息，就会有一些稳定的受众接受。受众在接收信息之后发给微商的反馈也会及时被微商看到，微商做出回应，不需要等待过多的时间。

三、微商的分类

微商按照不同的依据可以分为很多种，比如按照产品进行分类可以分为：护肤类、美妆类、母婴类、服装类、养生健康类、食品类、家装类等产品类型的微商，也可以结合微商客户对象、经营模式和目前的经营阶段来进行分类，如：品牌微商、社群微商、平台微商、个人微商等。

1. 品牌微商

品牌微商，即线下品牌商家，这种类型的微商并不是在做一些零售的个人微商交易，而是已经开始从销售向服务转化，做好微商代理渠道的体系管理、培训和扶持，做好客户服务体系，提高产品对客户的体验质量，从而形成具备移动互联网基因的微商。品牌微商分两种情况：一是创新品牌，然后成立分销团队，层层代理，通过微商发展壮大，打开销路，获得一定知名度。品牌微商可以说是微商市场最原始的交易状态，微商最初就是以品牌代购的形式出现在朋友圈并迅速火遍全国的。品牌微商主要以美妆产品为主，其中思埠、玫琳凯、青葱白皙等品牌借助朋友圈作为营销渠道，采用传统的代理制度对销售流程进行管控，开启了最初的微商模式。二是固有品牌，通过微商渠道发展起来，获得知名度。

2. 社群微商

社群微商指的是某个群体内单个或多个意见领袖发起，以社会热点、兴趣点或某种共同情怀而集结成的线上社群，通过主题运营，吸引目标消费群体成为粉丝，从而将粉丝价值变现为经济效益。

无论是明星式社群还是社会服务型社群，往往具有一定的导向作用，社群微商借助论坛、微博、博客等培养的网络大咖，以网络为渠道写文会友，开设论坛讲座，吸引粉丝，逐渐形成某个线上社群。社群微商的商业特点是以培训、教育为切入点，对新人、粉丝进行专业辅导，扶持成员成为互联网明星、大咖，以会员制的方式收取服务费和培训费，会员之间则可以进行推广营销和资源置换等商业合作。

3. 平台微商

平台微商是指企业成立一个专门的平台，上连接厂商、品牌商，下连接商户、个人，下游参与者通过平台手机开店，通过社交分享对上游产品进行分销。这种微商有一整套完善的交易机制，从上游的上架选品到中游的代销分销再到下游的购买返佣等，它形成了一个完整的链条。平台微商以微信小店、口袋购物等平台为主，实现去流量化和去中心化的交易场所，具有独特而完整的交易机制。

4. 个人微商

个人微商主要以代购、朋友圈刷屏营销、口碑宣传等方式进行商品销售。因为个体经营模式，货源不稳定，品质难以保证以及售后维权机制不成熟，且基于熟人关系的朋友圈人数毕竟有限，所以真正的顾客很少。伴随代购兴起的微商交易形式，主要产品为妇婴用品、美妆产品和奢侈品等。个人微商存在较多争议，也是以次充好、以假乱真、暴利欺诈等问题较多的一种交易形式。目前，个人微商占微商的比例在逐渐下降，再加上缺少包装和宣传，个人微商渐渐式微，大部分向品牌微商靠拢，少数社交营销经验丰富的运营者、时尚达人、行业意见领袖有转至社群微商的倾向。

第三节 微商产生的影响

一、微商的产生

互联网时代人们的便利之一是消费者可以足不出户，在网上完成购物和支付，丰富了生活方式，大大减少了时间和空间的限制。商家也乐于接受这种低成本、高效率的商业模式。不过在互联网这个非均质化的空间，虽然有效降低了创业的门槛，但参与者的机会并不均等。以产品为中心使传统电商领域注意力经济和围绕注意力展开的竞争大行其道，导致了严重的两极分化。微商则另辟蹊径，围绕个体的朋友圈建构了一个以用户为中心，社群化的商业模式。微商自出现以后，就呈现出迅猛发展的态势。仅一年时间，口袋微店的数量就超过了 1200 万个，同时微信用户数量早已超过 5 亿个，而开通微信支付的用户数量也已超过 8000 万个。微商逐渐成为一个热词，这个词的热度持续不减，一方面与互联网商业的快速发展有关，另一方面与人们的购物需求有关。当前人们对各种社交软件的使用越来越多，几乎成为生活中不可或缺的一个重要部分，尤其是随着手机媒体的发展和应用，通过手机可以更加方便地浏览到相关信息，这也给微商的出现提供了一定的条件。

顾名思义，微商其实就是微小的商业个体户，是通过销售产品过程中产生的差价来获得基本盈利的一种商业模式。微商的“微”是微小的、碎片化的意思，因为它很微小，所以意味着它是一种无孔不入、无所不在的商业行为。微商是一种随时随地可以转化的角色，它既不会成为一个人的固定标签，也不会成为一个固定的群体。这样的商业模式，对于大多数人来说，无疑是当下从业门槛中最低的一种，正因如此，微商才能在短期内产生如此巨大的人流量和现金流。微商是“去中心化”的，未来的营销也是“去中心化”、社交化、碎片化的。风靡中国多年的各大电商平台也失去了光鲜的色彩，渐渐转为常态化，超高的流量费、推广费甚至超过了传统渠道的费用。所以，未来的商业模式不仅是空间渠道上的争夺，更是时间社交上的争夺，只有借助移动互联网，才能更快地赢得客户和市场。

人们对微商的评价褒贬不一。有的人认为，微商的发展方便了人们的生活，是一种全新的渠道，与淘宝、京东等电商平台有一定的相似性。有的人则认为，微商的发展存在很大的信任危机。由于微商的规模往往都不大，不像几个大的电商平台有一定的规模，因此其所售的商品有可能有假，因此很多人对微商持保留态度。微商的产生对传统经济是一种冲击，对网络经济却产生了良好的促进作用，带动了网络经济的快速发展。

二、微商与电商的对比及现状

（一）运营成本及宣传渠道不同

传统电商是向商家提供网络店铺，并根据其对流量的不同需求进行价格不等的收费来加速卖家的销售。然而，微商打出了“不用花钱，让你轻松做店主”的广告，意味着成本是微商和传统电商之间最大的不同。微商无须花高昂的网络店铺租用费，也无须上热卖、打畅销，只需用户通过自己的手机号注册店铺，通过移动终端 App 寻找代理货源，卖家只需通过转发、分享等方式来实现与消费者的互联。

相对于传统电商的 B2C 销售模式而言，微商作为传统电商渠道的补充，大多通过 C2C 的销售模式，在社交软件中主动发布消费者更容易接受的软广告以吸引消费者的入驻和购买，从而获取流量并增加销量。

（二）商品种类的不同

微商销售所涉及的商品有明显的三个特点，即使用后效果较为明显，具有一定的品牌效应和保证渠道的占有率。通过微信朋友圈转发售卖的商品中衣服、鞋子占比居多，其次是化妆品、代购商品和家乡特产，以及其他商品。以美妆产品为例，大多数微商售卖的品牌具有一定知名度和口碑，同时代购商品根据当下潮流时尚，以保证货源正品及免税的优点获得消费者的青睐。

三、微商对网络经济的影响

微商最初主要依赖微信，微信的应用则主要依赖手机，所以微商的发展与手机媒体之间也有十分紧密的联系。手机媒体本身与传统媒体之间有很大不同，是当前人们生活中使用最多的一种通信工具。微商的出现，使整个社会的各种商业信息的传递更加快捷，各个产业的发展也更加迅速，对于网络经济的发展有一定的促进作用。

（一）微商是我国网络经济繁荣的重大驱动力

微商主动利用当下各种使用频率较高的信息传播渠道与消费者共享商品信息，为买方提供咨询服务，弥补了传统电商较为被动的服务形式，促进了网络经济应用基础层的建设。商家通过微商网或者其他公共微平台进行申请注册、实名认证，确保微商信息的真实、可靠。

微商的发展促进网络经济的基础建设层。应用基础层和中间服务层的建设与发展，并以此为基础和依托，推动网络经济的发展，成为促进网络经济繁荣的重大驱动力。

（二）微商拓展网络经济的发展范围

微商是网络经济中的一个十分重要的分支。随着互联网的快速发展，网络经济已经成为我国经济体系中的重要组成部分，是我国经济发展的一种重要拓展，是与实体经济互补的一种经济形式。由于我国人口数量众多，在网络上有很强的购买力，而且我国本身是制造业大国，相对于其他国家而言，发展网络经济的基础比较扎实，因此我国的网络经济发展十分迅速。就淘宝网购而言，每年的“双 11”“双 12”等促销活动，其营业额就可以达到百亿级别。由此可见，网络经济的发展动力十分强劲。微商的传播十分快捷，是基于微信等社交平台产生的一种重要的商业模式，很多用户在使用手机的过程中潜移默化地就会接受多种信息，因此微商是拓展网络经济范围的重要途径。微商可以利用微信、微博、抖音等平台对自己的产品进行推送，达到营销目的，提高交易效率。微商是电商的一种重要的补充形式，加强微商的应用可以提高网络经济的活力。

1. 微商对网络经济的运行环境有一定的影响

微商的发展，是基于各种媒体平台的发展之上的，比如互联网、媒体终端的不断发展，为各种信息的传递提供了全新的通道和平台，新媒体平台在人们生活中的广泛应用，契合了人们的生活方式，也契合了市场的开放性特征。相对于传统的商业经营模式而言，微商经营更加灵活，地域条件发生了相应的改变。传统的商业营销都有固定的场所，但微商并没有，它是基于互联网存在的，只要有互联网的地方就可以开展微商，它是一种没有界限的商业形式。在微商的发展过程中，信息全球化使全世界各国企业之间的交流变得日益频繁，交易中的产品种类也越来越丰富，如越来越多海外购出现，其产品涵盖世界范围内的各种产品。微商的发展使网络经济的运行环境发生了一定的改变，也为网络经济的快速转型和拓展提供了必要的支持。

2. 微商使传统的网络经济管理方式发生了改变

微商的出现对于网络经济的影响还表现在使网络经济的管理方式发生改变。由于微商为网络经济提供了十分完善的交易环境和基础，当前很多交易都可以通过手机操作完成，因此在微商的交易过程中，很多信息都可以进行优化，很多跨区甚至是跨国企业之间的生产要素也可以得到相应的配置。对网络经济的经营管理而言，可以使不同的经济实体不断提高竞争实力，对网络经济的经营管理方式的改变是一种有效的促进。

（三）微商促进与经济全球化接轨的进程

微商为了拓展商家自身的用户网络价值，提高产品的被采纳比例，通过预测消费者的经济倾向和思想倾向，分析并采用精准化营销，主动推送能满足消费者需求的商品信息，使自身产品处于消费者的注意力中心，从而更广范围地获取消费者注意力。

微商的产生顺应了经济全球化的趋势，推动了我国网络经济的发展，带来了极大的发展机遇，并为我国网络经济的健康发展做出了重要的贡献。

课堂思考

"微商"或者"危商"从业者法律风险有哪些？

第四节　微商的发展现状及趋势

一、微商的发展现状

微商的发展现状主要表现在以下几方面。

（1）化妆品行业的微商渠道面临更多产品种类和品牌的挑战。化妆品行业在微商领域的疯狂程度，超出了所有人的预想，许多"90后"女孩做代理商，月销售额达到百万元甚至千万元。这主要是因为微商瞬间风靡全国，但是在这个时间节点进入微商市场的产品种类和品牌非常少，大部分品牌看不上甚至排斥微商模式。这就造成了少数化妆品品牌的繁荣。同时，化妆品的暴利也促使越来越多的代理商参与进来。但是，随着化妆品的信任危机与质量危机的出现，这一市场逐渐被食品饮料、教育产品、珠宝饰品、母婴产品、保健产品等商品入侵，从而改变了全民卖化妆品的局面。

（2）微信商业化的程度进一步增强。腾讯推出了一系列商业化的产品和服务。如口袋通和京东商城的微信入口、微信支付、微信摇一摇等。这些平台的出现为微信的进一步商业化打下了基础。未来，腾讯将会在微信商业化方面制定更多的策略。

（3）微商分销模式与传统商业模式相结合。但凡刷流量的商业模式，都不是合理的模式。在这种模式下，商家都很痛苦。因为这种模式刷的是销量，没有销量就没有排名，没有排名就没有流量，也就意味着没法赚钱。微商是一个很好的渠道，因为微商这种模式就是把传统商业模式搬到互联网上。传统PC时代玩的是眼球经济，移动社交时代玩的是信任和渠道。将电子商务与传统商业模式合理地结合，才能造就健康的商业生态系统。

目前微商所有的运营模式可以分为三种。

（1）自营。这种运营模式以从淘宝转移过来的卖家居多。他们既有网络销售的经验，也有积累已久的客户群体，所以他们仅仅是将淘宝的生意场地移到微信里，建立与客户之间更近距离的交易场景。这种运营模式下，卖家多劳多得。

（2）招募代理商。商家自己不直接面对消费者，而是通过招募代理商与消费者互动，这是微商最常见的运营模式。

（3）系统化运营。商家建立一个微营销的平台或者系统，通过全自动结算、自动分利、直销卡位型的团队管理模式运营微商。准确地说，这种模式就是自营和招募代理商模式的系统化运营版，这种模式更为精准、智能、高效。

无论是哪种模式，它们都具有以下几个特点：准入门槛低，有手机、有微信号即可；零成本，对于一些在校或刚进入社会的大学生，以及全职妈妈来说，微商这种运营模式是很适合的生财途径；口碑传播快，只要自己人品不错，身边的朋友又热爱购物，传播效应应该是非常好的。在微商繁荣发展的背后，缺乏完善的交易体系和信任机制使其进一步的发展变得越来越艰难。当朋友圈的机遇期过去后，微商又该以什么方式发展？总体来说，未来微商将会以下面四种方式发展：

（1）以 C2C 为主的个人商户。虽然目前微商由于种种原因不被外界看好，但它的试错成本毕竟是很低的。因此，发展起来一批以 C2C 为主的个体商户，这类团体是微商团体中规模最大的。他们随着微信功能的进一步完善，时刻等待着潜力爆发。

（2）以 B2C 为主的品牌卖家。从 C2C 到 B2C，是一个规模化的过程。淘宝网的发展也是这样一个过程。它最初也是 C2C，但当这一模式偏离正轨时，天猫 B2C 便应运而生，它的运作理念也逐渐从以价格取胜转变为以品牌和质量取胜。B2C 是所有平台方和第三方都看好的微商发展模式。

（3）以 C2B 为主的“小而美”。这种方式在以流量为主的个人计算机（PC）时代，虽然没能迎来大繁荣，但蕴含了巨大的能量。特别是按需定制的个性化产品，若是能够通过口碑传播和精准营销，则更容易找到潜在用户。

（4）为本地化生活服务的 O2O。虽然这种方式在整合资源，特别是物流等方面存在很大的困难，但它也正是微商发展的机遇所在。若微商能够将自己定位成一个移动客服，帮助终端用户解决信息难和信息不对称等问题，那么微商就会成为移动电商的桥梁。

二、微商的发展趋势及策略

（一）注重诚信建设，加强自我监督、行业监督，提高售后服务水平

诚信是商品交易的基本行为规范和商业道德规范，随着时代的进步和科技的发展，微商也会持续发展，成为互联网经济的重要形式，由于微商入门门槛低，人人都可以做微商，传统的商品销售方式将会被逐步打破，微商推动商品流行效率大大提高，商品交易更加方便快捷。在这种背景下，微商的长效良性发展必然要做好诚信建设。加强国家、政府、法律对微商商业行为的监管势在必行，当前中国电子商会微商协会、中国公司法研究中心，中国政法大学传播法研究院等机构组织联合起草了《微商行业规范（征求意见稿）》，对微商的类型、交易范围、交易范式、经营者规范等做了明文规定，未来还要在相关法律法规上进一步加以强化。

微商经营者也要对自身行为进行自我监督和自我改正，出于长期发展的目的，注重诚信建设，重视产品质量和售后服务，并积极推动微商品牌建设，打造微商良好形象。

（二）逐步朝向更加规范、健全的互联网商品营销方向发展

微商市场的进一步成熟是必然趋势，微商提供的产品也将更加多元化。为在与传统商

品交易、电子商务竞争中赢得一席之地，微商必须加强管理和创新。首先，细分产品，依托朋友圈交际这一优势，对传统商品交易、电子商务难以提供的产品和服务进行拓展。其次，卖方要建立专业的团队运营、公司运营，避免微商产品、服务的同质化竞争，扩大微商卖方规模、经营范围，以大量资金为基础形成的团体、公司竞争模式在推广、品牌建设上占据较大优势。

随着我国移动互联网经济的发展，将来更多的人会选择使用社交平台购物，同时网购意识深入人心，微商市场会逐步扩大。在此基础上，微商的推广要更加及时、准确，借助专业的社交平台，对社交数据进行整合、分析，有针对性地根据目标消费群体推广商品，同时也可以研究分析消费者的消费心理、消费行为，对不同用户展开营销，由此推动微商更加智能化发展。

随着微商的技术化、智能化和规范化，越来越多的资本会进驻到微商领域，必然给微商带来技术上、理念上的变化，导致微商在营销、推广、运营上都会产生翻天覆地的变化，当然微商领域也要保持熟人社交这一传统优势。

（三）融合化、同城化发展成为主要方向

随着众多品牌加入微商领域，未来微商产品的同质化竞争是难以避免的，而消费水平的升级也会刺激和加速消费者的购物体验意识，因此未来微商领域竞争将进入白热化阶段。微商可以将竞争点聚焦在增强买家的购物体验层面上，也可以融合电子商务的发展特点，建立微商品牌，开展线上线下融合发展格局，线上进行微商平台建设，线下创建用户体验中心。

微商领域的发展特点在于熟人社交，未来微商领域的发展也要保留这一优势，因此同城化发展是未来微商市场的重要拓展方向之一。当前的微商市场可以将不同地区的人聚合在一个平台上，这在一定程度上会推动微商市场的规范化，但是随着微商市场的进一步发展，微商团队、企业数量会大量增加，竞争进入白热化阶段，微商市场可能朝向本地化方向发展。当前微商同城化已经初见规模，主要体现在同城配送、同城培训等方面，将来微商市场无论是在销售还是招商方面，将更加注重同城化，以熟人社交为根基，积极挖掘朋友圈圈子，逐步向外扩展，在服务好身边客户的同时向外延伸，深入建立本地品牌，聚拢资金和人脉。

我国互联网经济的发展、各种社交软件的应用推动了微商市场的发展，越来越多的人从事微商，并对微商产生认可和信赖。微商的发展不仅推动了经济进步，也为人们的日常生活带来很大便利。要想持续推动微商市场的进一步扩展，要建立相关的规章制度，加强微商产品质量监管和税务监管，健全买方维权机制，对微商的运营、推广和销售等一系列行为制定行业标准，推动微商未来朝向融合化、智能化和本地化方向升级转型。

三、微商最新发展趋势

如今，越来越多的传统行业从业者也加入到微商大军中，如旅游行业的导游、酒店和餐饮行业的服务人员、短视频直播行业的主播、传统零售业以及医疗美容行业的从业者等都开始成为社交主体，在社交生态平台上这群人利用私域流量不断丰富场景化消费，实现消费转

化以及流量变现。随着微商的多元化发展，预计 2023 年微商从业者数量将达到 3.3 亿人。

业界行业研究员分析称，随着人口红利的消失，微商不再追求速度为王和粗犷式发展，对于产品质量和营销模式的选择更为理性和严谨。在大众创业和分享经济的时代背景下，微商行业有以下四大发展趋势。

1. “规范化+品牌化”

2017 年 1 月，《微商行业规范（征求意见稿）》公布。2019 年，我国电子商务法将微商纳入电子商务经营者范围。与此同时，阿里巴巴、网易考拉及小米等传统电商企业竞相涉足微商，将电商领域成熟的线上运营管理经验带入微商领域。未来，随着更多电商、品牌的涉足，微商行业商品品质将得到更好的保障，微商行业将逐步走向规范化和品牌化，实现微商升级。

2. “线上+线下”

目前的微商营销方式多为微信公众号、朋友圈推广，未来微商的推广方式将更加多样化：微商推广将突破线上的局限，通过上门推广和线下活动方式推广。

像销客多微商城，就配置了数十款免费营销推广的工具，快速帮助微商提升业绩，增加粉丝，备受微商商家的欢迎。

3. “微商+农村”

随着农村居民收入的提高，农村市场有了一定购买力。资本和各个电商企业的进入，使农村市场成为热点，“微商+农村”是微商发展趋势之一。

4. “微商+跨境”

2016 年，中国跨境进口零售电商市场交易规模为 2198.1 亿元，同比增长 85.6%。跨境电商处于高速发展期，到 2020 年跨境进口零售在跨境进口中的渗透率将接近 30%，跨境电商仍处于高速增长的红利期。

另外，个人海外代购模式的发展，也是微商与跨境结合在未来发展的一大趋势。目前无论微商企业还是跨境电商企业，均已开始布局。

案例分析

社交化电商的商业模式——小红书案例分析

一、市场定位

随着电商模式的推动发展，小红书被越来越多的人称为社交电商平台，在这样的模式下，社交只是辅助，电商才是真正的目的。

小红书早期更多地专注于做海淘购物分享，这使其在用户心目中有一个完整的定位。在用户心中建立一个品牌形象之后，开始向社交电商方向转型。随着人们消费习惯的改变，小红书开始引入一些流量明星入驻进行宣传，改掉成立初期“零广告”投放的模式，秉持“让全世界的好生活触手可及”，赞助一些热门综艺，使小红书更多地出现在人们的眼前。同时，更多的用户开始在小红书平台上进行关注、分享、沟通、讨论、互动等社交行为，使小红书从一开始的海淘电商平台转向现在的综合社交电商平台，让小红书不局限于海淘和海淘购物分享，也开始向美妆、育婴、旅游、健身、摄影等多方面发展，更加多元化。这些都使小红书成为当下年轻人在购物前进行商品对比分析、购物后经验分享讨论的一个极具影响力的社交电商平台。

二、价值主张

一个社交电商平台能够走向成功，少不了正确的价值主张。小红书之所以能够走向成功，正是因为其创始人在确定了自己的市场定位以后，主张“小红书，标记你的生活”，让用户爱上分享自己的生活，分享自己的购物经验。小红书正是看懂了这样的用户群体，了解他们需要什么，清楚自己需要提供什么，明白了这些用户的特点，才开始打造社交电商，利用正确的价值主张来留住用户。同时，随着经济水平的提高，越来越多的人开始青睐海外产品，开始喜欢海淘，而小红书又是以海淘购物和海淘购物分享为主，有了经验，同时又解决了海淘难、海淘贵的弊端，这使更多的人使用小红书，喜欢在小红书上进行交流分享，让更多有相同爱好的人聚集在小红书，巩固这样一个社交电商平台。

三、盈利模式

由于消费习惯的变化，现在许多电商平台都在丰富其内容，开始越来越多元化，向社交电商转变，因为只有优质的内容才会带来丰富的流量，而只有丰富的流量才会使一个电商平台走入人们的生活，才会更多地盈利。小红书就是因为紧紧抓住了这一点，才会获得今天这样的成功。

1. 小红书在内容中植入商品。具体而言，小红书会优先使用优质的内容，以此来吸引大量的流量，等待用户进入页面之后，会看见购买此产品的相关链接，可以直接购买，完成“一站式”服务。在此过程中，用户还可以了解到此产品的相关信息，也可以与其他用户进行对该产品的交流互动，来确认该产品是否真的能够满足自己的需要。

2. 小红书抓住粉丝经济，通过名人带货来推动其电商的发展。如今越来越多的明星和网红入驻小红书，因此吸引了大量的粉丝也跟着使用小红书，用户更多关注的不是内容，而是人。名人通过小红书进行带货，特别是在2020年，由于新冠疫情原因，人们不能外出，电商行业得到了突飞猛进的发展，更多的明星、网红使用小红书带货，使小红书的盈利模式更多地依靠粉丝经济。

3. 小红书开始利用广告来引渡变现。当前经济形态下，无论是产品还是平台发展，想要走向成功，都少不了要利用广告来进行引流。好的广告不仅可以让平台本身映入人们的眼帘，更可以给平台带来丰厚的利润。优质的广告投放，会让一些从未使用过小红书的人有一种“从未使用过，但是一听就知道”的想法，这也不失为一种培养潜在用户的做法，引流从而赚取利润进行盈利。

思考题：结合你对小红书的了解，谈谈小红书社交平台运营方式有什么缺点？需要如何改进？

本章总结

本章主要讲述了电子商务的基本概念、发展阶段及发展现状。同时也阐述了微商的起源、概念、发展情况等基本内容，以及微商发展对目前电子商务市场产生的影响，从而使学生掌握有关微商的基础知识，了解微商最新发展情况。

复习思考题

一、名词解释

电子商务　微商　社群

二、单选题

1. 相较于电商主要以商品为中心做货的生意，微商则以（　　）为中心做人的关系。
   A. 市场　　B. 平台　　C. 人　　D. 技术
2. 微商（　　）抛弃管理功能，全新推出社群管理概念。
   A. 1.0 阶段　　B. 2.0 阶段　　C. 3.0 阶段　　D. 4.0 阶段
3. （　　）主要以代购、朋友圈刷屏营销、口碑宣传等方式进行商品销售。
   A. 平台微商　　B. 社群微商　　C. 品牌微商　　D. 个人微商
4. （　　）的电子商务是使企业走上建立外联网的道路。
   A. 初级层次　　B. 中级层次　　C. 高级层次　　D. 中高级层次
5. 对于电商与微商来说，（　　）是前提。
   A. 讲究信用　　B. 产品质量　　C. 宣传力度　　D. 社交平台

三、简答题

1. 简述微商的传播特点及优势。
2. 简述微商的发展趋势及策略。
3. 简述微商对网络经济产生的影响。

第二章　微商的商业模式

项目导读

随着移动终端、移动支付的崛起，电子商务盛行，带动了商业前所未有的变化，也加快了商业的社会化进程。我国的电子商务从兴起至今，已逾20载。其间，阿里巴巴、京东、唯品会等传统电商脱颖而出，并迅速增长。随着传统电商红利逐渐消退，商务模式伴随着玩法的迭代更新而不断创新，微商也随之悄然生长。管理大师德鲁克曾说过："企业间的竞争，其实质是商业模式间的竞争。"

学习目标

1. 了解商业模式的含义及重要意义；
2. 掌握商业模式模型的建立方法；
3. 理解微商商业模式的价值；
4. 掌握微商商业模式的优化方法。

思政目标

通过本章微商商业模式的分析，更广泛地培养大学生的科学理论素养，贯彻实事求是的思想路线，培养他们对于是非对错的辨别能力，以帮助其形成正确的商业价值观。

案例导入

云集微店商业模式分析

云集是一款在手机端开店的App，为店主提供美妆、母婴、健康食品等上万种货源，并提供商品文案、手把手培训、一件代发、专属客服等特色服务，是个人零售服务平台。云集微店是我国平台式微商的典型成功案例，其在2015年5月上线后很快取得了业界叹为观止的发展速度。之所以迅速发展，得益于以下商业模式。

第一，集中采购，降低商品单价成本、保证商品品质，通过规模经济为消费者提供质优价廉的商品。社交电商具有一般电子商务本身虚拟性特征，消费者对产品品质和价格的满意度对于客户黏性与口碑效应至关重要。和分层代理制微商以及代购微商的小批量个人进货不同，云集微店通过中央采购系统为广大卖家提供品类丰富的商品库。这种集中采购的模式既可以有效把控产品质量，同时也可以降低产品单价成本。目前，云集微店平台已经和多家母婴产品、日化用品、家居用品的知名品牌建立了稳定的供求关系。

第二，强大的后台管理、商品图片与文案编辑以及数据处理系统。云集微店的价值取向是解放个体生产力，为大量有意在微商行业创业发展的个体提供完善的创业平台支持。通过强大而高效的集约化后台管理与处理系统，云集微店极大地降低了微商从业者的创业成本。同时更为重要的是，云集微店改变了社会公众对微商从业者“非正规”的观点，打造了一支真正意义上的微商正规军。

第三，完善的中央物流、售后服务、用户交互系统。用户体验是电子商务平台提升客户满意度，真正留住客户的关键。云集微店打破了传统代理制微商个人单独发货物流成本高、效率低的模式，建设了完善的中央物流系统，目前已经和顺丰物流、亚马逊物流、心怡科技物流、中国邮政物流等签订了战略合作协议。另外，云集微店还提供传统代理制微商无法比拟的售后服务和用户交互系统，极大地提升了客户的用户体验。

社交电商是未来电子商务创新的主要领域，以云集微店为代表的平台式微商的崛起引领了我国社交电子商务发展与进步的方向。在分享经济的大时代背景下，社交电商商业模式还有很多创新的空间，广大电子商务从业者要真正从用户和创业者的视角出发，紧紧把握住社交电商发展的重点，探索更多的新型社交电子商务模式。

第一节 商业模式基础

一、商业模式定义

商业模式的定义常与管理模式或者战略相混淆。其实管理模式研究的是执行机制，而商业模式研究侧重于企业发展中的运行机制。商业模式是为了实现客户价值最大化，把能使企业运行的内外各要素整合起来，形成一个完整的高效率的具有独特核心竞争力的运行系统，并通过最优实现形式满足客户需求、实现客户价值，同时使系统达成持续营利目标的整体解决方案。可见，商业模式是为了在市场中获得利润而规划好的一系列商业活动。商业模式是商业计划的核心内容。商业计划是一份描述企业业务模式的文件，而网络经济环境下的商业模式是以利用和发挥互联网和万维网的特性为目标的商业模式。也可以从以下商业模式需要解决的问题的视角来理解商业模式。

（一）如何为顾客创造价值

也就是如何在某一个固定的价位上，能够帮助顾客完成任务的一种产品或者服务。由于当今社会技术更新不断加速，互联网渗透到各行各业，同行产业及服务模仿能力高、速度极快，往往是某一个店铺今天提供一种产品，第二天附近店铺均上架某种产品，但是很可惜，国内的餐饮业在这方面比较脆弱，需要进行商业模式创新。海底捞这类的火锅行业，与口味佳、历史悠久的火锅店相比，在产品上并无优势，在海底捞第一家店取得了巨大的成功之后，众多知名连锁火锅店派出“卧底”前往海底捞偷师学艺，但是他们很快发现，海底捞并不是一种单纯的产品和模式，而是一种商业模式。客户去海底捞吃火锅吃的并不仅限于口味，而在于背后强大而贴心的服务，这种服务来源于强化深入的企业文化，并不容易模仿。在火锅业的竞争中，大家都着眼于产品及价格，有些店铺不惜代价高薪挖来厨师或挑选食材，有些店铺打折促销、送啤酒，牺牲利润求生存，而海底捞抓住了顾客的归属感等隐性需求。

（二）如何为企业创造价值

即怎样在给顾客提供服务、创造价值的同时，给自己也创造价值。

企业必须考虑以下问题，方可从创造的价值中获得价值。

首先是收益模式；其次是成本结构，企业的成本结构基本上是由企业的重点资源的主要成本来决定的；再次是利润模式；最后是资源利用速度，这涉及库存周转率、固定资产周转率以及其他资产周转率，企业要在整体上有一个规划，均衡利用自有资源。

有一点需要提出，商业模式包括盈利模式，但不能说商业模式就是盈利模式。商业模式是企业在市场上创造价值并留下价值的方式。是单纯卖产品，还是卖服务，还是“服务+产品”，又或者是售卖品牌或广告，这些都是不同的商业模式，盈利模式也有所不同。

（三）如何将价值在企业与顾客之间传递

企业为顾客和自身都设计了良好的价值，还需要将价值在两者之间传递，企业要想获得资源和能力，则需要准确获取企业和客户的价值主张，从而增强企业竞争力，为企业获取更多价值。假设没有一定的资源以及能力来支持企业价值以及客户价值主张，那么企业就很难拥有良好的商业模式，而且想要实现盈利也非常困难。

二、商业模式的构成要素

如果希望在任何领域都能建立一个成功的商业模式，就必须确保这种商业模式具备表2-1中所列举的8个要素。这8个要素是价值体现、盈利模式、市场机会、竞争环境、竞争优势、营销战略、组织发展和管理团队。其中，价值体现和盈利模式是一个企业商业模式中最重要的两个要素，也是最容易辨认的部分。

表 2-1 商业模式的要素分析

商业模式	关键问题
价值体现	消费者为什么买你的东西
盈利模式	如何赚钱
市场机会	目标市场、市场容量
竞争环境	目标市场的竞争性企业
竞争优势	进入目标市场的特点、优势
营销战略	对产品和服务的销售计划
组织发展	相应的组织结构
管理团队	企业领导者的经历和背景

价值体现是确定一个企业的产品或者服务如何满足客户的需求。为了确定或者分析一种价值体现，需要回答关键问题：为什么客户要选择与你的企业打交道，而不是其他的企业？你的企业能提供什么其他企业不提供或者不能提供的东西？从消费者的观点出发，价值体现包括产品供应的个性化和定制化、产品查询成本的降低、购买的便利性等。

盈利模式描述了企业如何获得收入产生利润，以及如何获得高额的投资回报。商业组织的功能就是产生利润和产生高于其他投资的回报。仅仅有利润并不足以使企业成功。为了获得成功，企业必须产生高于投资于别处的回报。企业若做不到这一点就会被淘汰出局。这些盈利模式包括广告盈利模式、订阅盈利模式、交易盈利模式、销售盈利模式和会员制模式。

广告盈利模式指的是企业提供一个刊登广告的场所，并向广告客户收取费用。那些能吸引大量的浏览者，或是能吸引高度专业化、与众不同的浏览者，并且能获得用户关注的平台，都能收取高额的广告费。例如，新浪网的收入主要来自出售横幅广告等各类广告的收入，这一模式原本是网上最主要的盈利模式，虽然现在它还是网上的主要收入来源，但已经失宠了。

订阅盈利模式是指企业向用户提供信息和服务，并向用户收取访问其所提供内容的费用。从订阅盈利模式的经验来说，要想成功地做到让客户通过对支付费用获取网上信息的做法不感到厌恶，则所提供的内容就必须有高附加值，在其他地方是不容易获得的，或者是不容易被复制的优质信息。

交易费用盈利模式是指企业从授权或进行交易中收取费用。例如，京东商城建立了一个网上交易市场，第三方卖家成功地出售了物品，则京东商城将从中收取小额的交易费。

销售盈利模式是企业通过销售产品、信息或服务来获得收入。有些企业如当当网通过销售图书、音乐及其他产品来获得收入。

会员盈利模式是企业向会员推荐业务，收取推荐费，或者从会员成交的销售额中提取一定百分比的收入。如腾讯公司向会员推荐超级会员业务等而获取收入。

市场机会是指企业所预期的市场以及企业在该市场中有可能获得的潜在财务收入机会。市场机会通常划分成更小的细分市场。实际的市场机会是由希望参与竞争的每一个细分市场的收入潜力来定义的。

竞争环境是企业生存与发展的外部环境，对企业的发展至关重要，是指企业所在行业及其竞争者的参与、竞争程度。企业的竞争环境受下列因素的影响：有多少活跃的竞争对手，其企业规模有多大，每一个竞争对手的市场份额有多大，这些企业的盈利情况如何，以及他们如何进行产品定价等。通常，企业有直接竞争对手，又有间接竞争对手。直接竞争对手是那些在同一个细分市场销售同类产品或服务的企业。间接竞争对手是那些处于不同的行业但仍然产生间接竞争的企业。在任何一个细分市场中，若存在大量的竞争对手，则意味着该市场饱和了，很难获得利润。反之，缺少竞争对手的市场则意味着这是一个可以进入的未开拓的市场，也可能意味着这是一个已经尝试过失败的、无利可图的市场。分析竞争环境可以帮助你对市场做出判断。

竞争优势是指当企业能比它的竞争对手生产出更好的产品，或是向市场推出更低价格的产品时，它就获得了竞争优势。许多企业能获得竞争优势，因为它们总是能以某种与众不同的方式获得其竞争对手无法获得的生产要素，可能是供应商、物流商方面的优越条件，也可能是人力资源方面的优势，或者是产品的专利保护、价格方面的优势等。

营销战略是由如何进入一个新市场、吸引新客户的具体举措构成的营销计划。营销战略渗透在企业为将产品或者服务推销给潜在消费者而所做的每一件事情中。

组织发展是描述企业如何组织所要完成的工作，从而实现企业目标。一般来说，企业可以划分成各个职能部门，如生产、运输、市场营销、客户支持、财务等。其业务范围相对明确，同时又相互协作，从而实现良好的组织发展规划。

管理团队是企业中负责各类商业模式运作的员工。管理团队的主要职责是为企业迅速获得外界投资者信任、准确捕捉市场信息、构建企业发展战略等。

三、商业模式的逻辑

商业模式是企业创造价值的核心逻辑。商业模式这一逻辑性主要表现在层层递进的三方面。

（一）价值发现

价值发现就是要确定企业的价值是由哪里来的。企业需要找到能够给企业带来利润的创新产品以及与之相关的服务内容。而企业能否长期盈利，能否在竞争中获胜，取决于它能否抓住客户的心。因此，企业经营者应该明确和进一步细化客户的关键价值，这是商业模式构建的关键。

（二）价值匹配

主要是通过进一步明确企业的合作伙伴，来进一步实现企业的价值。人无完人，企业也是如此，每个企业都会有自己的缺点，没有办法满足顾客的全部需求。如果一个企业想要满足客户的所有需求，那么这个企业也将承担极大的风险。所以，企业需要同有业务有往来关系的其他企业形成合作共赢关系，让其他企业来完成一部分内容，这就是价值匹配。

（三）价值获取

作为一个企业，如果想要生存，必须有一定的竞争优势，这样才能在与同行的竞争中保持不败之地。而竞争优势的一个重要的方面就是价值获取，如何获取价值，是企业创造价值的方式和方向。对于一个企业来说，一个有效的商业模式需要进行价值获取。一般情况下，实现价值获取可以从两方面进行：一个是企业要占据价值链当中的核心地位；另一个是企业要尽可能地对商业模式进行保密，不能让其他企业轻易模仿。企业在选取价值链时有绝对的主动权，一般情况下，价值链的选择会影响企业获取新价值，因此应非常慎重。而企业为了维护自身利益，要尽可能防止自身商业模式被其他企业模仿，从而维护自身利益不受侵蚀，长时间占有自身创新所带来的收益。

总体来看，一个有效的商业模式要遵循三个原则，即企业的价值发现，紧接着进行匹配，最后获取价值。在其开发过程中，每一项思考都不能忽略。企业必须认真遵循这三个原则，才能真正开发出同时为顾客、企业以及合作伙伴创造经济价值的商业模式。

四、商业模式的设计

关于商业模式的框架问题，著名咨询公司埃森哲通过长期调查得出结论，企业的商业模式包含两个重点要素：第一个重点要素是，企业的商业模式是一个整体，虽然有着一定的结构，但在描述上特指一个整体，而非单小的因素；第二个重点要素则是组成商业模式的各个部分，都不是独立的，而是要有牵连关系的，使这些组成部分能够共同作用，相互交流，最后用以实现企业的价值，让企业长期保持盈利。所以，企业商业模式必须要拥有五个特点。这五个特点分别是：第一，商业模式必须符合企业的商业逻辑；第二，商业模式必须包含各类要素；第三，商业模式需要对客户价值进行描述；第四，商业模式必须对企业的关系资本进行描述；第五，商业模式还要对企业的架构进行描述。

企业商业模式包括三个要素：企业价值创造、企业价值获取以及企业价值传递。想要做好这三件事，必须细分和拆解企业的商业模式。拆解后可以得出 9 个与企业有关的要素，即客户细分、企业价值主张、企业渠道通路、客户关系、企业收入来源、企业核心资源、企业关键业务、企业重要伙伴关系和企业成本结构，以此来描述企业的商业模式。

五、商业模式创新的两种方式

（一）以客户为中心的商业模式

商业模式的创新是丰富的、多维度的，商业模式的要素也有很多，在价值链的不同环节上，商业模式都有所在环节的特点和商业模式的特点。围绕客户价值的创新是常见的商业模式特色类型之一，其要求产品具有强烈的独特性，能在竞争中脱颖而出，因此才能在盈利模式上做文章。

（二）以上、下游资源为中心的商业模式

对上、下游资源进行整合和创新是商业模式进行创新的另一个途径。一个砍掉产业链中间环节的模式因为互联网的出现被演绎到极致，诸多传统产业受到严重冲击。还有一种模式是在不改变现有产业链的情形下，通过在资金或时间上的错位产生新的盈利空间，即贯通式商业模式，例如国美。另外常有的是，联合产业链上游或下游，根据各自的优劣势有机结合，形成凹凸型的错位搭配，像盲人背瘸子般共同前进。由于中国有肥沃的消费市场，而国外企业往往在技术研发上具有优势，于是这种错位式商业模式常被中国企业采用来跨越自己能力上的障碍，创造一个共赢的商业结构。

第二节　微商商业模式概述

首先，微商应该是一个自主的商业模式。拿微信举例来说，它是通过用户与用户之间的传播，而后形成一种几何倍数的增长，是一种“病毒式”的传播方式。显然，微信用户量的增长速度是惊人的，这也就决定了其作为微商主要载体的性质。

相比于其他社交工具而言，微信具有众多优势。电话只能语音，且费用太高；短信只能用文字，彩信也涉及费用问题，且一些垃圾短信使很多人对发短信产生了抵触情绪。其他沟通工具如旺旺、QQ、陌陌等或多或少都存在一些弊端，使用起来不是很方便。

在微信中，我们不仅可以发文字、图片、视频，甚至还可以发语音。在有无线网的情况下，可以随意地交流。所以，在微信中做微商是一种自主的商业模式，没有太多的约束感。

与一些传统的商业模式相比，我们需更加清晰地了解微商的商业模式。在一些传统商业模式中，大多是一些金字塔模式：厂商→国代→省代→区域代→零售商→消费者。这是一个很长的过程，一个商品到达消费者手中几乎都要经过这样一个流程。这种情况下，中间商层层剥利，产品的价格自然会提升，而且一旦在某个环节出现囤货积压，厂商资金的回笼也会成为一个难题。

我们再来看看近几年比较流行的电商模式，比如淘宝、京东、当当等，它们的商业模式是一种辐条结构，也就是从卖家到买家，没有中间商。从表面看，这种模式避免了一些传统商业模式的缺点，但还是有一些不足，因为电商客户与客户之间没有信任关系的链接，所以电商的客户评价很容易被卖家通过好评返现的方式买通，或者被竞争对手恶意进行差评，给消费者造成产品分辨选择的困难，这是电商天然存在的巨大缺陷。

从目前的状态来看，微商销售渠道是一种网状结构。也就是说，微商所对应的消费者客户群都是自己的亲友或者朋友圈中的好友。

一、微商的商业模式

常见的微商商业模式有四种：朋友圈代理模式、微商分销模式、服务微商模式以及平台微商模式。

（一）朋友圈代理模式

这是微商自出现以来到现在主要使用的销售模式。通过设立多个层级，每个层级需要先进一定量的货，层级不同价格也不同，逐级向下招代理。代理模式是目前流水量最高的模式，也是化妆品尤其是面膜品类的主要模式。当然，这也是被外界诟病最多的模式，很多人认为朋友圈营销就是找代理，然后就会被扣上传销的帽子。实际上，朋友圈代理模式只是线下代理模式的一个延伸。目前，以化妆品产品的利润率大概总共只能做到三级代理，不会无限发展，类似原来的省代、市代、县代。代理模式是集中管理的模式，也是非常高效的模式，因为不需要太多的好友，就可以实现比较可观的流水。其他各个品牌的代理各有不同，代理价格也不同。大品牌有知名度的就贵点儿，小品牌前期就会便宜一点儿。

代理不会无限发展下去，拿代理的选手也大部分是有经验和能力的选手。新手往往从代购或者分销开始，有一定经验、资金和客户积累之后，会逐渐去做代理，而代理级别越高，拿货价格越低，中间的利润也会多一些，毫无经验直接投钱进去的人还是极少数。

朋友圈营销的最大问题还是品牌性和管理性无法保证，而且新人学会后往往就自己单干，流失的情况会比较明显。所以，目前还需要更致力于品牌建设，从而在推广和客户利益保障上达到比较好的效果，团队稳定性也会比较有保障。

（二）微商分销模式

微商分销模式，又叫社交电商模式，是在电商分销和淘宝客模式基础上衍生出来的运营模式。电商分销如天猫的供销平台，它的作用就是一个网络分销，供货商可以提交相关资质申请加入天猫供销平台，申请成功后就可以成为这个平台的供货商，那些没有货源或是不想囤货的淘宝店家可以申请成为这些供货商的分销商。

天猫供货商会给每一个分销商品设定分销价格，分销商在淘宝上卖出产品后由供货商发货，淘宝店家就赚其中的差价。除天猫供销平台，淘宝还有一个淘宝客模式。淘宝客模式是一种按成交计费的分销推广模式，这种计费方式叫作 CPS，常常称这群推广者为淘宝客。微商分销模式就是在上面电子商务的两种模式基础上衍生出来的。微商分销模式是指品牌方借助分销平台招募分销商，通过设置相应的佣金返利让分销商在社交关系中销售产品的一种模式。具体操作流程是：品牌方在分销平台上发布相关产品，然后招募分销商，分销商通过各种渠道推广和分享产品链接，消费者通过分销商提供的分销链接购买产品后，品牌方负责发货和售后，最后分销商获得佣金。有电商条件的一些公司进入微商，一般都会组建一个微商城或者微信公众号，然后自带分销功能，商城里有各种各样的商品，个人在平台上消费到一定金额后就可以自动成为一个微店主，享有一个专属微店界面。在使用产品之后，微店主分享自己微店链接的同时，还可以分享自己的使用心得，其他消费者通过链接进入页面购买之后，便可以获得相应的酬金。此模式类似于淘宝客，但还具备三级分销功能，即在邀请下级开店后，下级购买产品，上一级仍然是有酬金的。这种模式的优势是不需要事先压货，没有囤货的风险，而且自己不需要发货，不需要处理产品相关的各种售后问题，平台自己就负责了。更加有诱惑力的就是三级分销，只需要拥有一定的代理数量，代理足够努力，自己就可以跟着赚钱，这就是微商分销模式。

微商分销模式必须建立在分销平台的基础上才能正常运行。通常用三种方式搭建分销平台：第一种是品牌方独立开发的具有分销平台功能的 App；第二种是通过第三方分销平台来搭建自己的分销体系；第三种是基于微信平台开发的具有分销功能的微商城。目前来看，基于微信平台开发的微商城是大部分微商分销品牌选择的运营平台，一般以微信小程序的形式存在。但随着微信团队对分销平台的监管力度逐步加强，自建分销平台将是现在及未来从事分销模式的微商品牌运营发展的趋势。

微商分销模式的优势在于分销商不需要囤货，且投资额度相比代理模式要小很多。但这也存在弊端，因为不囤货和投资额小会导致分销商无压力感，品牌方制定的很多管理政策和机制可能无法在分销商身上去有效地实践。至于要如何最大化地发挥优点并规避缺点，就需要品牌方在分销模式的设计上多下功夫。

（三）服务微商模式

这种模式主要针对有一些实体店或者有某些技能的人借助微信提供相对应的服务，如一些餐饮店会开通微信服务号，可以提前预约位置、订餐等。还有一些快递小哥，第一次是电话联系，接下来添加微信，如果需要发快件直接微信联系对方就可以了。

（四）平台微商模式

平台微商模式就是大品牌提供平台，不会做微商、自己没有公众号，并且没有微商运营团队的个人，可以入驻微商平台。平台不断进行推广宣传，吸引客户到平台上，然后选择自己所需要的产品，同时平台可能会采用分销模式，每一个消费者同时又是推广者，分享用后的感受和心得，带动他人购买后可以享受到一定的酬金，这就是平台微商模式。

平台微商实际上是“去中心化、去流量化”的交易平台微商。它有一个自己完整的交易链条机制，其中包括上游选品、中游代销分销、下游的购买返佣等。这种类型的模式需要足够的人脉资源才可以做起来，它的“瓶颈”就是流量。缺乏流量的平台微商没有品牌竞争力，很容易就被别人挤下来。所以需要有足够的流量，平台微商才可以做得起来。

二、微商商业模式的创新和发展

随着信息化时代的蓬勃发展，微商也进入了快速发展的阶段，从 2013 年发展至今已经有了非常好的营销效果。微商商业模式的本质就是：微商 = 消费者+传播者+服务者+创业者。

（一）消费者需求特征的变化

消费者在从众过程中也有个性化需求，大家的需求和审美是不同的，每个人都有属于自己独特的个性。而微商恰好可以从消费者的角度出发，面向不同的人群推荐不同的产品，坚持以消费者为主导，达到精准的推销效果，更有利于自己的商业发展。

（二）微商产品的选择

从 2013 年至今，微商的主要消费群还是以女性为主，且经营者也大多为年轻女性，这样对消费者的消费习惯也相对了解，更有利于销售。所以，一般的女性生活用品也就成了微商做产品的首选项，比如化妆品、护肤品、服装服饰、母婴用品、减肥产品等都是不错的产品选择，这些产品都具有比较明显的体验感，生产成本和运输成本较低，利润空间大，受众面广，复购率较高，更适合微商运营。

（三）规范化发展

国家为了规范化管理微商行业，相关部门成立专业小组开展相关课题调研，国家相关部门开展了《微商行业诚信经营与消费者保护》监管研究课题，加强了对微商行业中的消费者权益保护的研究，并建立了微商行业的诚信认证体系，其中包括企业诚信认证、产品可追溯以及人员诚信认证，这样更有利于市场的监管和消费者查询，对微商进行规范，更加有利于微商的未来发展，逐步汲取传统商业好的经验。今后会有更多的大品牌企业加入微商渠道，加速微商行业进入稳定成熟的时期。

（四）产品销售、运营的创新

1. 销售方面的创新

平台和品牌应该强强联手、联合运营，这样的运营渠道会更大更多，而执行营销策略也会更加全面，这样可以使产品在各种平台上呈现出不同的营销定位，而客户则会根据产品不同的定位和属性来选择更适合自己的产品。而产品的二次加工更加重要。因为产品加工后直接面向消费者群体，不同的微商团体对产品要有自己不同的理解和对消费者不同的感知，应该对产品做出不同的二次加工，带上属于自己团队的特定属性之后会更吸引消费者群体。

2. 场景化传播的创新

产品的场景化包装主要是对这个产品的功能、内涵及卖点进行包装，然后进行相关场景的带入，来提高消费者购买的欲望。对产品卖点进行二次提炼，形象地诠释卖点，使卖点更加接近消费者日常生活中的需求和爱好，让消费者觉得这个产品是自己所必须拥有的。产品的传播更应该贴近生活，传播的应该是具有生活化的素材。简言之，就是需要大众化，要整个过程加上服务都做到有感情、有思想。

(五)降低阻力，降低成本

微商这种大众化的商业模式，讲的就是人与人之间的关系。很多客户都对微商有不信赖的想法，所以微商应该充分利用客户消费后的真实反馈来吸引其他客户的目光，最主要的还是要保证产品的质量，最好是真实地自己测过，可以利用小视频等方式来使客户相信。这种人与人之间的转换宣传方式大大降低了成本，节省下来的费用可以用来投入产品的其他方面来提升产品自身的竞争力。

案例分析

“它易宝”口袋微店运营案例

一、“它易宝”简介

“它易宝”集合线下3000多家门店，掌握一手货源，是一个货真价实的珠宝玉石去库存的店铺。它在2014年开通微店，主营商品包括时尚珠宝、传世佳玉、古意珍玩等。自2018年9月起，其交易额开始爆发，结合微店的社交玩法每天的销售额可稳定在20万元以上。

在线上，它属于口袋微店老客户；而在线下，其门店——丰泽堂已有百年经营历史，积累了一批门店客户，有客户认可基础。上线6个月，微店累计成交额破3000万元，成交客户量破万；同时，以社群方式维护会员4000余名，高客单的情况下，复购率达40%。

二、“它易宝”口袋微店微营销推广策略

1. 打造店铺口碑，树立店主形象

重庆宝玉石产业协会副会长、百年珠宝老字号丰泽堂第四代掌舵人周颖女士作为微店店主，于2015年12月19日，在中渝香奈公馆隆重举办了由它石创客会主办的“2015它石创客会年会暨重庆首届微商品牌发布会暨丰泽堂年度慈善竞拍会”。发布会聚集了众多敢于转型的传统实业家及新微商，大家齐聚一堂，分享交流，整合强大的资源优势，一起撸起袖子加油干。随着微商品牌发布会的完美落幕，慈善拍卖会正式开始，拍卖会由它石珠宝电子商务有限公司与公益宝联合发起，公益宝依托移动互联网平台，为受众提供高效便捷的公益参与渠道，为慈善企业的相关活动提供展示宣传、公益营销等相关服务，希望打造一个“人人公益，触手可及”的新型公益众筹模式，营造随手公益、快乐参与的良好氛围。此外，还一起研发了一款H5公益小游戏，使参与者动动手指就能做公益。

品牌信息的确立是形成稳定“微沟通”的基础，顺利举行的相关线下活动，不仅增加了产品的曝光度，还提升了品牌知名度，此外，“只能通过自己的努力让消费者以低于市场的价格买到更多好货”等相关承诺，拉近了与消费者之间的距离，提高了可信度，也提升了成交量。

2. 门店客户转移，培养用户线上消费习惯

“它易宝”之前一直在线下经营多家门店，名为丰泽堂，这是一家有100多年历史的

珠宝古玩老店。由于受到互联网的冲击，现在线下实体店生意越来越难做，而经营成本越来越高。丰泽堂少堂主周颖看到了线上的趋势之后，开始转战线上微店。

针对线下客户，通过传播每天可以低价捡漏超值爆品的信息，引导门店客户纷纷加微信进群，而且在群内利用口袋微店的相关功能，比如说积分红包、新客优惠、产品抽奖等，给用户提供诸多的优惠；用户通过营销群也可以及时了解产品上新情况，客服会每天不断地在群内发新品图文和链接，并且固定在每天下午放出一款超值低价爆品，培养客户关注群消息和在线购买的习惯，然后引导客户去微店下单。经过一段时间的发展，发现在群内引导客户去微店链接中下单，生意不比门店的差，便开始减少门店数量，将重心放到线上运营，并在微店的自动消息回复中也添加了客户加群的入口，客户积累越来越多。

"它易宝"设有多个群组织，除了产品推广群，还有翡翠爱好者群、服务知识群等。每个群都有相关客服进行每天的答疑与指导，还可以免费帮用户鉴别真假，提供暖心服务。"它易宝"相关产品已经顺利加入"我是供销商"行列，感兴趣的用户可以在微店平台上进行分销推广，赚取佣金。

3. 探索多种营销玩法，全力进入社群运营

除了上新和超值捡漏爆品之外，"它易宝"探索了多种促销玩法，大大提升了群活跃和店铺销量。

（1）拼团裂变，带动老客拉新客

2019 年拉新是"它易宝"很重要的一个战略，除了在外部渠道推广微店引流之外，还在抖音中插入产品广告，在相关游戏中进行品牌的植入等。通过现有客户推荐是一种非常有效的方式，"它易宝"首先想到了微店这个现成的社交裂变工具。多次尝试拼团、砍价之后，"它易宝"发现拼团适合自己的客户和商品。

拼团商品一般选择价格在 500 元以内、受众较广且市场反馈良好的成熟单品。拼团价格是商品原价的 3~5 折，配合商品的宣传图片、文字介绍进行发布，通常可以成团 200 件以上，带来新客 100 多人。

根据自己的产品特征，选择是否开启拼团活动，不合适的话要转战其他渠道。"它易宝"玉石产品，便于存放，拼团价格适中，自有库存，所以选择拼团裂变功能。如果你的产品是水产品或蔬菜等，就不适合进行拼团。所以，要做好前期准备工作，选择适合自己的渠道进行产品推广与销售。

（2）热点节假日，全场满减提升客单价

在热点节假日，"它易宝"都会策划活动，提前 2~3 天在群里预热。考虑到自己的客户群体大多是 40 岁以上的女性，经济基础相对较好，但玩不转太过复杂的促销玩法，经尝试发现，最直接的全场满减活动，最受客户喜欢，每次都能带来 80%~100% 的订单量增长，且提升了客单价。

（3）新人进群领优惠券，刺激下单转化

"它易宝"捡漏社群，每天不断地有客户进来，新客户进群，会第一时间在群内收到一张优惠券，并被推荐一些适合新人的单品，提升了新客户的下单转化率。

(4) 发布社区动态，提高成交量

针对线上维系客户，“它易宝”微店社区是一个亲如一家的组织，社区里有各种大大小小的活动可以增加消费者之间的感情维系。客户刚刚开通微店就可参加店铺装修大赛，获得了很高的点赞率，并位列前5，不仅提升了自己的名牌形象，还收获了许多新粉丝，之后又参加了发布动态“第一回头客”大赛，获奖登上“私藏好点　钻石展位”，提升了店铺形象，获得了用户信任，由此得到更多关注和订单。

4. 洞察客户特征，打造高黏性会员体系

“它易宝”的店长发现很多客户第一次捡到漏，体会到赚了之后，会多次在微店店铺购买。为了让他们每次下单都能满意，根据这些客户消费的金额及消费次数，“它易宝”搭建了自己的会员体系，共三档：铜卡会员、银卡会员和金卡会员，档次越高，福利越大。现在“它易宝”的会员中，不乏购买了几百次、消费了几十万元的顾客。会员体系的搭建提高了会员的黏性，使会员获得店铺的专属福利，让他们更不愿意走了。

第三节　微商商业模式的现状分析

一、互联网思维

“互联网思维即在互联网技术高速发展，社会变革的前提下，企业以实现商业模式创新为目的，采用顾客导向，基于互联网特征对企业价值模式、营销模式、盈利模式、运营模式的重新思考。”经济学家阿克洛夫（Akerlof）曾指出，生产者对自己的产品具备全面的信息，消费者只有借助商品表面进行判断。信息的不对称，使消费者会做出不明智的决定。而随着互联网的发展，消费者可以通过网络了解更多商品的信息，因此对商品选择的自主性越来越大，传统市场中存在的信息不对称的问题更好地得到解决，消费者主权得到了真正实现。同时，互联网使消费者之间联系更密切、更便捷，消费者口碑信息传播的及时性使企业真正地将消费者视为“上帝”。因此，“以顾客为中心”成为互联网思维的核心。

二、商业模式创新理论研究现状

互联网技术的快速发展及电子商务的普遍应用激发了最初的“商业模式创新”，这一概念扎根于新兴行业，利用互联网技术，使亚马逊、淘宝、天猫、聚美、京东、苏宁等一系列商业巨头走入人们的生活。商业模式的创新并不是简单地改进技术或者重构价值链，它需要企业对其多个模块重新进行组合，以顾客导向为核心，以合作共赢为价值取向，其中包括与供应商、顾客、合作伙伴及竞争对手的多方合作；以“体验式营销”“社会化营销”“基于顾客量的盈利模式”等策略为实现途径。

三、微商商业模式发展现状

微商商业模式是基于互联网思维发展起来的新兴模式，其借助网络科技，通过精准的双向沟通，了解顾客需求，较好地实现了以顾客为核心；价值取向方面，微商业主能够在渠道内与供应商及各层级渠道成员实现共赢；微商商业模式由于其精准沟通的特性在“体验式营销”和“社会化营销”方面表现突出，相较于传统电商企业，无论是顾客体验还是双向交流进步明显，但传统的规模经济理论仍根植于微商行业中，使现有模式类似于传统电商行业，单纯靠降低边际成本来提升企业优势在现如今的互联网浪潮下已然成为企业发展的“短板”，如何通过发展产品特色或提供服务提升顾客量成为微商行业值得深思的问题。

第四节 微商商业模式优化

一、微商现有商业模式存在的问题

微商模式发展初期，其野蛮生长凸显出微商市场的隐患与问题，市场有待整顿，2015 年一系列问题诸如假货、传销、虚假宣传出现于微信市场上，当年的行业会议提出了针对现有微商商业模式的“微商五条”，即“V5 条”以帮助微商行业及从业者健康成长。“V5 条”中明确提出假冒伪劣、骚扰、没有体验分享、无限发展渠道牟利、大忽悠等都不是微商，微商需要产品品质有保证，朋友圈的信息须节制得体，自己或亲人使用过自己宣传的商品，渠道发展的层级数控制在合理范围内，不以一夜暴富为目标。

2016 年以来，微商整体经营环境得以改善。面对微商行业发展现状，我国已有相应的法律法规，如民法典、产品质量法、侵权责任法、商标法、反不正当竞争法、广告法、食品安全法、消费者权益保护法、电子商务法以及《侵权消费者权益行为处罚办法》《关于完善消费环节经营者首问和赔偿先付制度切实保护消费者合法权益的意见》等，但仍存在有待解决的问题。

1. 信用保障问题

在没有第三方保障而只有消费者和微商参与的交易中，消费者并不能完全放心地购买微商产品。由于商户信誉和保障机制不明确，消费者无法确信付款后商户能否发货，且会担心产品质量。如果消费者购买到的商品与产品描述不符或者不满意，即便消费者要求退货，商家不予退款，消费者也无能为力，维权困难。

2. 产品质量问题

由于微信、微博免费注册，进入门槛低，微商业主在朋友圈可任意发布图片及文字广告加以宣传，朋友圈经常会充斥着低劣的“三无”产品，导致部分消费者对微商产品的购买“力有余而心不足”。

3. 知识产权问题

由于监管机制不成熟，微商市场上存在以次充好等假冒伪劣产品。消费者缺乏辨别能力，假冒伪劣产品大肆盛行，知识产权得不到保护的现状变本加厉。

4. 培训规范问题

微商队伍的扩大极大程度上依赖朋友的互相推荐，经营过程全由微商从业者自身摸索，微商行业无规范的培训模式，导致微商从业者素质参差不齐，不利于微商行业形象的树立。

5. 渠道管理问题

微商业主在利润的驱使下，将“以销售产品为目的”转换为“以发展下级代理为目的”，导致渠道监管困难重重，传统渠道模式中的“窜货”等商业行为在微商商业模式中也存在，且由于微商商业模式中渠道的长短、宽窄具有巨大的不确定性，在渠道管理上困难重重。恶性发展下级代理，极大地损害了微商形象，并成为微商商业模式发展的阻力。

二、解决措施与建议

1. 加强对微商平台的管控，优化微商购物环境

当前的微商平台没有提供较完备的体系来保障产品质量，导致假冒伪劣产品及“三无”产品横行。同时，由于没有第三方的监管，消费者在购买微商产品时只有买卖双方参与，导致监管困难重重。微商监管应该参照淘宝、唯品会等成熟传统电商的监管模式，从前期购买、物流体系、售后服务、消费者权益保障体系等方面建立一套完善的机制，形成严格的管控体系，使微商消费者能够安心购买，化解信任危机，形成好的微商购物环境。

2. 建立完善的售后评价体系

现行的微商商业模式下，消费者购买商品过程中并无客观的参考体系，消费者所购商品的全部信息均来源于卖方的表述，在没有明确维权体系下，消费者的权益无法得到保障。为了解决这一难题，微商行业应结合信息技术方法完善售后评价及客户关系管理体系，以此给予消费者一个比较客观的参考，同时也能对销售的产品质量及宣传内容加以监督和约束。

3. 建立完善的信用评价制度

各微商平台应完善信用评价体系，提供产品间横向及纵向对比方面的模块，使消费者在购买产品的过程中不仅依赖平台的推荐和微商的产品表述，同时还有客观的信用层级来作为参考的重要指标。

4. 完善微商渠道策略

由于微商商业模式中渠道管理较为混乱，所以应该完善微商的渠道策略，学习传统渠道模式，形成代理商或经销商分级制度。公司在选择代理商或经销商之初，应与之签订协议，明确双方的责任与义务。各层级代理商或经销商除了要完成上级中间商下达的销售任务之外，还要管理好其下级中间商之间的关系。这就要求各层级的微商代理商既要有服从市场约束的意识，还要有较强的市场管理能力，以此来改善微商行业内的渠道现状。

微商作为互联网思维下的新型商业模式，面临着前所未有的机遇，也遇到了快速成长中不可避免的难题，如何完善行业自身并为微商从业人员及消费者带来更多利益，还需政府和社会各界的共同努力。

案例分析

芳可思比萨店商业模式分析

一、背景介绍

芳可思比萨店于2015年6月1日开业，位于北京华联商厦四楼。店铺含外围座位区总面积50平方米，最多能容纳35人同时就餐。店铺装修为现代工业混搭风，绿色的植物墙表示所有食材绿色环保，大理石桌面及柚木光面铝塑墙面结合钢结构框架看起来低调奢华。芳可思比萨店主要经营项目为比萨、意大利面、米饭、小吃。芳可思比萨店（FUNX PIZZA）是上海万祺2015年为比萨打造的全新中高端品牌。

二、芳可思比萨店现有商业模式分析

（一）芳可思比萨店创新商业模式九大要素

1. 顾客细分：用来描绘为特定顾客细分创造价值的系列产品与服务

一般状态下，市场大致分为五种大的类型。一是大众市场，指的是这一类客户具有较为相同的诉求，它专注于高销售额和低价格，旨在提供对整个市场都具有吸引力的产品和服务。二是利基市场，主要针对非常特定的细分市场，对一定的特色需求进行个性化定制。三是区隔化市场，是将消费者依不同的需求、特征区分成若干个不同的群体，而形成各个不同的消费群。四是多元化市场，是指一个企业同时经营两个或两个以上行业的拓展战略，又可称“多行业经营”，主要包括三种形式：同心多元化、水平多元化和综合多元化。同心多元化是利用原有技术及优势资源，面对新市场、新顾客增加新业务实现的多元化经营；水平多元化是针对现有市场和顾客，采用新技术增加新业务实现的多元化经营；综合多元化是直接利用新技术进入新市场实现的多元化经营。五是多边市场或者多边平台，即将两个或更多独立但相互依存的客户群体连接在一起，平台通过促进不同群体间的互动而创造价值。一个多边平台的价值提升在于它所吸引的用户数量的增加，这种现象被称为网络效应。

芳可思比萨的现有的顾客群体属于大众市场，顾客群体对于比萨的接受程度较高，爱好美食，部分客户对价格有一定的敏感度，打折时购买频次会增加，而不做活动时购买频次会减少。对于商家来说一味地打折、团购、促销、走低价路线会使工作量大量提升而利润下降，且尽管部分顾客因为打折会增加购买频次，但因吃比萨的顾客整体数量较小，打折时增加的可能性购买数额，低于打折带来的利润损失，无法做到薄利多销，因此现有商业模式下的顾客群体需要进一步细分，争取到一部分对比萨真正热爱，追求文化、情怀且对价格不敏感的顾客，对他们进行高端定制化服务。

2. 价值主张：企业为客户提供的产品及服务内容

价值主张主要由九个要素构成。第一个要素是新颖，就是企业生产的产品能给客户带来满足感或者从未体验过的幸福感；第二个要素是性能，是给客户带来更高体验价值的服务；第三个要素是个性定制，根据顾客需要来生产产品；第四个要素是妥善做好事情，就是协助客户来实现某些事情，从而创造价值；第五个要素是设计，是要通过优秀的设计让产品能够脱颖而出；第六个要素是品牌，通过品牌让客户知晓这个产品的价值；第七个要素是价格，与同类产品相比尽可能做到物美价廉；第八个要素是降低成本，为客户提供价格更为低廉但是产品质量仍然坚挺的产品；第九个要素是可达性，要将企业的产品以及服务送达那些潜在客户中。

芳可思比萨店现有的价值主张在于新颖。与市场上大多数商家使用的二次发酵冷冻面团或直接使用冷冻饼皮不同，芳可思比萨采用了面粉和面，每日新鲜现做，独特的口感和干净卫生的环境，给顾客带来良好的感受。但是如上所述，现有商业模式下的比萨产品对于大众消费者来说已经相对满意，但对于细分出来的高端顾客来说，芳可思跟 Mr. Pizza 这样的世界名牌相比，并没有什么优势，因此，为了服务高端客户，产品的价值主张也必须提升改进。除了继续保持新颖外，还需要增加定制化环节，为其设计更加美好而有质感的包装等。

3. 渠道通路：用来描绘如何接触顾客细分群体而传递价值主张

企业可通过自有渠道组建销售队伍和在线销售，而芳可思比萨店目前的商业模式是店面销售加传统团购平台和外卖平台，在这方面芳可思与竞争对手相比也并无任何优势。对于高端定制顾客来说，收到的比萨往往会因为外卖小哥的疏忽而变成一团可怕的糨糊。

因此为了提升和改进，芳可思在沿用现有的合作伙伴渠道外，与微商团队、顺丰配送等合作，进行高端配送。

4. 顾客关系：用来描绘与特定顾客细分群体建立的关系类型

通常情况下，客户关系分为六类，第一类便是个人助理，这类非常好理解，诸如个人助手以及呼叫平台等；第二类是自助服务，为客户供应想要的服务内容，但是采取客户自取的方式；第三种是专用个人助理，这种是为那些高净值的客户提供的专门服务；第四种是自助化服务，通过自动识别不同类型客户的需求，为客户提供所需内容；第五种是社区，主要是利用客户或者潜在客户与网络在线社区建立联系；第六种是共同创作，主要是让客户也参与到产品的设计中，与客户共同创造价值。

芳可思比萨店现有的顾客关系是自助服务类，就是顾客到店，点单，提供大众化普遍化的产品，顾客根据菜单上的内容选择自己爱吃的产品。芳可思十来种比萨能满足大多数顾客的需求，但是对于高端定制顾客，距离他们的期望值还略有差距。

5. 收入来源：主要从客户中获得

所谓收入来源一般分为以下几种类型：资产销售，主要是通过企业售卖产品获取；使用收费，企业向顾客收取服务费用；订阅收费，企业通过售卖重复使用方面的服务内容获得；租赁收费，即企业提供租赁服务获得；授权收费，即企业通过授权某单位或个体使用知识产权获得的收益；广告收费，提供广告宣传服务的收入。

芳可思比萨店的收入来源属于资产销售，销售比萨的所有权，消费者用现金或网络付款等方式将款项支付给芳可思，芳可思将产品送达顾客。

6. 核心资源：为保障企业的商业模式良好运转必备的内容

芳可思比萨店的核心资源在于实体资产，生产设施保障产品稳定的品质，销售网点确保了渠道通路能够畅通，顾客关系需要通过生产的产品及销售网络进行维护。

7. 关键业务：为保障企业的商业模式良好运转必须做到的事情

一般来说，一个企业的关键业务主要包括三类，一是制造产品，二是平台或网络，三是问题解决。芳可思比萨店的关键业务是制造产品，制造比萨、售卖比萨而获得收入。

8. 重要合作：企业商业模式成功运转所必需的合作伙伴

芳可思比萨店主要伙伴有配送商、外卖平台、微商，均是与不存在竞争关系的企业之间进行的战略联盟。

9. 成本结构

一般情况下，人们把成本结构划分为两类：一是成本驱动类，主要讲的是采取低价模式来实现价值主张，并且在确保产品质量的情况下，最大限度压缩成本，在这个过程中可以采取产品线自动化或者将非核心业务外包的方法。二是价值驱动类，主要讲的是价值创造，一般这种价值驱动类的商业模式主要关注点在个性化服务、价值主张以及价值创造方面。

芳可思比萨店现有的成本结构是成本驱动型，依靠着物美价廉吸引顾客，但在遇到价格战时因成本固定且较高而无法打折。

（二）芳可思比萨店商业模式创新的必要性

芳可思比萨店在创业初期的主要目标是生存，因此所有的商业模式均基于生存目标。刚开业时名气较小，而店主并无相关行业从业经验，因此必须采取与普通比萨店相同的商业模式，即成本导向定价法，用性价比高的产品吸引大众顾客，服务大众顾客。

营业初期，芳可思凭借着出色口味和馅料丰富的比萨一炮而红，受到了周边群众的追捧，红火过几个月，随着周边比萨店越来越多，芳可思的顾客被严重分流，虽然芳可思具有独特性，但在其他比萨店采取了价格战时芳可思无力抵挡，因为芳可思手工和面的人工费相对于其他店铺的冷冻面坯要高很多，而馅料丰富、品质高也是无法降价的一个原因。

既然无法降价，也无法打价格战，为了生存和发展，芳可思必须对现有商业模式进行创新。

本章总结

本章主要介绍了商业模式的有关概念及内容，其次讲述了微商商业模式的概念、微商商业模式分析，最后通过对微商商业模式发展现状的分析，发现微商商业模式中所存在的问题并提出相关解决方案。

复习思考题

一、名词解释

商业模式　微商分销模式　共享微商模式

二、单选题

1. 管理模式研究的是执行机制，而商业模式研究侧重于企业发展中的（　　）。

A. 运行机制　　B. 管理机制　　C. 用人机制　　D. 运营机制

2. 商业模式是企业创造价值的核心逻辑。商业模式这一逻辑性主要表现在层层递进的三方面：价值发现、（　　）和价值获取。

A. 价值对比　　B. 价值匹配　　C. 价值挖掘　　D. 价值体现

3. 对上下游资源进行（　　）和创新是商业模式上进行创新的另一个途径。

A. 整合　　B. 获取　　C. 挖掘　　D. 利用

4. 微商这种大众化的商业模式，讲的就是人与（　　）之间的关系。

A. 产品　　B. 企业　　C. 人　　D. 市场

5. 从 2013 年至今，微商的主要消费群还是（　　）。

A. 男性　　B. 儿童　　C. 老人　　D. 女性

三、简答题

1. 简述商业模式的构成要素。
2. 简述微商商业模式的类型。
3. 简述微商商业模式存在的问题及解决方案。

第三章 微商经济学

项目导读

随着信息技术、移动通信技术、互联网技术得到空前发展，被应用到各个领域，移动网络成熟起来，很多商家开始尝试开发移动社区市场，微商作为一种新的电子商务形式应运而生，迅速兴起并取得了一定成绩。与此同时，不少微商因各种问题被曝光后快速退出市场，并给整个微商带来了很大的负面影响。微商如何寻找出路，实现可持续发展，成为研究重点。本章介绍微商经济学，从经济学视角分析微商发展、运行的底层逻辑。

学习目标

1. 掌握社群经济、粉丝经济、信任经济、分享经济、创客经济的概念及内涵；
2. 理解微商经济学相关理论的基本观点；
3. 能够运用微商经济学相关理论分析微商经济行为。

思政目标

培育社会主义核心价值观；培养系统观、整体观、大局观、商业伦理、职业操守。

案例导入

“十四五”国家信息化规划：推动共享经济、平台经济健康发展

据中国网信网（2021年）12月27日消息，近日，中央网络安全和信息化委员会印发《“十四五”国家信息化规划》（以下简称规划），对我国“十四五”时期信息化发展做出部署。规划围绕确定的发展目标，部署了10项重大任务，并明确了17项重点工程作为落实任务的重要抓手。

在构建产业数字化转型发展体系方面，规划提及促进新业态新模式发展。大力发展数字商务，培育数字技术、数据资源驱动的新业态新模式。鼓励出行、餐饮、住宿、文化、旅游、体育、物流、家政等领域智能化升级和商业模式创新，促进品牌消费、品质消费，培育高质量的数字生活服务市场。培育智慧养老托育新业态。支持社交电商、直播电商、知识分享等健康有序发展，积极发展远程办公、云展会、无接触服务、共享员工等新兴商业模式和场景应用。利用特定地区政策创新优势，稳妥推进数字货币研发。

作为落实该任务的重要抓手“信息消费扩容提质工程”，规划提出：第一，加快线上线下消费有机融合。推动文化、旅游、体育、家政、物业等服务业线上线下融合，推进服务业标准化、品牌化建设，促进生活性服务业向高品质和多样化升级。依托智慧社区建设，促进社区服务消费。创新无接触消费模式，探索智慧超市等新零售模式。鼓励数字创意产业与生产制造、文化教育、旅游体育、健康医疗和养老、智慧农业等领域融合发展。第二，推动共享经济、平台经济健康发展。鼓励企业开放平台资源，推动公有云资源共享，打造共享生产新动力。探索生产资料共享新模式，鼓励各类经济主体按照市场化配置方式推进生产资料共享。健全适应共享平台灵活就业的政策体系，支持企业开展“共享用工”。进一步降低个体经营者线上经营创业就业成本，引导互联网平台企业降低个体经营者相关服务费用。

（本文来自澎湃新闻）

第一节　社群经济

一、社群经济的概念

社群是基于传播媒介聚合到一起，进行信息传播、情感交流、价值共享的用户群体。社群经济是指互联网时代，一群有共同兴趣、认知、价值观的用户抱成团，在一起互动、交流、协作、感染，对产品品牌本身产生“反哺”的价值关系，这种建立在产品与粉丝群体之间的情感信任与价值“反哺”，共同作用形成自运转、自循环的范围经济系统。产品与消费者之间不再是单纯功能上的连接，消费者开始在意附着在产品功能之上的诸如口碑、文化、魅力、人格等灵魂性的东西，从而建立情感上的充分信任。

社群经济目前没有形成普遍定义，但多数研究者认为，社群经济既强调社群的集体力量，又强调这种集体力量的生产性。社群经济的核心是具有生产力效力的集体行动力。这种生产可以表现为创造产品（实体或虚拟）、创造口碑和消费、创造文化等各方面。

二、社群的基本要素

社群的基本要素包括成员特质、互动模式与程度、成员关系模式、信息结构等。

成员特质：社群成员个体兴趣、需求、动机、行为特征，会影响社群的整体文化，以及相关的营销和生产行为。

互动模式与程度：互动模式与程度不仅会影响成员间互动的频率与质量，也会影响成员的群体意识的形成。

成员关系模式：社群成员通过强关系或弱关系建立，会影响成员对群体的归属感，也能直接影响社群的生产力。

信息结构：与多数社群相比，能够发展为社群经济的社群，其内容更加集中。好的信息结构应兼顾成员的自我满足、社群建设与社群经济行为等不同需求。

三、社群经济的特点

（1）情感连接，社群能给一群有共同价值主张、共同趣味的人建立情感关联，使他们能够产生点对点的交流，并且可以协同行动产生叠加能量，从而合力创造出涌现价值。

（2）利益联结，社群本身也是一种组织形态，要维持这个系统的正常运转，需要系统内的每个个体产出价值和获得收益，而且系统本身还会进行周期更迭。就像人体内的细胞一样，每个细胞都应该获得营养供给，死去一批细胞，要有新的细胞补位，从而保证组织体的结构完整性。

（3）范围经济，社群本质上是一套小范围内的生态系统，社群本身是要有自生长、自消化、自复制能力的。

案例分析

社群经济怎么玩？两个经典案例告诉你

一、产品福利狂吸粉，逐步打造品牌社群——以小米“米粉”节为例

福利吸粉模式常常通过促销、优惠、新品特卖等手段吸引粉丝参与，为品牌聚集人气。其中，小米“米粉”节就是最为典型的代表之一。“米粉”节是小米回馈众多“米粉”的节日，小米会在此阶段发布全新产品，以及往期产品大促销，利用极其诱人的促销折扣吸引粉丝疯抢产品，创造了一个又一个销售奇迹。在2016年的米粉节，小米网总销售额突破 18.7 亿元，累计参与人数 4683 万人，游戏参与 10.2 亿次。庞大的米粉群体的形成，依靠的不仅是小米高性价比的产品，还依靠的是与粉丝直接的互动。其中，最直接有效的方式就是粉丝节。福利吸粉模式充分实现了高利润回报率的粉丝经济价值，形成粉丝消费习惯，助力培养属于自己的高忠诚度的社群——小米粉丝社群。

二、与粉丝做朋友，品牌社群一起玩——以九阳粉丝节为例

除了福利吸粉、明星吸粉之外，品牌还可以通过“与粉丝做朋友”的方式吸引粉丝聚集，转变粉丝经济为社群经济。九阳，就是典型的转型社群经济的品牌。九阳作为家电行业的翘楚，近年一直在探寻“与粉丝一起玩”的最好方式，九阳第二届粉丝节为九阳社群经济转变交出了一份完美答卷。此次活动中，不仅九阳公司各个产品负责人深入各个环节，与粉丝“零距离”接触沟通，而且邀请粉丝合伙人为活动主办方，共同策划举办活动。在活动中，粉丝参与热情度远远高于主办方，粉丝合伙人理念巧妙构建了粉丝“主人翁”意识，与粉丝做朋友，让粉丝成为粉丝节真正的中心，完成品牌与粉丝达人面对面对话，更为社群黏性提供了核心基础竞争力。九阳粉丝节除了构建与粉丝亲密沟通的渠道，还运用场景语言的表达将企业想要传达给粉丝的健康、关爱、DIY 等理念诠释得深入人心，粉丝在短短一天的时间内走进老北京茶馆，体验英国、法国、日本环球下午茶，在与九阳员工交朋友的同时也轻松地理解九阳品牌的特性。总的来看，九阳在粉丝转化为社群的路上跨出了坚实的第一步，稳固社群必将为九阳助力，粉丝将与品牌共同成长。

（来源：创富港）

四、社群经济形成的动力

1. 利益驱动：集体与个体需求的满足

在集体与个体利益的双重驱动下，社群成员会有更强的动力全方位贡献自己的力量，即智力、行动力、社会资源等方面的投入。利益的驱动包括对集体利益、个体需求与私人利益的三重满足。集体利益主要是指群体整体地位提升、获得社会资源等。社群成员相互支持，进行资源互补，也可以实现集体与个体利益。个体的自我需求也同样可以通过社群进行满足。社群所满足的个人需求包括：

功能性需求，信息、技术、财务等；

自我表现需求，认同、归属、分享；

社交需求，联系、娱乐、情感释放；

尊重需求，权利、责任；

自我实现需求等。

2. 关系驱动：社群中社会资本的生产

（1）关系驱动力。社群的持续性、集体行动力以及成员对社群的忠诚度等，对社群向社群经济的转化有重要作用，而关系驱动是其中的关键因素。社群运营的重要目标，是通过成员关系的维护与发展，提高社群整体的社会资本，经营好社群，营造好关系，才能有更多盈利机会。

(2) 文化驱动：社群纽带的强化。一个拥有共同文化基础与相似文化气质的社群，可以使成员超越利益需求，对社群产生更多文化依赖与归属感，也有助于获得社会资本，而其中比较突出的就是“认知资本”。认知资本主要表现为社群内部共同的知识基础，在互动中形成的独特语言或交流符号，以及社群的共同愿景等。社群的群体规范也能够作为成员共同行动的指南，而社群文化还会在文化趣味、价值观、消费偏好等方面体现出来。

五、社群经济的传播特征

（一）聚合力和裂变效应

由于移动互联网的便捷性，在社群组织内部，社群成员能够自由高频高效地进行信息传播和沟通，能快速生成“圈子”，产生很强的聚集力。而在社群组织外部，因为个体之间的关联，使不同社群之间形成交叉。同一个体可以在不同的社群间切换。社群与社群之间这种多维度的关联性，使社群传播很容易实现跨边界的扩散，呈现出细胞分裂般的裂变性，一个特定的引爆点，就能引发“蝴蝶效应”，呈指数倍逐级放大。圈层式聚合力加上裂变式传播扩散，使社群传播成为一种新型的传播方式。

（二）情感价值

人类社群区别动物社群在于情感体验和价值传递。社群中的各个成员正是基于情感交流、兴趣图谱、价值认同，才聚集到一起。也正是依托在信息交互上的情感价值传播，才能保持社群的活动，使之可持续发展。在社群这个体系中，一方面人们主动参与社群互动，寻求满足感和归属感；另一方面，人们的满足感和归属感的加强，又会反过来促进社群的进一步发展，从而创新出更多的服务。就像罗振宇的“罗辑思维”中的社群成员，他们一方面是消费者，一方面自发组织各种“读书会”“美食会”和“相亲会”，使社群始终保持着一定的活跃度。在某种程度上，社群有一种家庭的属性。

（三）自组织传播

何为自组织？自组织是相对于他组织而言的，即个体之间自发组织和协作的系统和过程。自组织不是个体的简单叠加，而是通过个体之间的非线性交互，产生协同效应，使自组织整体上涌现出新的特征和功能，即群体智慧的产生。在社群中，人们在自发组织和自主参与的过程中，不断进行交互传播、协作生产和价值创造。以维基百科为例，个体学习者不断创造碎片化的微内容，单一的微内容微不足道甚至错误百出，但微内容之间经过非线性的相互作用，互相纠错调整，产生群体协同效应，形成从无序到有序、从低级到高级的知识成果创造模式。

六、社群经济的商业模式

模式一：粉丝至上，社群经营

粉丝和消费者的区别是什么？粉丝有一种情感纽带的维系，粉丝行为超越消费行为本身，因此，品牌要么将粉丝变成消费者，要么把消费者变成粉丝。从苹果公司开始，乔布斯的“果粉”就具有典型的粉丝链接。

而小米手机也是由粉丝的情感和价值认同的链接而创造的品牌。罗永浩的锤子手机，其目标用户本质上是罗永浩忠实粉丝群体。不去讨论锤子手机未来如何，仅这一点，罗永浩至少可以运营一个小众的“罗粉”群体（而在营销上，其实他获得用户的成本可以降低，未来，他还需要继续挖掘粉丝的关联需求和价值，这是社群时代的新商业规则），用社群去定义用户，经营社群去挖掘基于核心产品的延伸需求，这区别于工业时代的产品为王——先定义产品，再寻找消费群，然后再经营用户。

模式二：用户参与“智造”产品的时代

工业时代，企业强调的是“制造”，“制造”是以企业为中心的商业模式。在互联网时代，消费者希望参与“创造”，因此，进入一个新的用户“智造”产品的时代。这个时代的特征是用户来参与提供需求的过程，甚至企业邀请用户参与到解决消费需求的工作中，企业需要为消费者设立“吐槽社区”和“创新社区”，并懂得将这些社区的消费者内容为创新所用。“吐槽社区”和“创新社区”，就是消费者痛点的发掘之地。

例如，大众汽车品牌曾经建立的“大众自造”网络互动社区，2011 年至 2013 年 5 月底，有 1400 万用户访问，贡献了 25 万个造车创想，这些创想是研发人员所想不到的，但是通过这个平台，企业可以满足很多用户对车的需求。

模式三：“众筹”形式下的全新生态圈

“众筹”这个词近年来一直很火。众筹通过互联网，把原来非常分散的消费者、投资人挖掘出来、聚拢起来，为那些创意、创新、个性化的产品找到了一个全新的生态圈。例如，阿里巴巴联手国华人寿推出的“娱乐宝”，让影视和游戏爱好者可以用很少的资金来投资，本质上，这是一个理财产品，但是在模式上，这是一个众筹的娱乐类基金产品。“众筹”是个性化、定制化、分散化的产物，改变了消费者的角色，让粉丝、社群都可能成为创新商业的推动者和投资者，这是一个新的社群商业模式。

模式四：情景营销模式如火如荼

智能家庭、移动终端、可佩戴市场、大数据、实时传感器等，都在各个维度和用户产生链接，这种链接通常存在于消费者具体的情景中。很多时候，营销要触动消费者，一定要有匹配的情景，而新技术的发展，让随时捕获这种情景变得容易，比如可佩戴市场，比如移动互联网和任意的广告屏幕和终端的链接。例如，在写字楼场景，如果你可以通过手机 Wi-Fi 快速地获得品牌的专卖店或者零售终端的优惠券，或者本地的一些消费信息，或许你会在上班中午吃饭的时间，去周围的商圈去展开一次购物活动，也或许你会由于与写字楼屏幕上显现的二维码链接而到电商平台去购物。营销如果不能让消费者触景生情，或者触情而动，那么就成了强制和粗暴的广告推送，而对于用户场景的观察与新场景的制造，都能带来新的传播机会。

模式五：实时响应的客户服务

每个企业都要实时地回应和实时地响应消费者所表达出来的需求。而移动互联网技术的发展，让消费者实时需求集中爆发，同时，企业也将改变服务的形态。

案例分析

社群经济是未来商业发展的必然趋势

一、社群经济是指一切以社群为载体的经济行为

在当下乃至未来，无论你是企业主还是实体店老板，或者是大众创业者，如果不了解社群经济，你将陷入以下三大泥潭：第一，永远缺流量，在同行业竞争如此激烈的当下，分分钟被竞争对手碾压，生存空间越来越小甚至消亡；第二，即使有流量，黏性也不高，随便可以被同行撬走，而且很难裂变；第三，每天都在为寻找客源和获得流量，以及如何卖产品而苦苦挣扎又不得其法……在当下乃至未来，你弄明白了社群经济的核心，你将获得以下三大好处：第一，在同行业中始终有足够生存发展空间，在未来商业世界赢得立足之地；第二，拥有源源不断的精准流量和客户，并且客户信任度和黏性高，同行很难撬走，还可以实现流量自动循环和裂变；第三，持续不断的收入来源，现金流充足，且可持续发展。

二、为什么说社群经济是未来商业发展的必然趋势

大道至简，无论是以何种载体而运行的经济形态，说到底还是研究人，也就是研究人性的需求。说到这里不得不先来说说大部分人应该都知道的马斯洛需求层次理论。

马斯洛需求层次理论是人本主义科学的理论之一，由美国心理学家亚伯拉罕·马斯洛于 1943 年在《人类激励理论》中提出。书中将人类需求像阶梯一样从低到高按层次分为五种，分别是生理需求、安全需求、社交需求、尊重需求和自我实现需求。当人们最基本的生理和生命安全需求被满足以后，就会去追求被理解、被尊重、被认同的社交需求和自我实现需求，而社群，恰好可以满足人的这些需求。

三、社群经济为什么会在这个时点上爆发呢？

首先，也是最重要的一方面，当大多数人的基本物质生活被满足以后就会通过社交去寻找情感上的愉悦和满足。从人性角度来说，依托于社交网络形成网络社群经济满足了人类的社交需求、被尊重的需求和自我实现需求。人们依靠共同的兴趣爱好，在社群中聚集起来，这样就满足了社交需求；当社群群主或成员输出了对别人有价值的内容，受到了别人的正面评价和赞扬，满足了用户被尊重的需求；而作为一个小社群的带头人或者“连接者”，带领社群不断发展壮大，这就满足了用户自我实现的需求。这说明社交需求和成长需求将会成为未来人们消费的主流需求，所以，通过社群与客户建立社交关系而产生的经济形态，也就是所谓的社群经济，会成为未来商业发展的必然趋势，也将是未来最重要最赚钱的技能。现在做网络营销大部分的流量都已经与社群和社交相关，如果再不转化观念，找到客户的需求层次，做社群经济，以后的互联网的微电商将会举步维艰。

其次，信息技术的高速发展为社群经济的迅速崛起创造了先决条件。以微信社群为例，随着智能手机的普及，微信用户已经超过10亿。巨大的上网人员基数，提供巨大的商机。通过网络寻找自己的客户，寻找需要的产品已经成为一种潮流、习惯。现在的社群经济，其实就是跟着社交网络兴起的新的经济模式。比如早期的BBS、论坛、聊天室、博客，后来的百度贴吧、QQ群、豆瓣小组等。再到后来移动互联网的出现和普及，让人们在找到有相同爱好的群体这件事上的成本又大幅度地降低了，现在估计谁都得有几个兴趣爱好的微信群。直播和短视频这几年的火爆，也让社群经济进入了蓬勃发展期。可以非常肯定地说，正是高效的连接手段的出现，为社群经济的发展提供了技术上的可能性。

最后，人们消费水平的提高和消费模式的升级为社群经济的发展创造了必要条件。在过去十几年，国人的消费模式已经发生了巨大的变化。最为显著的变化就是基本生活必需品的支出比例下降，而在精神娱乐消费层面的支出份额上升了，比如很多人心甘情愿为知识服务买单，这也成为标榜自己品位、身份认同的新潮流。

四、回归到社群经济的核心：卖产品是表象，卖相信才是真相！

因为，社群中的每个个体都是有血有肉、有思想、有情感的人。在完成社群经营的过程中，媒体的信息传播服务只是没有温度的工具，而社群经济需要用人性化的手段，满足人性的需求，更多彰显人格化的独立品牌，并通过不断提供社群成员所需要的价值和需求而建立信任培育体系，然后形成自动循环裂变的社群生态系统。

（本文作者：逍遥岛主；微信公众号：逍遥岛主说社群）

第二节　粉丝经济

一、粉丝经济的概念

粉丝经济泛指架构在粉丝和被关注者关系之上的经营性创收行为，被关注者多为明星、偶像和行业名人等。

《粉丝力量大》作者张蔷对粉丝经济的定义为："粉丝经济以情绪资本为核心，以粉丝社区为营销手段增值情绪资本。粉丝经济以消费者为主角，由消费者主导营销手段，从消费者的情感出发，企业借力使力，达到为品牌与偶像增值情绪资本的目的。"

"粉丝"即运动、表演艺术或某名人的热心追随者或支持者。从广义层面上看，"粉丝"是指一部分对特定话题有较大兴趣的人；从狭义层面上看，"粉丝"不仅是对这些话题有浓厚的兴趣，而且对其有较为深入的了解。从社会学角度看，"粉丝"就是一种特殊的社会群体，它具备社会群体的一般特征：有明确的成员关系，有持续的相互交往，有一致的群体意识和规范，有一定的分工协作，有一致行动的能力。

二、粉丝经济在西方

在西方国家，粉丝经济早在 20 世纪 90 年代就已经初显端倪。英国学者西尔斯（Matt Hills）观察到，在从"广播"到"窄播"的媒介工业转型中，忠实的粉丝变成了最有吸引力的消费者。电视台如果想赢利，不必追求最大数量的普通观众，只需要制造和迎合一定数量的最忠诚的观众。在后福特主义的生产条件下，资本的弹性积累要求生产者在产品的设计、生产和营销过程中密切注意消费者的反应，以便更好地捕捉变化不定的市场需求。

许多企业认识到，粉丝对于产品的情感投入其实是一种宝贵的情感资本。品牌的价值就在于粉丝（消费者）与品牌所建立起来的持久的情感联系。此外，粉丝为了满足个人的情感需求，甘愿在所好对象上花费大量的时间和精力。他们的无偿劳动构成了网络新经济的主要价值源泉。当前，用户主导的 Web2.0 模式大多依靠粉丝（用户）贡献人气、流量和内容，粉丝的"眼球"和"口水"成了网络社群发展壮大的关键因素。

三、粉丝经济在中国

追根溯源，"粉丝经济"还是个舶来品，是欧美波普文化的东移。"粉丝经济"的发展速度与大众文化的商业化速度是一致的。改革开放后，我国出现了广义的"粉丝"，比如邓丽君迷。但那时还没有商业色彩，更没有"粉丝经济"。中国"粉丝经济"发展于 20 世纪 90 年代后期，当时的"追星族"有较强的自发性，但是缺乏计划性和组织性。

如今的"粉丝"则呈现出职业化趋向：有计划、有组织，专业化程度较高，甚至逐渐形成"粉丝"产业。而这正是随着各种选秀节目的发展而出现的，比如湖南卫视的"超级女声"节目。现在的粉丝是一群特殊的大众文化接受者，年龄较为集中，在 15~31 岁，女性较多，他们以异乎常人的热情投入他们所倾慕或崇拜的特定个人（明星、名流）、节目/作品（电影、电视、音乐作品）、团体（流行乐团、球队）等，虽然不一定有很强大的购买能力，但其为偶像消费的冲动很惊人。

2006 年，当各类选秀节目落下帷幕后，国家广播电视总局发展研究中心对上海东方卫视《加油！好男儿》《我型我秀》《创智赢家》《舞林大会》真人秀进行的调研报告显示，这四档真人秀的各环节价值超过 38 亿元，对社会经济的总贡献达到 76.89 亿元。《我型我秀》和《加油！好男儿》两个选秀节目的短信投票总共有 1600 万条之多。"粉丝"不仅是一支庞大的消费群，同时也是一支具有潜力的经济力量。

粉丝经济概念的产生为音乐、影视等娱乐行业指明了客户所在，区分客户和用户，并差异化地为这两个群体的服务正在被业内人士普遍关注，行业期待粉丝经济可以改变近年来收入低迷、新人和新作品匮乏的现实。

知识延伸

粉丝经济

“粉丝经济”涵盖的范围十分广泛，除了显而易见的比赛门票收入、媒体转播权利金、广告收入、与明星代言的商品之外，还有许多直接与间接的衍生商机，让许多厂商得以在其中赢取商机，并让许多厂商参考学习这类新的“粉丝经济”营销方式。

以姚明为例，他加入 NBA 共 10 年时间，其间，NBA 通过商业赞助、电视转播、产品授权销售等，在中国市场的收入高达 12 亿美元。而姚明则为火箭队至少提升了 1.67 亿美元的资产。只要姚明出赛，中国电视台争相直播，平面与网络媒体大肆炒作，中国企业更乐于给火箭队投放广告。甚至，不少内地球迷只记得姚明，而常常忘记姚明所属的球队。同样在 NBA 球场上受到瞩目的林书豪也不遑多让，一个赛季，林书豪就帮尼克斯赚了 2500 万~5000 万美元，球队母公司 MSG（麦迪逊广场花园公司）市值上升了 6 亿美元。林书豪成为众多厂商争取为自己产品代言的明星，创造的全球“粉丝经济”估计高达 2.3 亿美元。林书豪背后的华人圈“粉丝经济”，让先前尝过姚明“甜头”的火箭队，愿意以 3 年 2500 万元美元（为林书豪先前年薪的 30 倍以上）的天价签下林书豪，期待林书豪继姚明之后，成为又一个创造巨大“粉丝经济”的华人体育明星。

粉丝经济最为典型的应用领域是音乐，在音乐产业中真正贡献产值的是艺人的粉丝，粉丝购买 CD、演唱会门票、彩铃下载和卡拉 OK 中点歌版税等构成收入的主体，也因此有专业的机构在 2011 年将单位付费粉丝的月消费贡献值（Average Revenue PerUser，ARPU）的概念引入粉丝经济中。有专家预测，随着互联网的发展，艺人影响力的排名将来很可能会由唱片的发行量转由 ARPU 代替。

经典案例

粉丝经济的新现象

某明星微信公众平台的付费会员制刚刚推出就引来足够多的目光，明星与粉丝之间的互动方式不同于以往，传统的粉丝经济也似乎有了新的可能。

在微信公众平台上，用户可以通过付费成为该明显微信平台的会员，有 10 元月卡、50 元季卡、100 元半年卡和 168 元年卡四种选择，然后，可以根据不同的会员等级享受特权：阅读该明星行走系列书籍、欣赏明星亲自录制的私房音乐、定制语音推送，让明星和你说早安、晚安，还可以参与到会员讨论区，发帖评论以及回复，并有机会和明星互动。该微信公众平台还销售书籍、T 恤、纪念品等偶像衍生产品。

《盗墓笔记》作者南派三叔也在自己的微信公众平台上推出6元月卡、15元季卡、30元半年卡和55元年卡，而成为南派三叔的会员可以阅读南派三叔的最新作品，包括独家短篇小说、小说连载以及漫画等；参与到会员讨论区可以与其他会员交流心得，并可以获得南派三叔亲自点评，并与南派三叔互动。

经典案例

网红经济的背后是信任经济

互联网早期发展时有一个笑话：美国著名杂志《纽约人》曾经登载过一幅漫画，画的是一条狗坐在计算机前敲击键盘与另外一条狗交谈。漫画题为《在互联网上，没有人知道你是一条狗》。而在网红迅速崛起的时代，没有人知道你所信任的网红究竟是谁。当然，视频、直播类网红除外。

除了上述网红变现的新故事，通过网络影响力而直接变现的例子就更多了。近年来，互联网的快速发展带来了电商也带来了网红。二者几乎是凭借着互联网基因的链接，迅速触发了一个新的经济现象：网红经济。

然而令人尴尬的是，这种新业态、新模式似乎并不总是被人津津乐道。相反，无论是对于网红本身乃至网红产品，目前大多数人仍属旁观者，还有人拒绝接受，有人难以理解，甚至嗤之以鼻。粉丝们在狂热撒金时或之后，稍有不适或不合者，也容易对品质本身将信将疑，甚至迅速转“黑”。而且，网红当事人对于“卖东西”这件事似乎也欲遮还掩，往往更愿意通过“分享”而非“贩售”的名义，打出粉丝福利、优惠团购的旗号悄声赚钱。

这一窘境其实不难理解。国内网红销售产品往往还撑不起线下专柜，多离不开淘宝、微店甚至直接微博团购等网络渠道。而国内的电商平台每年都是“3·15”打假重点，屡遭质疑，“真假掺卖”的说法广为流传。

同时，网红这个身份，本身也具有争议性。似乎更接“地气”，又有号召力，但也容易被人质疑其专业性、权威性以及渠道的真实性。特别是近年来出现的几起“大V”售假事件，更让网红产品的可信度大打折扣。

但是，尽管如此，网红经济仍然越来越火。既有各类达人、博主从一条条微博、一篇篇公众号分享或者视频的暗藏推销开始，为粉丝们“洗脑”，并抛出优惠价格吸引粉丝们购买；又有知识网红通过卖会员并向粉丝推销书籍等知识类产品，打包贩售其观点或成长秘诀。当然，其中不乏诚意满满的“干货”，但整体而言是鱼龙混杂。

那么，为何有人放着专柜不去而投奔网红产品呢？

价格当然是一个因素，但绝非最重要的因素。实际上，不少网红卖的东西并不便宜。真正的关键在于，潜意识里，网红与这些消费者建立起了信任关系。这种信任的内涵是，从每日沟通到相互熟悉，从共同目标到相似手段。

每天的微博微信推送、语音视频的播出，正在为粉丝们搭建与网红们沟通的桥梁，更是粉丝们与理想版自我的桥梁：这些粉丝认为，他们与网红之间有共同的需求——有可能是更成功，也有可能是更美丽；而网红们曾经用金钱或用经历总结出了更好的经验，过上了更光鲜的人生。粉丝们通过眼见为实或者耳听为实，看到了自己飞跃成为更好、更理想自我的可能性。而购买产品或者购买某种会员身份，成了一种简单易行的桥梁。

因此，与其说联结网红和粉丝消费者的是互联网，不如说是信任。互联网更多的是一种媒介，而信任才是网红经济乃至所有经济形式、交换形式的本质。与对国家强制力的信任，对大公司、大品牌、大平台的信任相比，网红经济是因网红个人魅力而激发的信任，并通过日常的互动加以巩固。

互联网的空间隔离和信息不对称性本来要比线下高，但是网红通过长期影响拉近了心理距离，通过分享其日常生活行为等（无论真假）减弱了信息不对称带来的负面影响。

当然，与一些大公司通过长期努力建立起的信誉相比，网红经济还有一个特点：相对脆弱。实际上，一旦出现假货或者劣质产品危机，网红的信誉就会受到很大打击。对于某个大公司推出的溢价产品，人们往往指出某个产品不符合期待，但下次仍有可能因为宣传或好奇或跟风买单；而网红产品往往是一锤子买卖，一次不满意的体验则往往终结信任，甚至通过互联网迅速传播、扩散负面消息。这正是信任验证的过程。

总之，无论我们是否关注，网红经济的确正在崛起。但是，太阳底下并无新鲜事。这种新的商业形态背后仍是最古老的信任经济。所幸，随着大浪淘沙，越来越多的“大V”贩售的也是真正有价值的东西。但是，对消费者而言，与线下一样，无论你购买的是快消品、是美妆、是书籍甚至是总结好的知识与技巧，真正重要的是，仍是找到适合自己的东西，以恰当的方式坚持；对于传统的商业企业而言，也无须对网红实力的崛起感到岌岌可危，或者愤愤不平，了解消费者，建立与之长期沟通的桥梁，打造信任机制，仍是推动交易的重要动力。

（来源：金融时报—中国金融新闻网；作者：马梅若）

第三节　信任经济

一、信任与信任经济

管理学大师彼得·德鲁克指出，组织建立的基础不再是强制力，而是信任。在当前我国经济急速转型、传统道德伦理面临严峻挑战的背景下，个体与组织之间、组织与组织之间、组织与社会之间的诚信关系及其信任度，已经成为影响个体、组织成长及社会发展的关键变量之一。一旦社会信任缺失，不仅会使经济发展承担巨大信任成本，也必然导致社会道德的退化，人们将被迫陷入“自利自保”而非“利他共赢”的状态中。

信任是一种心理活动，也是一种实践行为。信任研究是对个人的研究，也是对群体或组织的研究。信任经济，是指以诚信为基础的经济活动。在人与人之间的社会交往中，诚信是一种道义准则。在经济活动中，以诚信为基础，就会产生信用活动。

二、信任研究范畴

对信任的研究主要沿着两条线索展开。

一是信誉（Reputation）理论的研究。经济学家认为信誉是人们规避风险、减少交易成本的一种理性计算。在信息不对称、重复交易过程中，一方一旦做出损害另一方的行为就会暴露出自己的信誉类型从而招致“以牙还牙”的“冷酷策略”，结果失去获得长期收益的可能。信誉理论以博弈论为方法论，成为解释经济运行中信任机制的最有力的工具，被广泛运用于个人、组织的决策。

二是信用（credit）理论的研究。以信用为主导的信任研究表现为宏观研究和中微观研究两方面。信用宏观研究主要是主流经济学的货币理论研究，包括货币本质、货币本位以及货币中性与非中性之争的探讨。自信用货币取代黄金成为一般等价物以来，货币的本质就是信任。信用中微观研究主要是对各种信用形式和各种信用产品的研究。这里“信用”通常被界定为“以偿还为条件的价值运动的特殊形式”。

商业信用是信用的最早形式，在中国，赊销作为一种商业信用始于先秦时期，并在宋代得到广泛发展。随着金融市场的不断发展，从商业信用到银行信用、国家信用、证券信用，直至信用衍生产品等各种信用形式在实践中被创造出来。各信用形式的运作机制、信用市场运行规律以及对信用风险的计量、与风险相匹配的产品定价等成为现代微观金融学的主要组成部分。

资产组合理论、资本资产定价理论、期权定价理论成为风险管理的有效工具。通过“信用”表现出来的“信任”，不论哪种信用形式都是对行为体的可信度认可后选择的信任行为。

三、信任的影响因素

信任的形成既受到个人特征的影响，也与外在环境息息相关。首先，个人过往的经历、所受的教育、性别、年龄、收入、就业情况、文化以及对人生的态度等个人特征是影响信任形成的个体因素。涂尔干认为，信任来自家庭和血缘关系，家庭和血缘关系亲近的群体之间更容易建立信任。郑也夫总结人类利他的三种类型：亲族选择、互惠、群体选择。信任首先来自亲族选择，具有相同基因的家庭和血缘关系亲近的群体之间更容易建立信任。一些实证分析进一步揭示人的性别、智商、年龄等因素与信任存在关系。其次，个人所处社会环境特征，例如法律体系、经济发展水平、收入分配、种族差异以及文化因素等是影响信任形成的社会因素。随着社会环境变化，人员流动增大，在亲缘关系上建立个人信任更为困难，就需要外在的机制设计，尤其是普遍信任的建立。福山认为，普遍信任孕育于一个社会的历史和文化之中，有些文化有助于人们之间产生信任并使信任等社会资本得以积累，有些文化则不然。

扎克（Zak）等发现，与政府和法律体系质量密切相关的产权指数、合约履行能力、腐败指数、投资者权利影响人们的社会信任水平。张维迎认为，信誉的基础是产权。产权制度的基本功能是给人们提供一个追求长期利益的稳定预期和重复博弈的规则。因此，法律最重要的任务是对个人的产权给予有效的保护，从而使人们积极地建立信誉。

第四节　分享经济

一、分享经济的概念

分享经济（Sharing Economy）是指将社会海量、分散的闲置资源，平台化、协同化地集聚、复用与供需匹配，从而形成经济与社会价值创新的新形态。分享经济强调的两个核心理念是“使用而不占有”（Access over Ownership）和“不使用即浪费”（Value Unused is Waste）。

对该定义做以下解释。一是分享的标的物。主要是闲置资源，包括闲置物品、碎片时间、认知盈余（未被充分使用的知识与专长、技能和经验、关系与服务）和资金盈余、闲置空间与公共服务。海量指资源的广泛性及其庞大的数量，分散指多数来自未被整合协同的个人资源或者是信息不对称的沉没资源。二是实现的方式。基于互联网、ICT、云计算、大数据等，构建平台，形成规模与协同，以更低成本和更高效率实现经济剩余资源智能化的供需匹配。这是分享经济 2.0 的核心。三是实现的结果。分享经济平台可以使前述闲置资源实现经济价值与社会价值的创新。过去大量的资源并未进入价值创造的体系，同时分享经济可以在可持续发展、生态、就业、协作、文化等方面产生积极正面的影响。此外，分享标的具有私权或公共服务属性。

二、分享经济的特征

分享经济的特征可以归纳为五大驱动、三大基石、四低四高。

五大驱动：用户驱动，消费者主权得到体现。分享经济由用户意愿、用户需求、用户选择、用户体验、用户价值、用户分享所驱动。信任驱动，“互联网+分享经济”重构了连接、交互、关系和信任。平台驱动，社会化资源借助互联网搭建平台，解决信息不对称和资源集聚，实现供需匹配和交易为分享经济提供支持，如网约车平台、腾讯开放平台、公共技术服务平台。第一个阶段是数据驱动，开创阶段是信息化、数据化；第二个阶段是聚类、结构化，进行用户画像；第三个阶段是预测、智能化。如滴滴出行已进化到第三阶段，可以预测某时段、某区域的用车需求，甚至预判用户的目的地，为车辆调度、供需匹配、路线优化的精准化提供支持，为利用动态价格机制缓解拥堵提供支持。价值驱动，闲置资源、过剩产能可以参与价值创造，认知盈余、闲暇时间可以价值化，连接本身就具有价值，可以使交互更具意义。

三大基石：信息对称，对资源的聚集、资源配置、供需连接、用户体验、主体协同都会带来正面影响，也会促进交互的有效性。游戏规则，规则的设计与动态调适对大众参与分享经济模式至关重要。规则的公平、透明、均利是基本原则，让用户、伙伴通过特定的方式参与游戏规则设计也值得尝试。协同协作，参与者彼此依赖，与平台方共建共享，形成协同消费、协同创新的模式。

四低四高：四低是低交易成本、低信任成本、低门槛与低碳。四高是高渗透率、高效能、高估值与高留存。

三、分享经济发展的大趋势

分享经济是信息技术革命与人类社会发展需求相适应而产生的必然结果。分享经济加速发展的趋势不可逆转，并将成为人类从工业社会走向信息社会的重要推动力。未来几年，分享经济发展将呈现以下趋势。

（一）内涵持续深化，外延不断扩大

随着分享经济在经济社会各领域的广泛渗透，商业模式不断创新并走向成熟，其内涵和外延都将发生显著变化，其影响也将从提升经济效率也拓展到推动社会转型。随着产业规模持续快速扩大，分享经济对经济发展的贡献率也将显著上升。人类可以通过分享来共同面对和努力解决贫困、经济衰退乃至气候变化等全球性问题。目前，分享经济主要活跃在交通、住房、教育、医疗、家政、金融等与人们生活相关的服务业领域，未来将迅速渗透到基础设施、能源、农业、制造业等更多生产性领域。

创新实践会引发许多新现象和新问题，需要持续跟进研究。分享经济可能会引发经济学范式与理论体系的重构。人们已经发现现有的国民经济统计、核算体系和方法不能准确反映分享经济对增长与就业的影响，在政策调整、信息安全保障、监管体系建设、法律法规及标准规范制定等方面也都有许多问题。

（二）竞争日趋激烈，少数企业胜出

由于市场潜力大、进入门槛低，目前尚未形成稳定的竞争格局，未来几年分享经济领域的竞争将更加激烈。网络经济具有“赢家通吃”的特点，部分发展较快的领域将有少数企业独占鳌头。未来几年在中国出现若干家“巨无霸”平台型企业是完全有可能的。

分享型企业要想立于不败之地，应该坚持以用户为中心，依靠价值创造来获取可持续发展能力。在发展过程中，企业应加强自我监督，主动履行社会责任，不能因为当前存在制度缺失或管理的灰色地带就放松对自身的要求，更不能以侥幸心理利用制度漏洞获取不正当收益。从国外经验看，加强自我监管不仅有助于企业获得公众信任和塑造品牌，对于政府完善相关制度进而推动行业健康发展也具有重要意义。如美国的 eBay 公司，在国家缺乏在线交易市场监管法规的情况下，自己制订了一系列规则，很多规则都成为后来国家制定正式法规制度的重要参考和依据。

（三）传统企业转型，积极拥抱分享

传统企业面对分享经济发展浪潮，大致有三种表现：漠视观望、不知所措、积极参与。企业应该认识到分享经济会给自身带来一定的冲击与挑战，但更多的还是新的发展机遇。越来越多的企业正在采取不同策略适应并积极参与分享经济，获得新的竞争优势些企业正通过与创新企业合作创造新的价值。如在零售领域，美国最大的有机食品超市全食超市与共享物流配送公司在全美 15 个城市进行合作，提供 1 小时到达的配送服务，客户平

均采购量迅速上升到之前的2.5倍，每周销售金额增加了150万美元。

有条件的企业正在积极实施转型发展战略。越来越多的制造业企业正在积极推进基于互联网的个性化、网络化、柔性化制造模式和服务化转型。宝马、奔驰、奥迪等汽车巨头引入分享经济模式，在以租代售、停车共享等领域已经取得了很好的效果。海尔集团提出了“人人创客”的转型战略，努力推动海尔从制造产品向制造创客转型，以满足当前需求个性化、生产分散化的市场新动向和消费者新需求。徐工集团成立了为道路工程机械用户提供“一站式”解决方案的综合服务平台——徐工“路之家”工程机械信息服务平台，推动“互联网+”工程机械融合发展。也许用不了多久，所有的企业都将成为分享经济的参与者和受益者。

（四）监管体系重构，社会协同治理

分享经济的全面发展既对社会治理创新产生了显著的“倒逼”效应，也为构建多方参与的协同治理模式提供了经验积累、技术与数据支撑。协同治理既是分享经济发展的客观要求，也是其必然结果，政府、企业、社会组织、用户在其中分别发挥重要且不可替代的作用。

就政府而言，既要为分享经济发展创造宽松环境，又要妥善处理创新引发的利益平衡矛盾。尤其是在分享经济发展初期，多数企业和产业发展仍处在探索创新阶段，政府可以在建立和完善补位性、底线性和保障性的制度以及规范等方面多做一些工作，如及时修改已经明显不适用的法律法规，研究制定以用户安全保障为底线的创新准入政策，尽快完善适应新业态发展的社会保障机制。加快推进公共数据开放和社会信用体系建设，积极利用大数据等新技术手段实现精准治理。

对企业而言，企业内生性治理将成为社会协同治理的重要组成部分，并发挥日益重要的作用。分享经济平台在发展过程中形成的准入制度、交易规则、质量与安全保障、风险控制、信用评价机制等自律监管体系，既保障了自身的可持续发展，也成为政府实现有效监管的重要补充。企业发展过程中形成的大数据为政府监管提供重要依据，在个人信息保护方面的责任也明显加大。

就社会组织而言，产业联盟、行业协会在加强产业间联系与协作、推进信息共享和标准化建设等方面将发挥越来越重要的作用。近年来，国内分享经济各领域出现了许多行业组织，在促进协调沟通、资源共享、行业自律等方面将发挥更大作用。

（五）倡导开放包容，走向信息社会

创新性的商业实践通常都是领先于制度与法律进程，在这个过程中，不能强迫新生事物符合旧的制度框架，需要给创新留有试错的余地。分享经济发展带来的挑战需要通过制度层面的积极调整予以回应和因势利导，而不是用固有的条条框框去扼杀创新。从未来发展趋势看，支持和鼓励创新将成为政府监管与各项制度设计的基本原则，有利于新事物成长的“试错空间”将越来越大，分享经济充分发展的红利将惠及每一位社会成员，推动人类走向更加开放、包容、和谐的信息社会。

第五节 创客经济

一、创客概念三要素与创客经济

（一）创客、开源硬件和创客空间

创客概念由创客、开源硬件和创客空间三要素组成。

1. “创客”来源

“创客”一词来源于英文单词“Maker”，是指出于自身兴趣与爱好，努力把各种创意转变为现实产品的人。创客一族被认为源自硅谷，他们在技术领域具有狂热的追求，崇尚卓尔不群的工业设计和与众不同的产品创新，最初的创新想法和灵感往往来自地下室或者车库中的小团队合作，通过多轮迭代，最终变成可以进行市场预售的新型产品。

2. 开源硬件是创客精神的核心代表

硬件开发需要投入很多的人力、物力，通常发明者十分珍惜自己投入大量心力的创造发明，通过申请专利的方式来维护自己的知识产权不受侵害。但专利的市场转化具有未知性和商业投资风险，并且专利的商业盈利价值有待市场和时间考验，一项专利的成功商业转化存在滞后性和不确定性。创客模式的特点在于人们将自己的发明放在开源环境中，虽不能享有专利的知识产权保护，但赢得了宝贵的前市场调研、潜在用户反馈、同行的无私帮助和意想不到的加盟者。就这一点而言，创客模式大大增加了硬件创造发明转化在当今商业社会中成功的概率。创客在开源环境中可以实现最大化自我操作空间。创客在创造过程中需要的工具主要有开源社区的源代码、电子图纸、3D 桌面打印机、激光切割机等。开源环境需要互联网作为载体，创客需要互联网互通有无，同时创客也在开源环境中节省更多的脑力、物力以创造更为满意的创意物品。创客、互联网、开源硬件，这三者相互关联、相互成长。

3. 创客空间是专为创客模式量身打造的全新组织形式和服务平台

它通过向创客提供开放的工作物理空间（地理位置一般在一线城市）和制造原型机的各种加工设备，以及定期的行业交流聚会和原型机作品展示，从而促进“众智”分享、跨界协作以及创意的原型机实现直至产品产量化。国内第一个创客空间是 2010 年诞生于上海的“新车间”。在创客空间，创客将自己研发的开源代码和开源图纸放在创客社区网站上，通过其他创客的建议和补丁不断进行修改，然后使用 3D 桌面打印机、工作室激光切割机等设备制作出第一个产品原型机并把它放到创客众筹平台上进行产品孵化，再经过迭代升级，最终形成成熟的小批量产品，如果产品不仅满足了“利基市场”，并符合大众消费市场的口味，这件产品便成了量产级别爆品。创客空间的核心价值不在于为创客提供办公场地，而在于为其提供了辅助创新创业的一系列服务。

（二）创客经济概念的形成

实现创客产业链、价值链的统一市场和形成创客产业可持续盈利的商业模式是创客经济概念成立的两个必要条件。有别于以往以“发明创造—专利申请—专利转让—产品生产”为主的商业模式，创客经济的主要特点是生产资料的大众化、全球化，将产品的开发创造与开源社区、众筹网站以及创客空间结合起来，形成“初始研发—小规模生产—直达用户手中”的新商业模式。创客经济实现可持续盈利模式的关键在于其产品的溢价能力和粉丝黏度。在通常情况下，消费者的偏好并不一致，人们的选择趋向于多元化和定制化。如果某一件产品从设计研发阶段便响应了消费者的诉求，甚至消费者直接参与其中，那么这样的产品尽管是小批量生产，也会获得不错的利润。创客经济模式中普遍存在较高的产品溢价，主要原因在于，消费者深度参与产品从最初设计到生产，再到众筹预售的整个过程，让消费者与产品之间进行了一次深度的情感沟通，产品认同感因而大获提升，该产品的二代、三代等系列也会受到消费者的追捧，形成“粉丝黏度”。

二、创客经济的发展要素

创客经济作为转速换挡期中国经济发展的新动力，已成为经济转型和产业升级的新亮点。创客经济所创造出来的新技术、新产品与新服务，正拉动着信息消费及相关消费升级，有效为供给侧结构性改革添砖加瓦。

1. 好的创意是创客经济发展的起点

创客作为创新主体，充满冒险精神、敢为人先、执着追求是其特点，也是促进创新的必要条件。创客热爱学习新知识，通过对知识的管理和创造性运用，动手设计、制作、修改、完善和创造出新产品，是知行合一的实践者。创客拥有创造性思维，从现实需求中获得灵感，为追求更好的生活品质和社会进步而把创意变为现实，极大推动新经济的发展。

2. 创客空间是创客经济发展的载体

对于创客而言，在创新创业过程中不仅要克服种种技术难题，还要进入政策与法律等未知领域，这些门槛一直妨碍着许多具有创新思维的人成为真正的创客。创客空间除了具有开放平台、海量客户基础和先进运作经验等自身优势，还为创客向政府申请财税优惠和政策扶助，在创客入驻过程中给予租赁条款及法律上的支持，这些都大大降低了创客的创新门槛。

3. 政府政策扶持是创客经济发展的保障

围绕“大众创业、万众创新”“互联网+”《中国制造 2025》，国家出台了一系列帮扶政策，把创客摆在了政策制度层面。通过打造众创、众包、众扶和众筹平台，构建大中小企业、高校、科研机构与创客多方协同的新型创业创新机制，从多方面创造宽松条件来扶持创客创新，为创客注入多针“强心剂”，支持创客创新创业。

4. 产出创新产品是创客经济发展的结果

创客创新创业最终要回归商业本质。只有把创意变为现实，产出实实在在、具有价值的产品并推向市场，产生经济效益，创客经济的整个环节才算完成。对于创客来说，研发出靠谱的新产品是创业融资、赢得市场和盈利发展的前提与关键。

案例分析

粉丝经济最成功的案例！小米、苹果、天猫怎么玩？

粉丝经济最成功的案例！小米、苹果、天猫怎么玩？

粉丝经济泛指架构在粉丝和被关注者关系之上的经营性创收行为，是一种通过提升用户黏性并以口碑营销形式获取经济利益与社会效益的商业运作模式。

以前，被关注者多为明星、偶像和行业名人等，比如，在音乐产业中的粉丝购买歌星专辑、演唱会门票，以及明星所喜欢或代言的商品等。粉丝经济是“实物+虚拟”消费体验的升级。让粉丝乐意掏腰包的不仅是商品和服务，更重要的是满足心理需求。

现在，互联网突破了时间、空间上的束缚，粉丝经济被宽泛地应用于文化娱乐、销售商品、提供服务等多个领域。商家借助一定的平台，通过某个兴趣点聚集朋友圈、粉丝圈，给粉丝用户提供多样化、个性化的商品和服务，最终转化成消费，实现盈利。

中国社会评价研究院荆林波曾说，粉丝经济并不神秘，吸引消费者注意力，将其变为忠诚的顾客，并参与到产品或服务的销售、推广过程中，就是粉丝经济，这与传统商业并无不同。但移动互联网带来的“吸粉”方式简便、粉丝增长迅速、涉及领域宽泛、推广成本降低等现象是传统商业环境所没有的。

“粉丝”一词伴随着偶像产生，已风行多年，又因互联网的快速发展有了新内涵：今天，即使不追明星名人，只要关注一个微博、一个微信公众号或者一家网店，你就成了他们的“粉丝”。“粉丝”群体的出现不仅是社会现象，更是经济现象。自媒体、“网红”以及IP（知识财产）都有极强的“吸粉”能力，在互联网上被热捧。

以天猫粉丝狂欢节为例，从平均购买力来看，粉丝人群比非粉丝人群高出约30%；而从品牌线上营销活动的转化率来看，粉丝人群是非粉丝人群的5倍。“我已经用了洪荒之力……”这句话出自中国游泳运动员傅园慧，她在里约奥运会接受采访的视频、截图刷爆了微信朋友圈。当她摘得女子100米仰泳铜牌后，人气进一步飙升。几天内傅园慧的微博“涨粉”数十倍，粉丝总数超百万，被誉为新一代正能量“网红”。于是，敏锐的淘宝卖家迅速上线傅园慧“表情包”和傅园慧同款镜架、泳帽等。傅园慧的粉丝还呼吁广告主快来抢她做代言。更有粉丝自制傅园慧代言巧克力、运动饮料和运动衣的广告示意图。看来，这些粉丝们都有较强的粉丝经济意识，希望为偶像实现商业转化。

粉丝的经济能量影响多个行业，粉丝经济在很多领域都备受追捧。

1. 娱乐圈，偶像粉丝经济花样更多

提起偶像粉丝经济，很多人会回忆起2005年的“超女”，李宇春、周笔畅和张靓颖有各自的粉丝团：“玉米”“笔迷”“凉粉”。粉丝们每花0.5元或1元钱就可以通过手机短信给偶像投一票。如今，新偶像粉丝经济变现的方式更是五花八门。比如，“90后”粉丝喜爱的偶像团体SNH48，其粉丝不仅可以购买演唱会门票，以及写真、文具、应援物等周边产品，还可以购买握手券和投票券。粉丝每购买一张新专辑，可获得一张握手券，在线下活动时可与心爱的偶像握手10秒。购买268元的专辑还可获得3张投票券，购买1680元的专辑则有48张投票券，以此刺激粉丝购买更贵的专辑。

2. 内容圈，自媒体粉丝经济异军突起

除了俊男靓女的偶像派，网上还出现了另类自媒体吸粉达人，比如罗胖——罗振宇。他创立了自媒体“罗辑思维”，自称“每天甩脑浆，讲哲理故事，3年多吸引600多万粉丝”。罗胖虽不是偶像明星，但其粉丝变现能力也不容小觑，当年“罗辑思维”第一次5小时售卖会员费收入160万元，第二次24小时收入800万元。此外，一大批自媒体也借助迅速兴起，依靠独特的内容聚拢了大量粉丝，部分靠广告等方式达到了粉丝变现。

3. 商业圈，商业实体依靠粉丝经济“抢滩”

啤酒是快速消费品，消费者通常会看哪个牌子促销就买哪个。而在“天猫6·18粉丝狂欢节”，没有价格促销的“青岛啤酒魔兽款”销量超过3万升，贡献了青岛啤酒网上店铺总销售额的45%。“《魔兽》电影热播，限量版啤酒点燃了粉丝热情，青岛啤酒‘搭上了电影的快车’。”上海快速消费品行业顾问杨阳说。

4. 服务业，粉丝经济为用户需求“精准画像”

微信公号“餐饮老板内参”聚集了200万粉丝，其中七成以上是做餐饮的老板。公号创始人、首席执行官秦朝说：“通过公号发布特定内容聚集特定群体，我就能为粉丝用户精准画像，研究他们的实际需求，推出有针对性的教育培训、融资贷款、商业推广等服务。”正是有了对服务对象的精准覆盖，“餐饮老板内参”已获得多轮千万级别的融资。

（内容有删减，网络作者：大力财经；来源：搜狐网；网址：https://www.sohu.com/a/198539499_211762）

案例思考：你能否列举一些粉丝经济的例子？

本章总结

随着科学技术和经济的不断发展进步，互联网技术得到了空前发展，被应用到各个领域，移动网络成熟起来，移动社交软件普及度越来越高，很多商家开始尝试开发移动社区市场。微商作为一种新的电子商务形式应运而生，迅速兴起，取得了一定成绩，带动了电子经济的发展。通过微商方式的运营，许多个体找到了自食其力的自谋职业，也为政府解决了就业问题。与此同时，不少微商品牌因为质量、信誉、规则、税收等方面的问题被曝光而快速退出市场，给整个微商带来了很大的负面影响。微商如何寻找出路实现可持续发展，是值得探讨的。本章从社群经济的概念、形成动力与主要模式，粉丝经济的概念及其产业链，信任经济及信任的影响因素，分享经济的概念及特征，创客概念三要素与创客经济的内涵等方面进行了总结。

复习思考题

一、名词解释

社群经济　粉丝经济　分享经济　创客

二、不定项选择

1. 社群经济的特点包括（　　）。
   A. 情感连接　　B. 利益联结
   C. 范围经济　　D. 开放经济
2. 分享经济的五大驱动不包括（　　）。
   A. 用户驱动　　B. 信任驱动　　C. 数据驱动　　D. 情感驱动
3. 分享经济的三大基石包括（　　）。
   A. 信息对称　　B. 游戏规则　　C. 协同协作　　D. 数据平台
4. 分享经济的“四低”不包括（　　）。
   A. 低交易成本　　B. 低门槛　　C. 低碳　　D. 低效能
5. 国内第一个创客空间是（　　）年诞生于上海的“新车间”。
   A. 2009　　B. 2010　　C. 2011　　D. 2012

三、简答题

1. 简述社群的基本要素。
2. 简述“粉丝”产业链。
3. 简述创客经济发展的要素。

第四章 微信与微信朋友圈

项目导读

随着科学技术的不断发展，人们的生活越来越离不开网络。尤其是网络购物的出现，让人们体验到了便捷、高效的购物模式。朋友圈作为运营者引流的重要阵地，早已走进人们的生活，给人们带来了新的生活和购物方式。

学习目标

1. 了解微信的发展历史；
2. 理解微信朋友圈的组织结构；
3. 掌握朋友圈运营技巧；
4. 掌握微信引流的方式。

思政目标

微信个人账号的注册需要遵循一定的规范。微信个人账号的使用也需要遵守一定的规范。

案例导入

微商朋友圈推广引流文案：可从矛盾冲突型文案入手

矛盾冲突型文案是自媒体大咖惯用的写作手段，让人看完甚至都会被作者带着走，这样的文章也是有公式的：(1) 制造冲突；(2) 放大问题；(3) 推崇价值；(4) 解决方案；(5) 暗示成交。

我们举一个洗面奶卖200元钱的例子。对于绝大部分人的认知来说，洗面奶的价格在50~80元，好一点的100多元，但是要买200元的洗面奶，这就跟原来的价格设想有很大的冲突。冲突点在这里：我用50元的洗面奶好好的，为什么非要去买200元的。

光有冲突是不行的，这样就会变成口舌之争，舌战群儒需要有理有据的解释说明，所以我们需要做的事情就是对比50元洗面奶和200元洗面奶的价值。

通过对比，来推崇200元洗面奶的价值，产品塑造要从多方面的角度来分析功能、服务、专业、福利等，来说明一款洗面奶为什么值200元。我们可以运用销售心理，比如对嫌弃产品太贵的用户，我们可以说："你花50元钱，难道是想再花5000元钱去修理被你这50元钱洗面奶洗烂的皮肤吗？看似省钱其实花更多的钱！"

最后通过案例搭配解决方案的方式，来给顾客吃下"定心丸"，告诉大家这事可以解决，应该这么解决才对。然后暗示他联系你，找你买单！

第一节 微信的发展

一、微信的历史

微信由深圳腾讯控股有限公司于2010年10月筹划启动，由腾讯广州研发中心产品团队打造。该团队经理张小龙所带领的团队曾成功开发过Foxmail、QQ邮箱等互联网项目。腾讯公司总裁马化腾在产品策划的邮件中确定了这款产品的名称为"微信"。

移动新媒体以其便捷性、内容的广泛性、操作的简单性获得了越来越多人的青睐，它改变了生活、改变了人际传播的交流方式。尤其是微信，作为亚洲范围内用户量最多的移动社交软件，以数十亿左右的数量证明了它的竞争性和可研究性。我们可以看到微信的强大功能和使用范围，包括社交本身、购物、吃喝玩乐等一系列与用户息息相关的功能，但其中最重要的是其强大的信息传播能力和对人际传播的影响力。微信作为移动新媒体的代表是如何影响着我们的人际传播的，以及在人际传播中扮演着什么角色是我们要研究的问题，以便更好地使用微信服务于生活。

2012年3月29日，微信用户破1亿，耗时433天。

2012年9月17日，微信用户破2亿，耗时缩短至不到6个月。

2013年1月15日，微信用户达3亿。

2013年7月25日，微信的国内用户超过4亿；8月15日，微信的海外用户超过了1亿。

2013年8月5日，微信5.0上线，"游戏中心""微信支付"等商业化功能推出。

2013 年第四季度，微信月活跃用户数达到 3.55 亿（活跃定义：发送消息、登录游戏中心、更新朋友圈）。

2014 年 1 月 28 日，微信 5.2 发布，界面风格全新改版，顺应了扁平化的潮流。

2014 年 2 月 20 日，腾讯宣布推出 QQ 浏览器微信版。

2014 年 3 月 19 日，微信支付接口正式对外开放。

2014 年 4 月 4 日，微信学院正式成立。

2014 年 4 月 8 日，微信智能开放平台正式对外开放。

2014 年 12 月 24 日，微信团队正式宣布面向商户开放微信现金红包申请（公众号、App 或者线下店皆可）。只要商户开通了微信支付，就可以申请接入现金红包。

2015 年 3 月 9 日，微信开放连 Wi-Fi 入口，用户无须账号密码即可上网。

2020 年 3 月，微信及 WeChat 的合并月活跃账户数 11.65 亿，同比增长 6.1%。2020 年第一季度，腾讯微信及 WeChat 的月活跃账户数 12 亿，同比增长 8.2%。微信通过小程序进一步融入日常生活服务，尤其是在日用品购买及民生服务方面。这令小程序用户迅速增加，日活跃账户数超过 4 亿。

2022 年 1 月 6 日，2022 微信公开课 Pro 在广州举行，微信公开课讲师曾鸣透露，2021 年微信小程序日活超过 4.5 亿，日均使用次数相较 2020 年增长了 32%，活跃小程序则增长了 41%。

2023 年 6 月 1 日，针对不同年龄段青少年在生活、学习中对知识内容的差异化需求，微信青少年模式上线“视频号青少年内容分级”功能。

二、微信的功能

（一）基本功能

1. 聊天

支持发送语音短信、视频、图片（包括表情）和文字，是一种聊天软件，支持多人群聊。

2. 添加好友

微信支持查找微信号、查看 QQ 好友、查看手机通讯录和分享微信号、摇一摇、二维码查找等方式添加好友。

3. 实时对讲机功能

用户可以通过语音聊天室和一群人语音对讲，但与在群里发语音不同的是，这个聊天室的消息几乎是实时的，并且不会留下任何记录，在手机屏幕关闭的情况下仍可进行实时聊天。

4. 微信小程序

微信小程序，小程序的一种，英文名 Wechat Mini Program，是一种不需要下载安装即可使用的应用，它实现了应用“触手可及”的梦想，用户扫一扫或搜一下即可打开应用。微信小程序也是这么多年来中国 IT 行业里一个真正能够影响普通程序员的创新成果，已经有超过 300 万的开发者加入微信小程序的开发，共同发力推动微信小程序的发展，

2021年全网微信小程序应用数量超过了700万，2022年起日活用户达到六亿以上，微信小程序还在许多城市实现了支持地铁、公交服务。微信小程序发展带来更多的就业机会，促使社会效应不断提升。

（二）微信支付

微信支付是集成在微信客户端的支付功能，用户可以通过手机快速地完成支付流程。微信支付向用户提供安全、快捷、高效的支付服务，以绑定银行卡的快捷支付为基础。

支持支付场景：微信公众平台支付、App（第三方应用商城）支付、二维码扫描支付、刷卡支付，以及用户展示条码，商户扫描后，完成支付。用户只需在微信中关联一张银行卡，并完成身份认证，即可将装有微信App的智能手机变成一个全能钱包，之后购买合作商户的商品及服务，用户在支付时只需在自己的智能手机上输入密码，无须任何刷卡步骤即可完成支付，整个过程简便流畅。

2014年9月13日，为了给更多的用户提供微信支付电商平台，微信服务号申请微信支付功能将不再收取2万元保证金，开店门槛降低。

（三）微信语音

微信语音，是微信为开发者提供的免费语音技术，已经开放的语音技术包括在线语音识别、在线语音合成等。用户在接听微信语音电话时，无须解锁进入微信接听，而是直接像接听普通电话那样一键接听就好。微信语音的功能提高了聊天输入效率，准确率达90%以上。自定义词表识别技术也在此次对外开放，用户可以自定义词表，识别结果返回非常精准，而不会像通用识别那样有同音字词的问题。

（四）其他功能

1. 朋友圈

用户可以通过朋友圈发表文字和图片，同时可通过其他软件将文章或者音乐分享到朋友圈。用户可以对好友新发的照片进行“评论”或“赞”，用户只能看相同好友的评论或赞。

2. 通讯录安全助手

开启后可上传手机通讯录至服务器，也可将之前上传的通讯录下载至手机。

3. QQ邮箱提醒

开启后可接收来自QQ邮件的邮件，收到邮件后可直接回复或转发。

4. 查看附近的人

微信将会根据您的地理位置找到在用户附近同样开启本功能的人。

5. 微信摇一摇

是微信推出的一个随机交友应用，通过摇手机或点击按钮模拟摇一摇，可以匹配到同一时段触发该功能的微信用户，从而增加用户间的互动和微信黏度。

6. 群发助手

通过群发助手把消息发给多个人。

7. 游戏中心

可以进入微信玩游戏（还可以和好友比分数高低）。

8. 公众平台

微信公众平台主要有实时交流、消息发送和素材管理的功能。用户可以对公众账户的粉丝分组管理、实时交流，同时也可以使用高级功能——编辑模式和开发模式对用户信息进行自动回复。当微信公众平台关注数超过500以后，就可以去申请认证公众账号。用户可以通过查找公众平台账户或者扫二维码关注公共平台。

微信提供的闭环式移动互联网商业解决方案中，涉及的服务能力包括移动电商入口、用户识别、数据分析、支付结算、客户关系维护、售后服务和维权、社交推广等。这也预示着微信再次加快商业化开放步伐，为合作伙伴提供连接能力，助推企业用户商业模式的移动互联网化转型。通过为合作伙伴提供"连接一切"的能力，微信正在形成一种全新的"智慧型"生活方式。其已渗透传统行业，如微信打车、微信交电费、微信购物、微信医疗、微信酒店等，为医疗、酒店、零售、百货、餐饮、票务、快递、高校、电商、民生等数十个行业提供标准解决方案。

三、微信的运营模式

（一）打破传统社交模式

微信的创新打破了传统社交的文字交流，微信通过文字和语言交流，可以通过自己的地理位置获取更多的附近用户，增加了用户之间的亲近感。微信使用的定位服务功能可以说是目前即时通信市场中做得最好的，增加了用户的黏性并拓展了产品应用。同时，企业的产品如同微信一样，也需要不断地升级功能，需要切合消费者的需求，只有从用户需求角度出发的产品，才能更具市场活力。

（二）提高用户体验，做用户需要的产品

不管是什么样的产品，其核心是用户，用户的体验将决定产品的生存期限。在互联网高速发展的时代，产品的发展速度也得跟上时代，及时地做出用户需要的产品，根据用户的反馈意见，从细节上对产品进行改进。在用户对产品厌烦之前，以新功能带来新营销点。这样产品可以随着用户成长，而带来最佳用户体验，实用的产品才能为企业带来长久的利益。

（三）借助强大的用户团体，传播用户群体

微信之所以可以在这么短时间内吸引大量用户，不仅是微信托付给运营商，更多的是腾讯能更多地使用强大的QQ用户。用户是企业的核心团队，光靠企业自身对产品进行大肆描述推广，还是不够的，如果企业能够调动自己的用户，为自己的产品进行宣传，这样达到的营销效果绝对明显很多。

经典案例

玩转微信红包，高效获取更多粉丝关注

微商依附微信而生，伴随微信功能的不断发展和升级，运用微信展开营销的方式也在不断变化。

在微信诞生之初，“附近的人”“摇一摇”“漂流瓶”等功能都曾风靡一时。通过这些功能，微信用户在网络上与很多陌生人进行沟通和交流，在无形之中扩大了交际圈，在更广阔的世界里找到了更多的朋友。通过这些功能，一些运营者已经能够展开营销和吸引粉丝，成为最早的借助微商盈利的人。随着微信功能的不断增多，有些之前被用到的营销方式和吸粉方式已经不再是主流，在运用过程中也遇到了一些“瓶颈”。这些实用性已经不强的微信功能显然不再是营销的最佳选择。但对于微商的整体发展来说，更新迭代是市场发展和技术完善共同作用的结果，对微商运营的不断发展是有益的。

在目前的微商领域中，发微信红包是许多运营者都会运用的一种涨粉方式。从某种意义上说，微信红包是粉丝热情的催化器，对提升运营者的影响力很有实际意义。

通常来说，微信红包有两种发放方式。

1. 拼手气红包

所谓拼手气红包，就是发放者设定红包总金额及红包个数之后，自动生成既定个数的红包，每个红包的金额通常会有差异，能抢到多少金额就靠个人的手气。

2. 普通红包

所谓普通红包，就是单个红包金额和红包数量都已经由发放者确定，每个人抢到的金额都一样。

这两种红包形式都是十分常见的。在具体运用的过程中，相对比较普遍的是拼手气红包，这种发放形式更具不确定性，能给人带来更大的刺激，使人产生抢红包的冲动。

对于很多粉丝来说，抢红包并不是为了赚钱，而是为了追潮流，寻求好运气带来的愉悦感。从某种意义上讲，抢红包只是他们的一种娱乐活动而已。在明白这一点之后，微商运营者就可以按照一定的规则和规律，为粉丝发放红包，让他们享受抢红包的乐趣。

微商运营者和粉丝之间不只是买卖关系，还有情感关系的维系。在运营者持续给予粉丝红包刺激的过程中，粉丝也会给予运营者相应的回报。他们不仅会主动与运营者成为好友，还会在自己的朋友圈里为运营者做宣传。在这种情况下，运营者的粉丝数量会不断增加，那些潜在的粉丝也会被慢慢挖掘出来。

在运营实践中不难发现，一些运营者因为资金不足而不愿采用发红包这种引流策略。诚然，这种策略需要一定的资金支持，但资金数额并不像一些运营者想象得那么夸张，毕竟粉丝不会指望着抢红包挣钱。发红包的最终目的是吸引粉丝的眼球，让更多的粉丝关注微商账号。只要能吸引粉丝参与到抢红包的活动中就可以了。

发微信红包的作用不仅在于给予粉丝娱乐性，还能提升他们的参与感。粉丝参与的积极性越高，粉丝黏性就越强，微商账号的影响力也就越大。

第二节　微信朋友圈

一、朋友圈的组织结构

微信朋友圈的组织结构按照功能维度进行划分，呈现为三个层次，可以用“金字塔”来示意。

（一）基础层

成员身份是关键要素，它决定了个体在多大程度上具有归属感及其愿意为之投入的程度，具体表现为安全感（情绪和生理上的）、归属和身份感（对群体身份的感知强度）和个人投入（参与程度）。基础层的个人参与、安全感等因素有助于增强个体归属感和群体身份。归属感，不论线上社区或是线下社区，都与留在虚拟社区的意愿相关，对于朋友圈的维系至关重要。由于个体处于各种不同的基础连接活动中，他们能发展出日益增强的归属感。

（二）信息交换与分享层

基于第一层扩展而来，个体间形成的不同强度的关系，依赖可交换的信息，绝大多数沟通则基于文本和图片。在朋友圈里，思想的分享使彼此的知识增长，微笑的分享使彼此快乐，爱心的分享使彼此温暖。朋友圈里的各种分享，无疑加强了人们之间的联系。人们分享得越多，文化就越开放，对于他人的生活和观点的理解也就越深。不管基于何种社交图谱，分享都能重塑信息的传播和消费方式，从而改变原来自上而下的单向传播（如电视），构建一个“去中心化”的对等网络。

（三）基于合作的集体行动层

合作比单纯的分享更为复杂，因为它牵涉到改变个人行为与他人同步，而他人也在改变自身行为与你同步。一个简单的合作形式就是对话，对话比分享更能够营造出一种社区的感觉。微信朋友圈正是形成群体的平台，并视群体构建为理所当然，因为渴望成为群体的一员，在群体中与他人分享、合作、协调一致地行动，是人的本能，而此前它一直受到交易成本的抑制。由于新群体的形成至少从技术手段上已如此简单，我们有理由相信在微信朋友圈这一虚拟社区中将会涌现出更多基于不同形式和内容的合作行为。

二、微信朋友圈引流

朋友圈是微信的一大特色，它可以展示我们的生活，拉近我们彼此之间的距离，也是我们微信营销中不可缺少的一个渠道。因此，我们有必要把朋友圈打造得尽善尽美。

（一）发布朋友圈信息的节奏

试想一下，如果你自己的朋友圈经常有人刷屏发广告，当你打开自己的朋友圈，除了能看到广告，其他的信息基本没有，你是不是会觉得很懊恼、很反感？事实上，当我们每天发布的广告数量太多或者过于频繁的时候，就会打扰到对方的生活，影响对方的情绪，最终被对方厌倦，导致对方屏蔽我们的朋友圈信息，甚至有可能会被对方直接拉黑或删除。那么，我们应该怎么做才能避免打扰到别人呢？

1. 控制好发布数量

为了避免被对方屏蔽或拉黑，我们可以适当地减少朋友圈的广告发布数量，最好能够控制在 10 条以内。而且，在这 10 条朋友圈信息中，并不全都是产品的广告信息，而是要将比例分配好，应尽量多发一些生活中有趣的信息，产品的广告信息控制在 5 条左右最好。

很多人认为，自己是做微商的，如果朋友圈不发广告，怎么会有人看到并且来购买产品呢？其实，当你的微信好友看到三次以上你发布的广告信息后，他们就已经知道你是做什么的了。他们之所以没有购买，是因为暂时还没有需求，或者你的广告信息还无法激起他们的购买欲望，这就跟你经常看到自己朋友圈里其他好友发布了产品广告而自己没有去购买是一样的道理。

2. 控制好发布频率

除了控制好朋友圈的发布数量，你还要控制好发布的频率。有些微商可能白天没有时间，到了晚上就一次性地连续发好多条产品的广告信息，这种做法是错误的。当你连续发布广告信息时，更容易引起别人的反感。可能你自己也碰到过一些微商，他们喜欢连续发布产品信息，而且内容直白，枯燥无味。碰到这种微商好友，大部分人第一时间都会将其删除。

（二）发布朋友圈信息的五个黄金时间段

作为微商，基本上都会遇到这样的问题，发布的朋友圈信息不容易被人注意到。其实这是一个正常现象。这跟我们摆摊卖货是一样的道理。白天的时候在街上摆摊，生意明显很差，因为白天人流量较小，看的人也少，购买的人随之减少。但晚上摆摊的时候，生意就会比白天好很多，原因是晚上逛街的人多，人流量较大，看的人也多，购买的人也会随之增多。

同理，我们通过微信朋友圈来卖货，那么这个朋友圈其实就是那个地摊，要想有更多人围观，就必须选择在最佳的时间段来摆摊卖货，这样，看到的人才会增多。这个时候，我们就要考虑哪些人群在哪个时间段会有时间去翻看手机，翻看朋友圈。然后，根据不同的时间段来规划朋友圈的信息发布频率以便达到最佳的效果。

1. 6 点至 8 点

在这个时间段有空看微信的以全职妈妈和上班族居多。孩子一般醒得早，而妈妈也会起床照看孩子，等孩子吃完早餐、上学后，她们闲暇的时间就多了，这个时候她们会打开微信看看朋友圈。因此，在这个时间段发朋友圈信息，被看到的概率会比较高。还有就是上班族，他们在上班的路上，乘地铁、坐公交车的时候也会打开微信浏览朋友圈信息。

2. 12 点至 14 点

这个时候应该是大家吃中午饭的时间，忙了一上午的工作，没有时间看朋友圈，到了午休时间，人们就会迫不及待地打开微信朋友圈，看看有哪些有趣的事情发生，看看朋友们今天都干了些什么事情。在吃饭的过程中，抱着手机看微信，如今已经成为大部分人的习惯。

3. 18 点至 20 点

忙碌了一天，这个时候很多人已经下班了，也有人可能已经吃完饭要休息了。或许有人直接拿着手机玩微信、看朋友圈，或许有人一边看着朋友圈，一边看着某个电视剧，一般都不会落下手机。

4. 21 点至 23 点

对于普通的上班族来说，这个时间段可能有一部分人已经休息了，但大部分人可能还没有休息，可能正躺在床上玩手机，可以说，这个时间段应该是一天当中最热闹的一个时间段。除此之外，基于人们对微信的依赖习惯，绝大部分人在睡觉前一定会看一遍朋友圈后才会放下手机休息。

5. 24 点至 2 点

“夜猫子”无处不在，特别是在微信上，“夜猫子”更多。这类“夜猫子”往往因为睡不着而不断地刷新自己的微信朋友圈，希望能够找到一些令自己愉快的事情。因此，如果能在这个时间段发布朋友圈信息，那么被看到的概率也会很大。

有些人可能是兼职做微商，在时间规划上，他们无法定时地发布朋友圈信息。如果真的想在规定的时间内发布朋友圈信息，那么完全可以通过设置闹钟的方式来提醒自己。

（三）发布朋友圈信息时需要注意的细节

为了更好地互动或者更好地借用朋友圈做营销，有些细节是不能忽视的，这些细节对于我们能否激发客户的购买欲望会起到一定的作用。而且，它们还可以帮助我们增加传播渠道。发布朋友圈信息时要注意以下四个细节。

1. 所在位置

位置其实就是一个地址栏，在发布朋友圈信息的时候，我们也可以利用地址栏来做广告，有时利用地址栏做出来的广告，不仅不会让人生反感，还会让这个广告显得更加明显。

2. 谁可以看

有时候为了避免打扰自己的一些亲朋好友，或者有些内容不想让某些人看到，我们就可以把自己的通讯录好友分组，然后在发布朋友圈信息的时候，选择“部分可见”或“不给谁看”。

3. 提醒谁看

当我们发布一些与其他人有关的朋友圈信息时，可以巧妙地利用此功能来提醒他们一起来围观，每次提醒的人数最多 10 个。在发布某些产品的相关信息时，我们还可以利用这个功能提醒一下那些我们已经备注好的潜在客户。比如，针对有购买意向的客户，我们在发布客户评价或者客户反馈信息的时候，可以提醒这些潜在客户过来围观，让他们知道我们的产品确实好，因为有那么多真实的客户评价。当这些潜在客户看到我们发布的真实的客户反馈信息时，可能会因此更加相信我们而最终下单购买。但是，如果我们没有提醒他们前来围观，那么我们发布的客户反馈信息很有可能就会沉底，因此潜在客户便看不到这条信息。在提醒潜在客户前来围观时，一定要注意提醒的次数尽量不要超过三次；否则，很可能会引起对方的反感。

4. 小视频

小视频是最能体现真实性的，尽量通过小视频来发布信息。比如，有些人会拍一些发货图，虽然这也能体现出一定的真实性，但不是每个人都认为这是真实的。如果我们能拍摄小视频的话，那么看起来会更加真实。越是真实的东西，越能打动别人，也越能取得别人对你的信任。

（四）发布朋友圈信息的小技巧

在发布朋友圈信息时，为了吸引别人前来围观，我们很有必要使用一些小技巧来扩大信息的传播范围。总结三个小技巧。

1. 内容最好不超过 6 行

在编辑朋友圈信息的时候，内容一旦超过 6 行，后面的内容将会被系统隐藏起来，需要点击“全文”后才能查看全部的内容。因此，我们在编辑内容的时候应尽量精练。在缩短内容的同时，不能影响整体内容的表达。若内容已经很精练了，但还是超过了 6 行，可以等发布出来后，在评论中再复制一遍，让好友直接通过看评论去看我们这条朋友圈信息全部的内容。

2. 配图精美

我们在发布朋友圈信息的时候，绝大部分内容都需要配上图片。很多人为了发布一些真实的反馈图片，把买家的使用过程拍下来放到了朋友圈里。这种做法没有错，但一定要做到配图精美，因为人们在看朋友圈时，第一视觉不会放在文字上，而会放在图片上。如果我们所配的图片能够吸引他们的注意力，我们就已经成功了一半，因为没有人愿意看到丑的照片。必要的时候可以使用修图软件适当地修饰一下，比如用美图秀秀、天天 P 图、in、黄油相机、9cut、海报工厂、足记等。

很多人说，在发朋友圈信息配图的时候，不要发 5/7/8 张，最好是 3/6/9 张，这样最美观，也更方便，这种说法不完全对。其实人们不会太在意我们发了多少张图片，人们在乎的是图片的内容是否精彩，是否有吸引力，仅此而已。所以，不要一味地想着要配多少张图片，而要想着我们的图片是否有吸引力，是否有价值。

3. 表情分隔

一篇比较长的文案，如果没有任何表情符号将长长的内容分隔开，就会显得密密麻麻，不简练。当我们自己看到满篇全是文字的文案时，也会觉得不舒服，不愿意继续往下看。所以，为了有更好的视觉效果，我们可以用一些表情符号将长文字分隔开，这样一来，别人看着也会舒服一点，也更愿意把整篇文案看完。

以上内容都是我们在发朋友圈信息时比较常用的一些小技巧。灵活运用这些技巧，可以让我们的微信朋友圈变得更加有吸引力。

经典案例

朋友圈广告

1. 宝马：史上最炫酷贪吃蛇

宝马是朋友圈广告里第一个“吃螃蟹”的品牌，第一次的广告是一句话，一个 H5 的超链接，几张图片，传达其“悦”的品牌形象，强化“悦”的概念，如驾驶时的愉悦等。后期另制作的朋友圈广告还是蛮有意思的，通过一个贪吃蛇游戏完美展现宝马汽车的优质性能。

2. 肯德基：嗨，跟我来

先看视频，再点开 H5 页面进行互动。在外层 6 秒视频里采用了类似裸眼 3D 的做法。

3. 迪奥：传奇 999

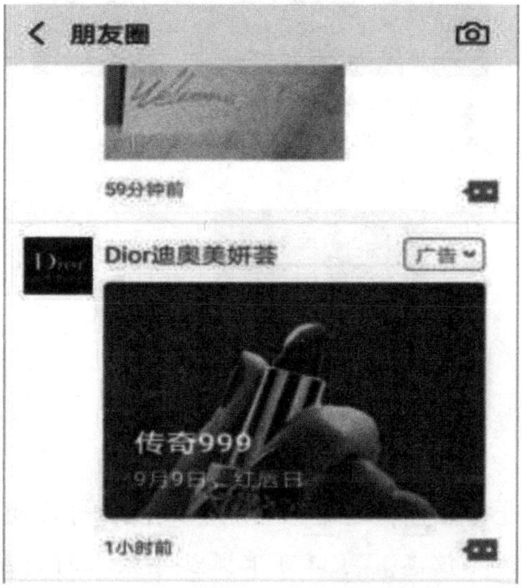

这次迪奥选择微信朋友圈广告，广告整个画面是以红色为背景，无论是舒悦诱惑的缎光感妆效，还是充满前卫高订风格的亚光感色彩，抑或闪耀金属光泽的质感效果，“Dior 迪奥 999 家族”不仅全面满足现代女性的多种需求，更为她们点亮璀璨笑靥，同时展示年轻时尚一代尽情享受生活，自由无忌，大胆展示自我的时尚理念。

4. ViVO：想摘下星星给你

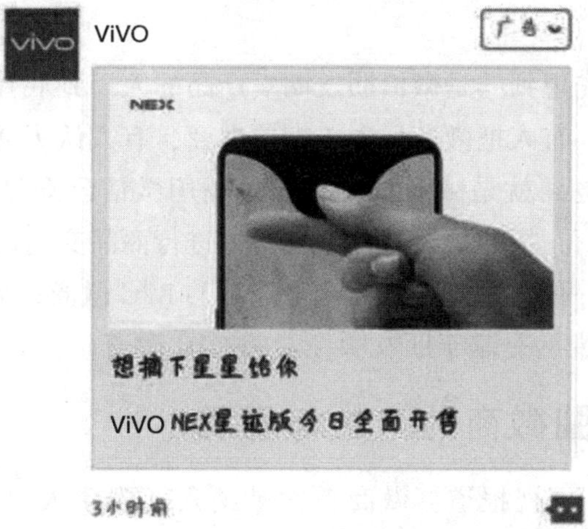

ViVO 智能手机这次投放朋友圈广告，主要是为了宣传年度重要产品，为了扩大新品影响力。ViVO 需要定向瞄准目标用户，快速传达新产品的亮点信息，展现新产品的功能，从而引起用户对产品的关注。通过使用朋友圈选择式卡片广告和公众号互选广告，全面展示了 ViVO NEX 的新机优势，并通过微信广告的精准定向能力，将新品传递给目标受众人群。

5. 可口可乐：团圆年味，就要可口可乐

可口可乐与微信表情进行合作，通过微信新春表情在好友间的广泛传播来传达“团圆年味”的可口可乐品牌的新春信息。可口可乐抓住年轻人对传统春节年味和团聚的渴望，借助中国传统的“阿福、阿娇”形象来还原中国传统年味，同时利用线上线下多渠道推广入口，朋友圈广告强势引流触达消费者，增加品牌认知度和记忆度，激发二次传播。

第三节　微信、微信朋友圈与微商

提到微商，人们首先想到的是微信朋友圈卖产品的人。到底什么是微商呢？关于微商目前并没有统一的定义。有人把微商局限于微信电商，有人认为通过手机等移动终端开店并完成网络购物模式的电商就是微商，也有人把利用微信公众号从事交易的商家称为微商。微商是一种新型电商，指的是通过社会化媒体进行商品交易的企业或个人。按照模式的不同可以分为两种：一种是通过微信公众号经营的 B2C 微商；另一种是基于朋友圈经营的 C2C 微商。本章所研究的是基于朋友圈经营的 C2C 微商。

一、微信朋友圈微商的产生与发展

2018 年 6 月 19 日，央视报道：微商首次被纳入《中华人民共和国电子商务法（草案）》，电子商务法明确规定微商属于电子商务经营者，从此明确了微商的法律属性。微商源于 2013 年的微信朋友圈，发展于 2014 年，爆发于 2015 年。自 2015 年以来，媒体报道了多起关于微商的负面新闻，让很多人谈“微”色变。2016 年是微商重塑的一年，有数据显示，2016 年，微商从业者已经达到 3000 万人，品牌销售额达 5000 亿元。2017 年，微商品牌销售额达到 8000 多亿元。作为移动电商的新型产物，微商模式迅速发展壮大，它的增长速度远远超过了传统电商，并且媒体通过对微商行业立法的报道，对微商行业发出了肯定的信号。

微商最开始给人的印象就是朋友圈卖面膜、化妆品的，如今的朋友圈各种吃的、穿的、用的琳琅满目，而且国内国外的都有，给我们的生活带来了很大的便利。同时在“大众创业、万众创新”的号召下，越来越多的人加入了微商的大潮中，微商步入了野蛮生长阶段。

二、优化朋友圈设置

（一）头像是朋友圈中的最佳广告位

在现代营销中，有一个重要的概念——视觉营销。这种营销方式注重给客户带来视觉上的冲击，以此刺激客户产生关注乃至购买行为。

通过朋友圈进行引流，当然也要重视视觉方面的因素，力求通过视觉刺激来吸引用户关注。点击进入朋友圈，用户首先看到的就是微信头像，因此可以说头像是给用户带来视觉冲击的第一要素。

头像图片虽然很小，但是能在第一时间吸引用户的目光。毫不夸张地说，头像是朋友圈中的最佳广告位，运营者一定要充分加以利用，实现营销效果最大化。

在日常交往中不难发现，不同的人会设置不同的微信头像，而不同的头像最大化又会给人不同的感受。微商运营者要根据个人及产品的定位，去选择合适的头像。头像传递的有价值的信息越多，越能引起用户的关注。在一般情况下，用户可以从以下几个类型去衡量应该选择怎样的头像。

1. 个人品牌

如果运营者主打个人品牌，则可以用个人照片或具有代表性的产品照片作为微信头像，这样更具个性，新颖度更高，对宣传更有帮助。

2. 本地店铺

如果运营者在本地有实体店铺，则可以用店铺的照片作为微信头像，这样更能给用户留下深刻的印象，也便于用户到实体店铺购物。

3. 代理商品

如果运营者代理别人的产品，那么可以把该产品的代言人的照片当作微信头像，这样会更有说服力和吸引力。而且代言人往往自带流量，可以为微信账号引流。

4. 企业品牌

如果运营者主要推广企业品牌，那么可以选择企业商标（Logo）作为微信头像，这样的头像辨识度更高，更容易吸引用户的目光。

不同的头像会让用户产生不同的印象和感觉，他们的感受又会对下一步的行为产生影响。作为运营者，应该充分考虑用户的需求和心理状态，选择最能吸引用户的头像，以求对运营产生更大的推进作用。

运营者选择的头像一定要能给用户带来安全感和真实感，这样他们才会愿意相信运营者。毕竟，成功的营销都要建立在信任的基础上。

（二）选定识别度高的昵称，有利于品牌传播

如果说微信头像给用户带来的是第一视觉形象，昵称给用户带来的则是第一文字形象。从营销的角度来说，好的昵称不仅应便于记忆、易于传播，还要有比较高的识别度。尤其是在网络世界中，很容易出现昵称相似的情况。只有取好昵称，才能对营销产生正向的促进作用。

在微信朋友圈中，昵称可谓多种多样、风格各异。选择一个更加符合产品定位和用户群体特征的昵称，才能吸引用户的目光。如果这个昵称别具一格，能给用户新颖独特的感觉，那么他们一定会对该昵称产生深刻的印象。

通常来说，在选择昵称时需要考虑以下几个要素。

1. 记忆性强

简单好记，让用户看到之后就能记住。想从数以亿计的昵称中脱颖而出，便于记忆这一要素千万不能忽视。

2. 关联性强

与产品或品牌有所关联，让用户看到之后就能产生联想。只有这样，用户才能对产品或品牌产生更加深刻的印象。

3. 独特性强

具有唯一性，让用户看到产品的与众不同之处。独特性越强，给客户带来的冲击力就越大，就越能吸引用户的目光。

上述几个需要考虑的因素可以说是选择昵称的总体指向。在具体的运营实践中，运营者比较常用的取名方法有以下几种。

（1）真实取名法。顾名思义，就是用自己的真实姓名或企业名称作为微信名。这种方法真实性强，更容易赢得用户的信任。

（2）虚拟取名法。采用这种方法取名，用户可以选择艺名、笔名等。这种方法具有神秘感，可以吸引用户。但是，千万不要总是更换名字，以免令用户产生混乱的记忆。

（3）创意取名法。采用这种方法取名，用户可以发挥的空间比较大，同音、谐音等都是比较常用的方法。这种方法需要运营者具有发散思维，可以想出与众不同的名字。

（4）组合取名法。这种取名方法是一种比较常规的方法，比较常用的有“中文名+英文名”“中文名+数字”“英文名+数字”等。这种方法可以让用户一目了然，给他们留下深刻的印象。

（5）符号取名法。这种取名方法就是在昵称中加入符号、表情等使昵称活泼、新颖，能给用户留下不一样的印象。

（6）特殊位置取名法。这是一种相对特殊的取名方法，就是将自己的电话号码缩放在名称的右上方。由于操作难度大，在实际应用中使用这种方法的人并不多。采用这种方法取名，需要“上标电话号码生成器”程序的帮助，只要按照它的要求进行操作，即可完成昵称的设置。

由上述内容不难看出，运营者选取昵称的方法有很多种，每种方法都有其自身的特点和优势。运营者选择哪种取名方法，可以依据自身情况而定。但是，无论怎样，都要谨记选取昵称的几个要素。只有这样，才能选定从市场中脱颖而出的昵称，为品牌传播贡献力量。

一个好的昵称能让用户在极短的时间内记住，可以迅速拉近运营者与用户之间的距离，有益于增强用户的黏性。

（三）个性签名=自身性格+能力

对于运营者来说，微信账号的个性签名是展现个人性格、能力、品位的一种方式。从某种角度来说，个性签名是运营者给自己贴的标签，可以帮助用户在极短的时间内对运营者有一个大概的认知。

运营者选择什么样的个性签名，取决于最终想要实现的目标，或者想给用户留下怎样的印象。一个好的个性签名可以给用户留下良好的第一印象，让用户对微信账号产生更多的关注。因此，为了吸引更多的用户，运营者需要在个性签名上多下一些功夫。

通常来说，运营者设置个性签名的方式有以下几种。

1. 个人风格式

这是一种比较常用的设置个性签名的方式。运营者可以根据自己的特点、习惯、喜好等去编写个性签名，以便充分展现个人的风格。使用这种方式的人群比较广泛，大多数微信用户都会选择这种风格。

2. 产品推介式

顾名思义，这种设置方式就是在个性签名中介绍产品或店铺、企业的相关信息，向用户进行推介。这种方式是很多销售人员的首选。虽然看起来简单粗暴，但是比较聚焦，能够精准引流。

3. 成果展示式

这种设置方式是在个性签名中融入相关人员的成果，以相关领域的成就来吸引用户。这种方式具有较强的权威性，对用户有更强的说服力。想要使用这种方式，运营者就要有一定的创作和规划能力，合理、巧妙地宣传成果，才能达到良好的营销效果。

在挖掘粉丝的过程中，个性签名占据着非常重要的位置。通过个性签名让粉丝对运营者产生深刻的印象，进而逐步吸引粉丝，循序渐进地与粉丝建立起亲密的关系。

运营者在设置微信账号的个性签名时，不仅要考虑自身的性格、能力等因素，也要考虑产品的特点、定位等因素。只有将各种因素综合考虑，才能找到最贴切的个性签名，发挥个性签名的最大功效。

（四）选择优质背景封面，全面展示产品

朋友圈的背景封面其实就是微信的主题照片。之所以将它称为背景封面，是因为它位于朋友圈头像的后面，就像头像照片的背景一样。从头像和主题照片的摆放位置就可以看

出，微信头像确实是最佳的广告位；可是，如果从展示效果来说，主题照片广告位的价值显然更大一些。

至于其中的原因，其实并不难理解。毕竟，主题照片占据更大的空间，可以放置更大的图片和更多的文字，可以更加全面、充分地展示运营者的个性、特点等，也为全面展示产品提供了一个渠道。

具体如何选择主题照片，以下几点需要运营者加以留心。

1. 要与朋友圈主题有关

既然是主题照片，显然要与朋友圈的主题有关，而且关联度越高越好。通过主题照片让用户一眼就看出朋友圈的主题所在，对双方来说都是事半功倍的好做法。

2. 清晰度要有保证

清晰度高的主题照片能给用户更好的观感体验，减少了用户的疲劳感，也能更加准确地表达运营者的意图，传递更加精准的信息。

3. 版权问题需要考量

要尊重照片创作者的版权，树立版权意识，在获得版权所有者许可的前提下使用照片，否则，一旦侵权，运营者可能会面临版权纠纷。

4. 尺寸要大小适当

放置主题照片的空间有限，只有使用尺寸适当的照片，才能充分利用空间，实现空间价值的最大化。因此，运营者在确定照片之前要有所抉择。

主题照片的选择对朋友圈的定位、吸引力等都有一定的影响，运营者需要加以重视。如果运营者充分利用主题照片去传递营销信息，那么用户往往能在第一时间看到，由此受到更加直接的影响。

一个优秀的朋友圈商家往往可以充分、合理地利用每个小细节来展开营销。设置背景封面并不难，但是在选择照片时应该进行全面考量。

三、微商运营朋友圈

（一）互相推荐，引爆粉丝圈

对于很多使用微信的人来说，刷朋友圈是每天必须做的一件事情。在这里，微信用户不仅可以发现许多有趣的事情，还能与志趣相投的人展开网上社交。可以说，朋友圈是一个展现个人观点、生活方式、社会经验等内容的重要阵地。

每天在朋友圈里发布消息的人数以亿计，关注别人和被人关注的用户都喜欢在这里分享自己的工作、生活等。可以说，朋友圈是一个巨大的流量池，也是一个无与伦比的免费广告位。微商运营者如果想在微商市场上发力，那么朋友圈是一个不得不关注的市场。

在朋友圈中，无论是卖产品还是引流，都有很好的运营渠道和推广方式。在诸多方式中与其他微信用户互相推荐，是快速引爆粉丝圈的高效手段之一。具体来说，互相推荐的常见形式有以下几种。

1. 亲朋好友推荐

这种推荐类型是最常见的，在实际运用中使用频率最高。亲朋好友之间的关系比较亲密，沟通交流起来也比较顺畅，彼此进行互相推荐，可以提升各自的流量。

2. 粉丝推荐

粉丝对运营者的一举一动都十分关注，他们希望运营者能有更好的发展，所以通常会主动将朋友圈中的一些信息推荐给身边的亲人和朋友。这种推荐类型成本较低，只要运营者能创作出优质的朋友圈内容，那么主动推荐就会一直持续下去。

3. 微信大咖推荐

通常来说，微信大咖在朋友圈中具有强大的号召力，如果能得到微信大咖的推荐，那么引流将会变得非常简单。当然，想让微信大咖帮忙推荐，运营者或者与微信大咖本身就有密切的关系，或者与微信大咖有合作的关系。

4. 陌生人推荐

很多运营者觉得与陌生人很难做到互相推荐，实际上不然。陌生人之间只要能互惠互利，实现"双赢"，那么互相为对方推荐就不难。每个人都或多或少地有一些微信好友，通过互相推荐，可以将对方好友中隐藏的流量吸引过来。在互相推荐的模式中，即便是陌生人，只要双方达成某种共识，确保双方都能在互相推荐中获利，那么双方就能形成合作关系。

在朋友圈中通过互相推荐进行引流，其实是一件非常简单的事情。不仅粉丝数量可以在互相推荐中迅速增加，吸引来的粉丝也都是非常精准和有价值的。对于微商运营者来说，这种引流方式的性价比较高，值得尝试。

互相推荐引流，并不是随便找个微信用户就可以的。即便是自带流量的大咖，其形象也要与运营者的产品定位相符才行。否则，与对方的合作就很难达到"1+1>2"的效果。

（二）免费福利，促使用户转发、分享

对于微商运营者来说，朋友圈是一个很好的积累人气、获得粉丝的平台。但是，恰恰因为众多运营者都看到了朋友圈带来的商机，所以不断有人涌入，令运营者的压力越来越大。

在人数众多的运营者中，用户为什么一定要选择我？为什么要成为我的粉丝？这样的问题，相信很多运营者都曾经自问过。其实粉丝愿意关注运营者，自然有他的道理。

简单来说，是因为运营者能够给用户带来价值，用户能从运营者那里得到自己需要的东西，满足自己的某种需求。在各种价值中，免费福利是颇受用户欢迎的价值之一。很多运营者正是通过为用户免费发放福利的方式，引导用户进行转发和分享的。

很多实际案例已经证明，用户对免费福利是缺乏免疫的，他们愿意通过自己的转发和分享，来换取运营者提供的免费福利。对于运营者来说，这是一大利好，是一个可以充分利用的推广方式。但是，如果运营者就此认为这种策略非常简单，那就大错特错了。

无论做什么样的免费活动，相关文案都是运营者必须用心撰写的。如果文案写得不

好，就无法在用户中引发共鸣，那么最终的推广效果也很难令人满意。

在一般情况下，在写作文案的过程中需要注意以下几方面。

1. 文案长度

一个好的文案，篇幅不宜过长，只要能将文案的主要内容及想要传递的信息介绍清楚就可以。过长的文案会让用户产生阅读疲劳，很可能导致用户放弃阅读。一旦出现这种情况，那么运营者创作的文案不仅无法吸引用户，还可能导致大量用户流失。

2. 图片配置

如今，很多运营者在创作文案时喜欢配置一些图片，一是为了增加文案的灵活性，二是提升用户的阅读体验。可是，有些运营者对图片的运用没有节制，使文案占据过大的空间，令用户在阅读过程中出现卡顿、打开不畅等情况，反而降低了用户的阅读兴趣。所以，文案中的图片不宜过多，只要起到锦上添花的作用即可。

3. 福利先行

答应给用户的福利，一定要按照承诺及时发放。因为发放福利不仅是激励的手段，也是检验运营者诚信度的标尺。如果运营者做不到这一点，那么难免会给用户留下言而无信的印象，严重影响运营者的个人信誉。一旦信誉受损，想要弥补便是非常困难的。运营者对此应该有正确的认识，而且要给予更多的关注。

4. 关注细节

一个优秀的文案由许多部分构成，很多细节部分，如结构、版式等，也会对用户的阅读体验造成影响。因此，关注每个细节，尽量做到尽善尽美，才能在用户中产生更加广泛的影响力。

对于免费的东西，人们总是充满向往。通过发放免费福利的方式，可以更加高效地吸引用户，进而提升转发、分享的效率。虽然购买福利产品需要一定的成本，但是从推广效果来说，这样的付出是物超所值的。

微商运营者想要在微商领域获得成功，就不能计较这些较小的成本，而应该从长远的角度来看待每个运营活动，只要能对运营产生积极的推动作用，且在自己的承受范围之内，那就应该积极尝试和投身其中。免费福利的发放并不是毫无限度的，在运营过程中应该根据实际效果，来确定给予何种程度的福利。

在这种以免费福利换取转发、分享的推广方式中，用户的积极性与福利的发放速度有着很大的关系。运营者需要及时兑现自己的承诺，才能不断吸引新的用户进行转发、分享。

（三）巧妙晒单，激发用户购买欲

在朋友圈做产品营销和推广，不仅要发布与产品相关的营销软文，还要配上产品的真实图片和相关信息。这样做的目的是让用户对产品有比较详细的了解，进而吸引他们购买产品。对于微商运营者来说，这是常规的营销手段，每个运营者都应该掌握。另外，运营者还要掌握一项技巧，那就是晒单。晒单的内容可以是成功的交易单、快递单，或者用户的优质评论，还可以是运营者大量发货的图片，等等。晒单的目的是让用户产生信任感，激发他们的购买欲望。所谓“耳听为虚，眼见为实”，当真实的交易图片呈现在用户面前时，其说服力显然更强一些。当然，在晒单的过程中，有两个事项还需要注意一下，以免起到相反的作用。

1. 适度晒单

凡事都应该有一个限度，晒单也不例外。运营者如果过度晒单，就会让用户产生运营者在刷屏的感觉。而对于大多数人来说，刷屏是难以接受的。因此，运营者可以通过刷单的形式来实现引流，但是一定要控制晒单频率，只有适度晒单，才能起到积极的作用。

2. 真实晒单

晒单的目的是让用户产生信任感，进而产生购物的欲望。如果单据是假的，那么用户就会对运营者产生怀疑甚至反感心理，这显然与晒单的目的背道而驰。因此，运营者晒出的单据一定要确保真实性，以诚信为本才能真正吸引用户。参照实际运营情况不难发现，晒单的行为确实能在一定程度上激发用户的好奇心和购买欲望，他们对运营者的信任度也有所提升。也就是说，这种方式确实对朋友圈的运营有积极的促进作用，运营者完全可以合理地加以运用。

在晒单的过程中，运营者不仅要有所节制，懂得适可而止，插入的广告也不能太过生硬，以免让用户产生不满的情绪，影响引流的效果。

（四）晒出好评，事实是最有说服力的广告

在朋友圈里做营销的一个优势在于，运营者可以通过用户的评论来分析用户的行为，从中发现他们对产品的看法，以便找到优化的方法。不仅如此，运营者还可以从用户的评论中挑选一些好评晒出来，用事实说服用户，会比运营者花钱做广告更有说服力。

通常来说，微商运营者晒好评的渠道有以下两个。

1. 微信朋友圈

如今，越来越多的人通过微信平台购物和付款。有很多人在朋友圈进行营销，用户可以在这里找到各种各样的商品，也可以在购物之后对产品做出评价。微商运营者可以从朋友圈的评论中截取用户的好评，然后在各大社交平台上发布。

2. 电商平台

如今，随着电商行业的兴起，各种电商平台上的用户越来越多，在电商平台上对产品进行评论的人也越来越多。在朋友圈做营销的运营者可以从电商平台截取所售产品的好评，发布到朋友圈，或者在详情介绍中贴出好评的截图，以获取用户的信任。

随着微商行业的兴起，越来越多的人投身其中，这既带来了竞争，也带来了新的机会。将朋友圈和电商平台结合在一起，两者互相扶持、互为依靠，可以在一定程度上吸引更多的粉丝，带来更多的流量。

用户的好评是对产品最大的支持，是运营者说服新用户的极佳武器。对于用户来说，其他用户的好评是最有说服力的广告和推荐词。

本章总结

微信出现以来，其用户逐年增长，微商也随之蓬勃发展起来，率先抢占微信朋友圈市场。微商最大的特色就是利用人与人之间的关系获取信任，进而销售其产品。

微信的创新打破了传统社交的文字交流，可以通过自己的地理位置获取更多的附近用户，增加了客户之间的亲近感，增加了用户的黏性并拓展了产品应用。同时，企业的产品如同微信一样，也需要不断地升级功能，需要切合消费者的需求，只有从用户需求角度出发的产品，才能更具市场挑战活力，提高用户体验，做用户需要的产品，借助强大的用户团体，传播用户群体。

微商也要懂得优化和运营朋友圈。在朋友圈引流方面也要注意发布朋友圈信息的节奏，记住发布朋友圈信息的五个黄金时间段，也要注意发布朋友圈信息时需要注意的细节，掌握发布朋友圈信息的小技巧。

复习思考题

一、名词解释

微信　朋友圈　微信语音　晒单

二、不定项选择题

1. 发布朋友圈的黄金时段是（　　）。

A. 6 点至 8 点　　B. 12 点至 14 点
C. 18 点至 20 点　　D. 21 点至 23 点
E. 24 点至 2 点

2. （　　）能够激发用户购买欲。

A. 适度晒单　　B. 每天晒单
C. 夸张晒单　　D. 福利晒单
E. 真实晒单

3. 发布朋友圈时要注意以下（　　）细节。

A. 所在位置　　B. 谁可以看
C. 提醒谁看　　D. 小视频
E. 照片

4. 在微信朋友圈中，发布产品的广告信息控制在（　　）条以内最好。

A. 3　　B. 5

C. 6　　D. 8

E. 10

5. 微信有（　　）功能。

A. 聊天　　B. 添加好友

C. 微信小程序　　D. 微信支付

E. 摇一摇

三、简答题

1. 简述发布朋友圈信息的小技巧。
2. 如何控制朋友圈信息的发布节奏？
3. 微商如何优化朋友圈？

第五章　微商营销

项目导读

在以人民生活水平不断提高、互联网技术飞速发展为特征的当今社会，智能手机几乎已经成为人们生活中不可或缺的一部分。伴随各种社交活动数量的增加，智能手机上的App也在不断增多，一种新的网络营销模式——“微商”应运而生。相对于传统电商，微商是一种商品交易。它是以人的社会属性为前提，进行商品交易活动的一种形式。微商的发展一直伴随着种种争议，但从某种程度上也极大地促进了经济的发展。微商是一种能够丰富市场经济、能够帮助有效解决就业问题的新型营销模式。

学习目标

1. 了解微商营销的概念；
2. 掌握微商营销的定位；
3. 理解微商引流；
4. 掌握微商广告与平台投放的策略。

思政目标

我们要正确认识微信在生活中的位置，自觉抵制微信带来的诱惑，正确、合理、适度地使用关联微信账号的游戏、购物平台，防止出现沉迷过度、玩物丧志，要积极传播正能量。

案例导入

店员尤达在办公室工作了4年，2021年毅然决然地辞职回到家乡，租下了一部分山区土地在那里喂养土鸡。尤达的姐姐以前是卖土鸡蛋的，从村里收购鸡蛋，再通过县里的农业合作社卖给消费者。然而，“二手买卖”不仅增加了鸡蛋的销售成本，而且没有稳定的鸡蛋来源，于是尤达和姐姐共同出资建了一个农场。姐姐负责原先那个渠道的销售，尤达负责开拓新渠道，比如微链接直送等。通过网上直销，尤达“互粉”了很多朋友，通过举办“网上农场”“喂食秀”等活动，吸引了很多人在线下单，尤达接到订单后，直接送货上门。目前，尤达已经积累了超过2000名的稳定粉丝。她以每个1.5元的价格出售土鸡蛋，通过9个月的网上交易，卖出了30000个土鸡蛋，实现了初步的目标。

为了适应互联网的发展，尤达也逐渐将微商营销的模式引入自己的商业运营中。

第一节 微商营销概述

一、微商营销的概念

如今互联网的发展将迎来Web 4.0时代，而Web 3.0时代互联网的互动已让微商营销变成了一个逐渐成熟的闭环产品销售模式，这种营销模式是微商营销发展的基础。

早在2015年发布的《中国化妆品微商标准草案（执行草案）》中，对微商营销进行了定义，根据该定义，微商营销依据衍生工具的范围分为两类：狭义的微商营销和广义的微商营销。狭义的微商营销是通过微信等社交媒体进行的，除去通过微信等移动社交媒体进行营销的手段是广义上的微商营销概念。张华曾在《大数据时代的微商推广分析》中定义其为：Web3.0时代源于媒体，运用传统方式与互联网相结合，没有地域限制并通过可移动化实现小规模个体行为营销的新的突破。微商营销的创造和发展，其实是基于微信的发展，通过社交媒体“连接一切”的能力，实现“实物”在朋友圈进行展示，运用熟悉的推荐模式进行社交与交流，这就是微商营销的早期定义。

考虑当下微商的发展情况和许多研究专家对微商营销的看法，本书倾向于将其定义为：微商营销作为一种营销方式，是个人或企业等组织，运用微信、微博等社交媒体手段，对产品或服务进行展示、咨询和分享，围绕达到广而告之、交易商品或服务等目的而开展的一系列电商活动。简单来说，是指商家或个人通过微信、微博等多媒体平台发现并满足用户的各类需求的商业行为方式。

二、微商营销的发展历程

微商的出现和发展主要得益于微信的发展。从2013年起，微商开始逐渐出现在朋友圈中，它的营销也逐渐随着微信影响力的扩大而变化。通过结合2015年国际小微企业的发展研究，微商营销的发展分为“起源期”和“研究期”两个阶段。

（一）起源期（2013—2014 年）

从 2013 年开始，我国海外采购快速增长，一些海外代购者在微信、QQ 等社交媒体上发布产品照片，从而把产品推销给更多的朋友。在社交媒体中创建的虚拟社区更多的是基于成员的信任，成员之间也有着相似的兴趣和生活条件，并且彼此之间有较为密切的关系。得益于虚拟社区和与人的接触，很多人开始形成自己的圈子和固定的消费者群体，这就是微商的雏形。

2014 年，微信利用区别于 QQ 和微博的特点与优势，成为流行的移动社交软件，一些淘宝店主开始通过微信和广告传播产品信息，通过发朋友圈集赞等活动收集客户资源。此外，一些店主已经开始向门店内的消费者发送微信号，并通过朋友圈为消费者提供最新的产品信息。《2021 年中国微商市场研究白皮书》显示，2019 年中国微商市场交易规模已经超过 2 万亿元，中国微商市场从业人数达 0. 6 亿人。

2018—2023 年中国微商市场从业者数量、市场交易规模如图 5-1、图 5-2 所示。

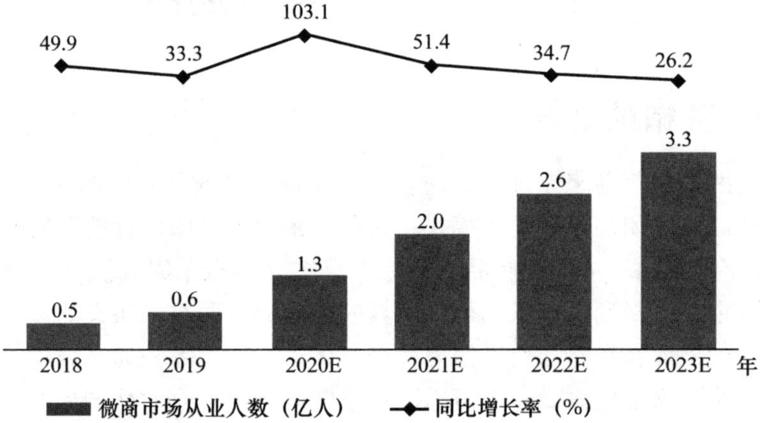

图 5-1　2018—2023 年中国微商市场从业者数量

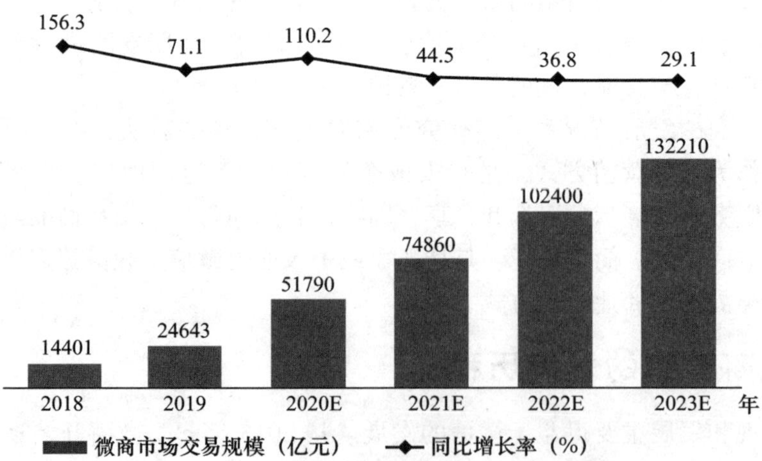

图 5-2　2018—2023 年中国微商市场交易规模

微商活动的增长正在吸引更多的个人和企业参与微商团体活动，市场营销也越来越受到关注。“口袋购物”曾作为移动电商平台代表，主打个性化和精准化的商品推荐，曾于2014年10月首次投入2亿元作为微商营销的衍生基金。

（二）研究期（2015年至今）

在发展初期，微商营销逐渐遇到错误运行和代理制度运作不规范等问题，在微商传播政策、商务部规范和中央理事会涵盖的各项规范的框架内，作为主要交流方式的私人微友数量逐渐减少。自微商平台开始成形后产生了一个专业的平台，它可以帮助代发，不论数量有多少都可以，这就使微商不再需要自己囤货，给他们带来了极大的便利。对现有其他平台的广告做一些细小的改动就可以生成微信平台广告，支持复制转发，不需要自己做广告。海尔、苏宁等传统零售商也纷纷转向尝试微商营销平台。

知识延伸

口碑营销理论

口碑是传播学领域中的词语之一，广泛用于营销，特别是在互联网市场。口碑营销的主要思想是开发一种广告程序，让用户自愿为企业传播有关产品和服务的信息，这是进行社交媒体营销活动的重要理论基础 。好的营销弥补了传统营销不易获得公信力的缺点。口碑营销的主要方式是将商品和服务的信息从熟人的口中传播，这比其他方式更加可靠。此外，由于营销对于人们来说是比较熟悉的，彼此之间相互理解，所以当用户看到家人和朋友需要的产品或服务的信息时，用户就会密切关注和分享，这就使“口碑”更具有针对性。

互动营销理论

互动与双向沟通有关，这是属于沟通的一个概念，同时也是以沟通作为它的基础的。社会学家认为，“互动”是有意识的行为，是人类的标志。在互动过程中，人们会对他人采取一定的行动，包括通过言语或行为等，或对其行为做出一定的反应。互动一般可以分为五种形式：交换、竞争、冲突、合作和强制。

精准营销理论

营销专家科特勒指出，精准营销是一种更加广泛的营销方法，例如直接营销，它可以提高客户满意度并有效利用客户数据库。精准营销的优势在于它可以准确识别客户、降低成本、可验证、可宣传、可衡量并且还可以预测利润。

杰夫·萨宾（Jeff Zabin）指出，正确的营销是在正确的时间通过正确的渠道将正确的信息传递给正确的客户的过程，这对目标客户的购买决策产生了真正的影响，并有助于实现营销的目标。简言之，精准营销是利用现代信息技术来分析消费者的目标市场，根据消费者的消费心理和行为习惯实施针对广大受众的一种营销策略。

第二节 微商营销的定位

案例分析

郑州最潮水果商：做文艺范儿的移动电商

刘平，河南人，80后，原逸阳女裤电商运营总监，自驾游达人，曾经的狂热艺术爱好者，如今选择创业，利用微信卖起了水果。C2B、周期订购这两个新鲜时髦但并未成熟的模式都被刘平用在了自己的创业项目“买果果”里，开始了一场移动端卖水果的信任游戏。

从卖茶到卖水果

“在淘宝、京东、当当模式开始泛滥的时候，我们想脱离这些平台玩点不一样的东西。”刘平这样描述自己选择微信作为创业平台的原因。经过市场调查加上感性判断，刘平“感觉生鲜市场有发展，且水果相对容易切入”，于是很快选择了进口水果作为自己的创业方向。

而之所以选择预售这种方式来卖水果，刘平称主要是受到茶人王心的影响。“茶叶和水果不一样，王心采取的是包年定制，我把它改成了包月订购，觉得可以尝试下。”刘平与团队在一起讨论了包月订购水果的可行性，没有任何人否定，但也没有人敢打包票就能成功。最终刘平还是决定立马尝试，“如果不迈出这一步，那么你就永远不知道是否可行。”

2014年4月2日，刘平开始通过“买果果de大掌柜”个人微信号发布包月模式并开始接受订购；4月8日，刘平早晨5点起床第一次去进水果，回来后分拣包装，并开始亲自配送；最终，买果果上线首期共销售55单，加上免费赠送的10单，一共65单，全部由团队自己配送。

买果果的市场定位是偏中高端的用户，以郑州为起点辐射到全国。不过刘平也透露，买果果也尝试一些其他的业务，例如跟汽车4S店合作，批量购买水果作为客户福利。

微信微博等成主阵地

2015年之前买果果的唯一营销、销售平台是微信，分为父母专享、68元套餐、239元包月、300元包月、500元包月等几种水果套餐，主要的营销方式是个人营销号和公众营销号，前期的用户大多是熟人，以及熟人的熟人。

但刘平并没有将身家都押在微信上，接下来又开拓了微博。

“与微信相比，微博可以覆盖的用户市场明显更广。”这是刘平选择微博的一个重要原因。当然，他的另一个担忧在于，微信目前对于朋友圈营销、公众号营销都还相当谨慎，一旦出格，很容易遭到封杀。

除微信、微博之外，买果果也借助河南本土的一些电商平台作为销售渠道，如郑州本土电商魔袋、顺丰嘿客等。

一、微商定位

“定位”就是指确定位置，指示物体在特定环境中的方向。

无论是在生活中还是在工作中，定位都起着非常重要的指导作用，比如一个产品在市场中的位置，一个人物在一个组织中的位置，一个物体在地理上的意义等。定位帮助我们定义自己，帮助我们确定未来努力的方向。此外，在各类营销中，定位也同样重要。营销学中营销战略的三要素中即包括市场定位（Market Positioning）。

（一）微商定位的意义

微商的定位是定义微商企业在创业路上的发展方向，是微商在发展过程中一个极为重要的组成部分，也是一个根本问题。

特别是从长远来看，这是具有标杆性的定义。在分阶段的计划中，它定义了产品处于什么阶段以及相应的商业模式，即明白自己现在的位置在哪里。

定位是微商企业发展的第一步，也是在整个过程中最重要的工作和步骤。如果定位错误或偏离的方向较大，那么就必然意味着接下来的业务会失败。

（二）微商定位的作用

精准定位可以帮助微商找到方向，方向对了努力不会白费。正确的定位会帮助微商找到自己的长处和短处，从而克服弱点，发挥长处，快速摆脱困境。精准定位可以帮助微商快速赢得客户信任，高效提升生产力。

定位的目的是更清晰地知道你的客户群体是谁，他们希望你是什么样的人，更希望能够给他们提供什么样的价值。有了定位之后，再加上一整套营销流程，销售将变得顺畅很多。微商定位可以带来以下好处：

1. 聚焦目标客户群体，更有利于精准营销

做好微商定位有助于更准确找到其潜在客户，以及弄清他们的需要，从而明确给客户提供帮助，促成销售。定位就像 GPS 一样，让我们便捷地找到他们的聚集地，然后根据他们的需求制定出我们后面一系列营销策略。

2. 更容易拉拢客户的心

能占领客户心智的产品或品牌永远都是行业的第一位，人们只会记得第一个登上月球的人是阿姆斯特朗，不会记得第二个人是谁。所以，只有做好微商定位了，才有可能在细分行业做第一或者唯一。

3. 有利于提升影响力

成交转化必须以信任为基础，而推进信任的关键是，必须为目标群体贡献价值。当定位后，目标群体聚焦了，其自身贡献的价值也就相应聚焦了，可根据他们的需求持续贡献相应的价值，时间久了，信任自然就推进了，后面的成交也就成了水到渠成的事情。

在产品爆炸的时代，产品的确切位置将帮助商家捕捉市场定位的先机。精准定位可以帮助微商保护自己，更能抵抗外界干扰。早期涉足微商的一些人得到了很好的机会，但没有把握住这种优势，选择了短期内看起来有利但不适合长期发展的方向。只有找准定位，才能抵挡外在的诱惑，从而在这个过程中成为赢家。

二、微商自我定位

（一）自我角色定位

微商是基于人的，并不是品牌、市场和平台，所以微商定位不应该从营销定位和市场定位开始，而应该是从自我定位开始。

1. 个人微商

在没有品牌、产品、渠道、资金优势的情况下，个人微商可以先借助品牌，做一个品牌代理微商，然后吸引下级的代理，快速形成销售渠道体系，为下一步微商企业发展奠定基础。这有利于形成快速销售产品的强大分销渠道，快速完成创业阶段，从而实现第一桶金的积累。

2. 企业微商

如果说传统业务、销售型企业想挖掘移动互联网的“金子”，那么还要根据自己的业务配置和特点去做出相应的行动，而不仅仅做一个公共平台去吸粉，再去构建一个商业模式。可以尝试获取个人微信来管理客户，激活老客户，刺激新客户。这里企业的经营形式没有改变，只是通信方式从原来的电话邮件和 QQ 等变成了今天的微信。通信方式正在不断地得到更新。因此，传统企业的销售人员首先需要学习如何使用微信工具，然后为消费者创造商业环境。

（二）营销方向定位

兴趣与爱好、特长与资源是微型企业定位的主要支柱。

1. 兴趣、爱好

按照传统观点，学习是为了学习，工作是为了工作，做生意只是为了赚钱，那样是很难找到内心的快乐的。微商和个人电商最大的区别在哪里？就在于是否有兴趣与欢乐。

我们一直说兴趣是最好的老师。如果我们喜欢某件事，当它完成时，我们就会变得非常快乐。因为快乐，所以我们去做。快乐使我们充满了无尽的激情、想象力和创造力。如果你自己不喜欢化妆品，也不喜欢化妆，那你就不应该把这种“美”的概念带给别人，更不要说产品了。

微商产业又称社会电商产业，其特点是“产品社会化，产品是社会的产品”。客户和你沟通，如果你是这个领域的专家，你知道的比他知道的多，有问题他可能会问你，那么他就会依赖你，对你有一定的需求，这样的关系才是牢固的，从长远来看也是可持续的。

2. 特长、资源

只有结合你的特长或资源，才能更容易地做成事情。每个人都有自己的特长，比如：有的人热爱时尚，对色彩十分敏感，是服装高手；有的人喜欢品尝美食，对一些土特产有自己深刻的见解；有的人特别喜欢大牌，对各种奢侈品牌有着与生俱来的洞察力等。

这里说的资源是最初在某个行业或某个领域长期积累的资源。每个人都有自己的资源，这个资源不在于大小，而在于你是否有想法、要不要去挖掘。它们如果被有效地提取和使用，可以更容易地帮助你发展微商业务。

三、营销模式定位

（一）粉丝营销

粉丝营销，顾名思义就是增加粉丝数量，通过不断地加好友，再通过在朋友圈连续多发商品信息进行销售，这样就可以保证一定的转化率，也就可以保证销量。只要微信里朋友的数量不断增加，销量就会增加，这是初期最常见的模式之一。

在移动互联网时代，一切都是直接实时的连接，这就导致用户参与和反馈的成本稳步下降，因此粉丝经济开始走上正轨。“粉丝经济”本质上是指在特定领域具有共同价值观和情感依恋的人与某个中心点相关联，因此与围绕它的经济活动也相关联。今天，在移动互联网时代，规律是“粉丝可以接收全世界”。我们可以这么说：在移动互联网的今天，谁拥有粉丝，谁就找到了致富的金钥匙。那么，在移动互联网经济时代，微商企业如何成功呢？

微商中的“粉丝经济”分为三个阶段。第一阶段是建立联系，最重要的是创作内容，增加黏度高的粉丝。第二阶段是多维参与，不断提供价值，让粉丝保持热情。尤其在当下的中国，粉丝经济显示了经济增长与互联网带来的“长尾效应”的力量，在将来，这一力量必将更加深刻地改变市场。第三阶段是为粉丝提供定制的产品和服务，不单纯做广告。

我们应该注意哪些方面才能顺利走好这三个阶段呢？

首先，传统的生意是一锤子的买卖，如果这样的话销售也会随之结束。而现在的逻辑是今天赚点小钱，明天就赚大钱。所要做的就是让更多的人加入自己的行列。交易完成后，这只是第一步，即使稍有损失，也无所谓。最重要的是，你要知道你的粉丝未来值多少钱，因为业务的大部分利润来自客户二次及以后的购买。如果这个人进来，成为你的粉丝并建立了信任，那么你迟早会因这个人得到更多的收获。

粉丝兴趣意味着潜在的购买行为。而要想实现销量和利润最大化，首先要为他提供有价值的信息，以朋友为基础与粉丝建立联系，进行更多互动，让他们与你建立情感联系，因为粉丝经济主要依赖情感驱动。在粉丝经济中，所有身份的界限会变得较为模糊。粉丝可以是你的顾客；也可以是你的推销员，他们会与朋友分享你的产品，帮你做广告；也可能是你的合作伙伴，参与产品设计和开发。粉丝甚至可以成为你的股东，例如，通过公开拍卖等。

一切基于对用户偏好的理解都是极为重要的基础，一定要注重产品的体验。因此，从长远来看，粉丝经济将有可能基于互联网为经济发展创造极其有利的条件。

（二）服务关系

服务关系营销模式只针对一定的粉丝群，通过与粉丝的持续沟通，提供优质服务，建立牢固的关系。固定这部分客户达到满意的收入，通过主要的客户进行介绍不断地组建分部，同时不断检查客户质量，为期主要是 1～3 个月，按 20%的递增对客户逐步淘汰，主要淘汰那些占比较少的非优质的客户，从而达到良性循环的效果。

服务关系型营销模式的优势在于客户的稳定度，客户稳定的话性价比会更高，不易受到外部竞争的影响，随着时间的推移，收入不断增长，这会极大地促进个体微商创业者福利指数的提升，未来可以形成一个产品系列，设计出更多的产品，不断扩展其想象空间。

服务类型定位营销模式的缺点就是对服务质量要求过高，同时也对个人资质有一定的要求，这样的话初期效益不明显，见效期长，也无法规模化复制。

（三）品牌资源与代理

渠道拓展是一种不做或少做直接客户的方法，重点发展代理渠道的上级代理，相当于批发商。由于不需要直接做大量的小客户，一切都是批发，单笔交易量一般较高，一旦建立代理渠道，将会一劳永逸。

与粉丝营销和服务关系相比，资源品牌和代理式营销利润低且不创造规模经济，对团队管理要求高，代理之间存在问题，管理者之间的关系控制也难以掌握。因此，对于微商的渠道拓展要求非常高。只有拥有高质量的渠道来销售商品，才能获得更高的利润。与此同时，还可以赢得消费者的好评与推荐，这样就可以促进产品的再销售。只有消费者拥有一个良好的购物体验与感受，才能更好地形成商品的好评，赢得更广阔的消费市场，得到更好的评价。当然在这个过程中也会促进商品在质量等方面的提升，是消费者与商家都可以受益的事情，能够达到“双赢”甚至“多赢”的效果。因为在这个过程中，消费环境也可以在一定程度上得到改善，当然也可以促进国家经济的发展，在某种程度上，也有利于我们国家整体的发展。同时，考虑到维持库存的需要，对运营商的资金实力也提出了更高的要求，因为只有雄厚的资金支持才能更好地维持库存。

知识延伸

营销最核心的理论工具——STP

市场细分（Market Segmentation）的概念是美国营销学家温德尔·史密斯（Wended Smith）在1956年最早提出的。此后，美国营销学家菲利浦·科特勒进一步发展和完善了温德尔·史密斯的理论并最终形成了成熟的STP理论［市场细分（Segmentation）、目标市场选择（Targeting）和市场定位（Positioning）］。它是战略营销的核心内容。

STP理论的根本要义在于选择确定目标消费者或客户。根据STP理论，市场是一个综合体，是多层次、多元化的消费需求集合体，任何企业都无法满足所有的需求，企业应该根据消费者的不同需求、购买力等因素把市场分为由相似需求构成的消费群，即若干子市场，这就是市场细分。可以根据自身战略和产品情况从子市场中选取有一定规模和发展前景，并且符合公司的目标和能力的细分市场作为公司的目标市场。随后，企业需要将产品定位在目标消费者所偏好的位置上，并通过一系列营销活动向目标消费者传达这一定位信息，让他们注意到品牌，并感知到这就是他们所需要的。

STP理论是指企业在一定的市场细分的基础上，确定自己的目标市场，最后把产品或服务定位在目标市场中的确定位置上。具体而言，市场细分是指根据顾客需求上的差异把某个产品或服务的市场逐一细分的过程。目标市场是指企业从细分后的市场中选择出来的决定进入的细分市场，也是对企业最有利的市场组成部分。而市场定位就是在营销过程中把其产品或服务确定在目标市场中的一定位置上，即确定自己产品或服务在目标市场上的竞争地位，也叫“竞争性定位”。

第三节　微商引流

案例分析

“我是2019年6月毕业的大学生，主修会计。以前父母常说女生容易在会计方面找到工作。不过，我不是那样的材料。我不喜欢整天坐在办公室里面对一堆数字和书籍。我更喜欢一份有难度的工作。”王怡欢这样介绍自己。

毕业后，王怡欢通过朋友们的介绍，欣然接受了化妆品导购的工作。小王说：“毕业之后的第一份工作，是在大型购物中心内的柜台。我在那里认识了小华。之所以选择留在这里，是这份工作让我感觉更加具有挑战性。作为体验式消费的工作模式，我们去邀请用户来体验，进而通过顾客的要求来服务。”

虽然每天工作时间也是8小时，但是比现在的公司工作的时间要长得多。一开始，由于害怕月度指标赶不上，坚持每天加班几个小时，也会错过进餐时间。这段时间真的感觉比较困难。因为身体不是很好，最后也没有办法支撑。于是，王怡欢决定辞职。“不过，我仍然非常感谢之前的公司，因为我学到了很多关于护肤和经验分享的知识。让我明确一点，利用这个机会继续与每个客户沟通是最大的关注点，永远不要放弃任何机会。”王怡欢说。

“在微信中沟通，要非常用心。和每个顾客保持良好的关系进行微信营销，并且真心地帮助他们解决问题，让他们可以感觉到我们是一个专业的护肤团队，并且一对一的服务更能让他们感受到温暖，让他们觉得我们是他们的私人定制护肤师，无论什么时候有什么问题，我们都可以解决。”这是王怡欢对现在工作的理解。

所谓引流，即是把自己的目标客户吸引到自己的微信上。通常来说，引流主要分成三个部分：基础—输出—流量。

而常见的引流误区有：主动加过多的人，无用数据过多，没有“活粉丝”；通过付费外包的方式完成引流（即使有短期效果，因为信任度低，成交率也不高）。

应该如何引流呢？引流的出发点要从多个维度进行考虑。

一、精准分析用户

微商企业获取客户资源最重要的手段是引流，但微商企业要想有效引流，就必须对客户群体的潜在需求有深入的了解。而对潜在或现有客户人群画像的精准分析和鱼塘理论的合理运用显得尤为关键。如图 5-3、图 5-4 所示。简言之，对用户属性分析得越透彻，引流效果越好。

虽然很多微商能获得大量的微信好友，但沟通后交易的数量仍然有限。问题出在沟通上。为了有效引流，在沟通中我们必须对消费者的心理有很好的了解，以提高交易的效率以及成交率。

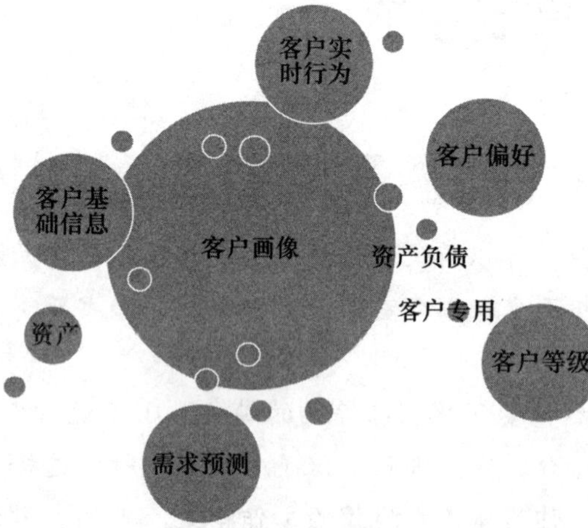

图 5-3　潜在或现有客户人群画像的精准分析

免费鱼塘	付费流量
微博	百度竞价
抖音	信息流
微信群	公众号派单
咸鱼	朋友圈广告
小红书	各种广告
……	……

图 5-4　常见的“鱼塘”举例

二、注重粉丝积累

微商成功的关键不是每天向朋友圈发送关于产品的信息，不是每天增加朋友的数量，而是培养用户的信任。微商企业在引流过程中需要采取正确的方法来维持粉丝的数量。

（一）增加粉丝的信任感

很多进入微商的人想立即赚钱，非常功利。这个时候需要思考一下：我们微信内的好友，凭什么为我们买单？我们不断地学习互联网营销的知识，并且不断地理解运用，通过优化，让更多的人认可我们，财富自然而然地就来了。只有不断培养用户的信任感，才能让用户买账。每天花 20%的时间与客户交谈。也许很多客户对我们的产品感兴趣，但不知道如何问，有些客户认为我们很忙，所以当客户主动咨询时，我们必须耐心解释，针对需求进行回应。

显然，用几句话就将营销以及销售做好，这肯定是不现实的，其中涉及许许多多更加专业的术语以及专业的知识，还有对于消费者的理解。我们应该在一开始就与顾客建立起互动，以便能够创造信任感。让顾客相信我们能够为他们创造价值。真诚地沟通，结交朋友，收获真心才能建立起稳健的交易，这是获得顾客信任的基础。

（二）吸引粉丝看重质量

收获成千上万的粉丝不是一夜之间的事情。不管有多少粉丝，没有销售策略是不行的。因此，吸引粉丝应该追求稳定，追求粉丝的品质，寻找那些有需求的粉丝，然后扩大规模。

（三）积累粉丝时不要好高骛远

积累粉丝要踏踏实实地才能做大，也才能保证粉丝的质量。当高质量的粉丝积累到一定程度后，才能做到钱生钱。

三、形成量化思维

当进行粉丝与平台的多维度管理时，可引入一些计算思维，只有适当进行量化管理，定性管理才有数据支撑。如：

$$销售额=流量\times成交率\times客单价$$

类似简单的成本管理思维对合理、恰当、高效的引流有正向的促进作用。

第四节　微商广告与平台投放策略

案例分析

Uber 只需点击一下就能呼叫直升机：拥有最高的造势

Uber 在世界各地的营销活动经常让人感到惊讶。2015 年 4 月，Uber 在上海推出了一键呼叫直升机服务，20 名用户成为首批乘客，活动当天有一位乘客在空中求婚，可谓赚足了眼球。

但不幸的是，Uber 邀请赵又廷作为首批乘客之一，赵又廷抢走了 Uber 的风头。当天 Uber 推出的所有微博点赞之和，远低于赵又廷微博的点赞数。不知道 Uber 应该哭还是笑……

产品是广告之本，产品的结构，要杜绝同类爆款，要坚决抵制假货。微商依靠口碑，如果产品质量差，在当今碎片化的时代不会长时间销售，很难凭借付出巨大的广告成本而成功打造品牌。

在微商发展迅猛的时代，消费者体验到了产品，并且发表自己的真实看法以及感受，通过互联网的传播，产品就成了最好的广告。产品能够解决顾客的问题，顾客将它们分享出去，更多的人才会相信并且购买。

每一个品牌都不能缺少广告。微商需要在朋友圈投放大量广告，但如果广告太多，很容易被朋友们屏蔽拉黑。那么，微商应该如何在朋友圈发送广告呢？

一、控制次数

当我们看电视时，节目突然停止，开始播放广告，这真的很令人失望。后来，管理部门要求严格控制广告的插播。同样，微商企业也应该控制朋友圈发送广告的次数。

二、调整频率

微商在朋友圈发广告，一定要把握好发布的频率，不宜太频繁，不要整天去朋友圈连续做广告，否则朋友会感到厌恶以及心烦。广告在朋友圈中最好分为早晨、中午、晚上和晚上睡前四次，间隔控制在 2~3 小时，这样的发布频率，朋友们会更容易接受。

三、保持真实

人们都希望获得真实的产品信息，每个人都讨厌假货。同样，广告只有真实，才能受到人们的欢迎，只有真实的广告才能长期发挥价值。虚假广告会严重影响产品的口碑。

四、注重产品质量

真假广告，基于商品的真伪，这是通过商品的质量来检查的。如果顾客购买后发现该产品是假货，他们将不会信任商家的广告，并将商家列入“黑名单”。

五、内容营销

当微商向朋友发送广告时，他们应该尽量不要让广告太明显，避免让人们一看到就知道这是广告。我们可以采取“植入式”的广告方法。例如，将广告插入精美的文章或视频中，以便好友可以在不知不觉中看到广告，从而更好地完成投放。

六、创新思维

创新与市场营销是企业的两大基本职能，我国政府早先提出的“互联网+”和“大众创业、万众创新”战略，使电商发展迎来新的机遇，同时对电商人才的培养提出了更高要求。培养创新思维的重要性不言而喻。

七、分享价值

介绍产品时，不要自言自语，过分吹嘘你的产品有多好，这是赤裸裸的广告，用户看完后会觉得无聊。可以换到另一个角度，比如卖茶，我们可以分享茶文化、茶艺，介绍不同的茶知识等，然后提到你自己的茶，这种效果会更好，比直接的广告更吸引客户。

八、打磨文案

微商通过自己输出的内容，带给别人影响，通过语言以及图片来打动顾客。一个优秀的产品需要优秀的文本讲解来表现。因此，微信营销需要一定的语言技巧，要清晰地描述产品从而打动人心。

九、坚持原创

原创的东西往往能够有更好的互动，客户能够在其中体会到我们对于生活的真实态度，从而对我们更加了解，信任程度也会更高，商品的交易机会也能够大大提升。

分享朋友圈也要使用一些技巧，要发送有价值的东西，不可以发送过于空洞的东西，否则会让很多人不知道你在表达什么。如果要进行分享，就要分享一些精华。这当然也是自己人生态度的一种表现形式。更多的分享、更少的广告，推送更多的正能量代替抱怨。

作为一个活生生的人，我们不是投放广告的机器，要将广告与生活结合起来。例如，在投放广告的时候，不要只发布产品的图片介绍，要分享一些我们自己的生活图片、使用心得，这样就不会让大家看起来虚假。

案例分析

作为一个标准的“90后”，侯远鑫做了两年的村干部，这样的经验使他在工作中培养了从容冷静的性格。从微商兴起之初，到周边人们都做微商时，他一直在观察、思考，到底做还是不做？如果要做又要做什么类型的微商？直到2016年10月，他发现，表姐在朋友圈中发布了一条关于一款洗发水的广告，通过对表姐的询问，他知道表姐代理了一款洗发水，在自己朋友圈和QQ空间推广，收入很是可观。在那个时候，侯远鑫还是有一些纠结的，这种营销模式真的会有消费者来购买吗？之后，他帮助表姐在自己的朋友圈和QQ空间进行推广，没想到还真有不少人来咨询。所以在2017年初的时候，侯远鑫也加入了表姐的团队，一起创办了“微商户”，一同销售该产品。

通过电脑或者手机，来接收订单，下订单，每天只需要几个小时的空闲时间。这样的工作模式很快让侯远鑫成功地变成一位微商。一开始在QQ空间以及朋友圈中投放广告，好多朋友还以为是被盗号了，他一一对朋友们进行了耐心的解释。从没有订单或者每个月一两份订单，到现在每天三四份订单，每个月能赚到2000元，侯远鑫通过不断坚持和努力，慢慢地积累人气，并且朋友们对产品的好评也为侯远鑫做了不少的推广。

侯远鑫的微商经历给了我们什么启示？

本章总结

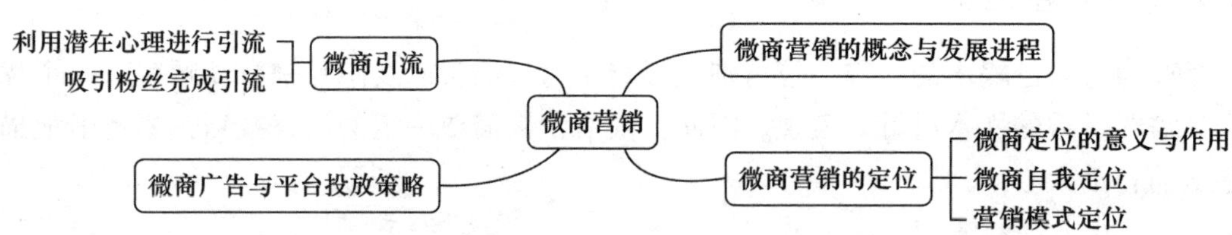

复习思考题

一、名词解释

微商营销　微商引流　粉丝营销

二、不定项选择题

1. 微商营销的发展阶段分为（　　）。

A. 起源期　　B. 研究期　　C. 塑造期　　D. 成长期

E. 成熟期

2.《2021 年中国微商市场研究白皮书》显示，2019 年中国微商市场交易规模已经超过 2 万亿元，中国微商市场从业人数达（　　）亿人。

A. 0.4　　B. 0.5　　C. 0.6　　D. 0.7

E. 0.8

3. 微商营销方向定位需要考虑（　　）。

A. 兴趣、爱好　　B. 发展、盈利　　C. 特长、资源　　D. 渠道、创新

E. 前景、市场

4. 所谓引流，即把自己想要的目标客户吸引到自己的微信上。通常来说，引流主要分成三个部分：（　　）。

A. 基础　　B. 输出　　C. 流量　　D. 输入

E. 工具

5. 微商广告平台投放策略应该遵循（　　）。

A. 控制次数　　B. 调整频率　　C. 保持真实　　D. 注重产品

E. 内容营销

三、简答题

1. 简述微商营销的地位。
2. 微商如何有效地引流？
3. 微商如何在朋友圈发广告？

第六章　微商与新媒体营销

项目导读

随着互联网科技的飞速发展，互联网已经走进千家万户，越来越多的人开始加入“网民”的行列，新媒体开设了许多业务，正在以其不可或缺的优势成为最有效的传播方式。由于新媒体本身的互动性，商家也需要学会更多的互动，只有这样才能最大限度地发挥品牌传播的效果，让品牌通过互联网传播。

学习目标

1. 了解新媒体营销的方式；
2. 掌握短视频与微商营销之间的关系；
3. 理解社交媒体平台与微商结合进行营销的策略；
4. 掌握微商与 BAT 大平台的营销策略。

思政目标

大学生应该具备识别、理解和评论新媒体的能力，就像他们具备阅读、理解和写作的能力一样。新媒体素养已成为现代社会每个大学生必备的基本素质。

案例导入

“年糕妈妈”是杭州智聪科技旗下的中国儿童品牌，是一家为 0~6 岁儿童提供中文媒体、教育产品以及电商服务的公司。“年糕妈妈”视频号自2020年上半年上线以来，粉丝已经超过了10万。迄今为止，已经发布了100多个关于育儿、母婴和家庭感情的视频。

现在，“年糕妈妈”视频号每周保持5个比较稳定的更新频率，并以这个优势冲进了母婴排行榜的前10名。对于品牌和视频内容的开发者来说，微信个人号、公众号、小程序、短视频和直销渠道的信号是封闭的，不需要跨平台连接用户。同时，依托自己的音频用户可以在下单后直接进行付费，对内容作者是非常友好的。这是迄今为止在各方都获得用户关注的时候还可以寻找新的流量来源并增加迭代的最有效的方法。

“年糕妈妈”顺应潮流，积极将各方资源向视频倾斜，以多种形式进行互动，与粉丝建立了情感纽带，同时也增加了原微信号粉丝的集中度（见图6-1）。

图6-1 “年糕妈妈”视频号

第一节 微商与短视频营销

随着移动互联网的发展和智能手机的普及，短视频越来越受到人们的喜爱，各种短视频营销的方法层出不穷。从业者的竞争围绕短视频内容制作、短视频推广、短视频营销与运营等方面逐渐白热化。商家希望快速掌握短视频营销的实战方法，不断提升企业与个人的推广能力。

显而易见，短视频营销是内容营销的一种，短视频营销主要借助短视频，选择目标受众人群，向他们传播有价值的内容，吸引用户了解企业的品牌、产品和服务，最终达成交易。做短视频营销，最重要的就是找到目标受众人群和创造有价值的内容。

在长视频统治的时代，人们想做视频营销，需要花费很大的人力和物力（资金）。随着短视频的兴起和火爆，人们找到了视频营销的切入点，因为门槛低，传播速度快，入手简单，投入人力、物力更少，短视频成了众多商家青睐的营销工具。

国内品牌全内容营销需求服务平台——“时趣”策创团队通过对短视频营销进行案例资料收集及研究分析，推出了《短视频营销指南》，从中可以了解到谁在看短视频。在做短视频营销前，我们需要先对短视频用户画像有所了解，可从以下几方面切入。

（1）男性特征明显，短视频产品正向中青年人群渗透（见图 6-2）。

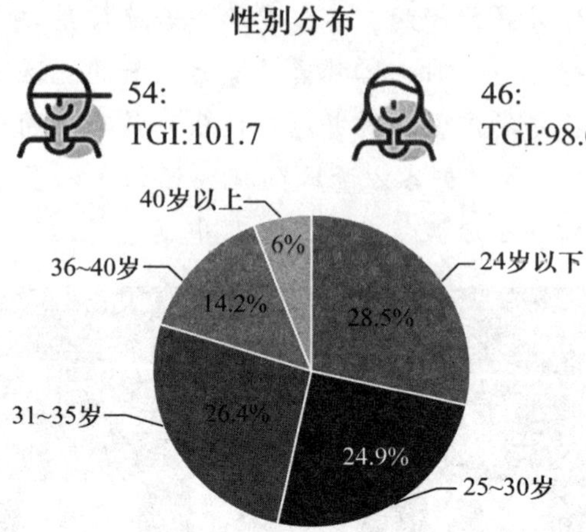

图 6-2　短视频用户的性别和年龄分布及占比

（2）南方相对比北方用户更活跃（见图 6-3）。

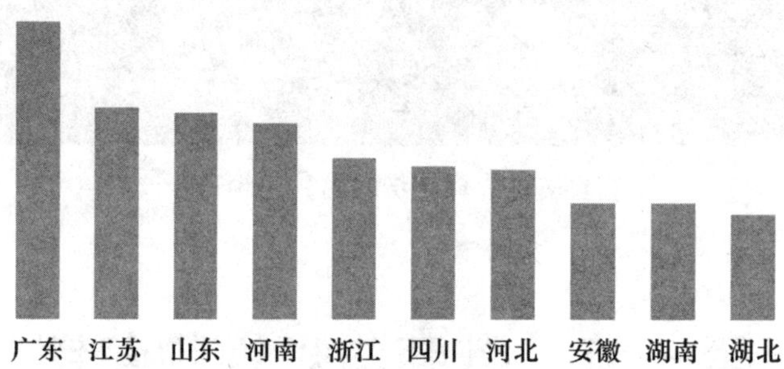

图 6-3　短视频用户的活跃省份前 10 名

（3）72%的用户至少同时使用两个短视频 App。

（4）下沉市场潜力将被重新激发（见图 6-4）。

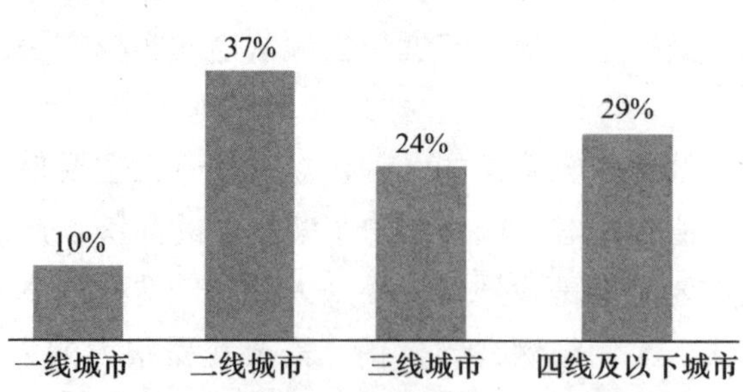

图 6-4　短视频用户的地域分布

（5）用户最活跃的时间段是睡觉前。

（6）男性短视频种草比例提升。3C 数码、金融理财和汽车等偏男性消费品类的被种草比例均超过 10%，种草营销的易感人群已经扩大到男性。

总体上看，短视频用户的男女比例较为均衡，呈现出明显的年轻化特征，35 岁以下的用户占比高达 79.8%，其中 24 岁以下、25～30 岁、30～35 岁人群占比分别为 28.5%、24.9%、26.4%，分布相对均匀。

一、视频引流的优势

视频引流的优势包括以下 5 点。

（1）时间效用长。只要上传了视频，并在之前的基础上优化了评分，就会形成一个视频矩阵。如果视频的排名较为不错的话，它的效用将非常持久。

（2）受众舒适性强。虽然视频处理和素材检索会稍微复杂一些，但之后可以完全自动化，例如使用 VPS 服务器打开批量视频下载器，其可提供全天候的自动下载视频的服务。

（3）流量和演示活动量较大。

（4）可以更加详细地将粉丝群分成不同组别。

（5）持续不断地吸粉。上传成功后只要原视频不删除，粉丝就可以一直看到。

二、利用视频进行引流

现在有很多视频平台，例如优酷、土豆、酷 6、新浪视频 、搜狐视频、腾讯视频和 56 视频等 。那么，网站视频完成后如何利用视频进行引流呢？

（一）明确目标受众及定位

首先，短视频制作者和运营者必须要对目标受众和定位进行明确。目标受众就是我们期望吸引和服务的人群，而定位则是明确我们的产品或服务在目标受众心目中的位置和价值。

在确定目标受众时，可以从以下几个方面进行考虑。

（1）短视频的内容：不同的视频内容会吸引不同的人群，需要根据实际情况进行选择。比如，针对年轻人的搞笑段子、流行音乐、美妆教程等；针对妈妈们的亲子育儿、家庭美食、宠物生活等；针对商业人士的创业故事、商业分享、行业分析等。

（2）受众的兴趣爱好：根据不同的兴趣爱好，受众对短视频的需求也会不同。比如，喜欢美食的人群更容易被美食类视频吸引；喜欢旅游的人群更容易被旅游类视频吸引；喜欢运动的人群更容易被运动类视频吸引。

（3）受众的地域：不同地域的受众，对于视频的需求和喜好也会有所不同。比如，在北方地区，更喜欢看冬季运动、热火朝天的视频，而在南方地区，更喜欢看夏日消暑、轻松搞笑的视频。

（二）提升视频质量、创新呈现

开铭网络短视频营销策划师认为，短视频的成功，除了目标受众与定位，更关键的因素还是它本身的质量和呈现方式。因此，要想做好短视频推广引流，必须要提升视频质量和呈现方式。

（1）提升视频质量：视频制作的质量对于短视频的吸引力有着至关重要的影响。在制作视频的过程中，需要注意以下几点：

①准确定位主题，短小精悍，精练表达核心；

②突出亮点，做到画面、文案、音乐、特效、拍摄手法等各个方面全面提升；

③认真处理画质、音质。

（2）创新呈现：短视频呈现的方式也非常重要，需要在原有基础上不断创新，从而提升用户的观看体验。利用视频剪辑实现独特创意，比如加入动画、特效等。运用极景拍摄、美食特写等创新手法，确立视频档次和差异化优势。

三、选择合适的推广平台和工具

短视频行业平台特别多，选择好平台也非常重要，对于引流有着至关重要的作用。

抖音：抖音是目前国内最火热的短视频 App 之一，截至 2022 年底，抖音已拥有超过 7 亿以上的日活用户数量，是短视频推广的平台首选。

快手：快手作为短视频第二梯队的引领者，2022 年，平台日活量超 3.6 亿，受众覆盖面十分广泛。

B 站：B 站作为国内知名的弹幕视频网站，拥有着大量高质量的粉丝和观众，也是短视频推广的一个不错的平台。

在选择平台和工具时，一定要根据自身情况和目标受众进行选择：根据目标受众的喜好和兴趣，选择受众比较集中并且与自身相关的平台进行推广。选择优质的推广工具，以便更好地达到目标流量和效果，并且根据实际效果进行调整。

四、与行业组织搭建合作关系

与行业组织建立合作关系可以加强短视频的知名度和影响力，提高短视频的流量和转化率。在建立合作关系时，应注重以下几个方面。

（1）确认合作目标：建立合作关系需要明确目标，例如提高知名度、增加转化率、扩大用户群体等。

（2）找到合适的伙伴：选择与自身行业和目标受众相关的组织和机构进行合作，可以更好地进行推广和宣传。

（3）制订合作方案：根据合作目标和实际情况，制订合理的合作方案，包括合作内容、方式、时间等。

（4）执行合作计划：在执行合作计划时，需要注重沟通和协调，确保合作方案的顺利实施。

五、结合社交媒体进行推广

短视频推广的一个重要途径就是利用社交媒体平台进行推广。目前，国内常见的社交媒体平台有微信、微博、QQ、朋友圈等。在推广过程中，可以通过以下方式进行引流。

（1）利用微博、QQ等社交媒体平台的广告投放功能，针对目标用户进行精准推广。

（2）利用微信、朋友圈等社交媒体平台的群聊和朋友圈广告投放功能，将短视频分享给目标用户和潜在用户。

（3）利用社交媒体平台的KOL（关键意见领袖）资源，进行合作推广，扩大短视频的影响力和知名度。

总的来说，短视频推广引流需要从明确目标受众和定位、提升视频质量和呈现方式、选择合适的推广平台和工具、与行业组织搭建合作关系、结合社交媒体进行推广等多个方面入手。开铭网络短视频营销策划师认为，短视频推广虽然有一定的难度，但只要有一个合理的推广方案和持之以恒的行动，相信一定能够获得不错的结果。

第二节 微商与社交媒体平台

阅读案例

有一个住在泰州小镇上的女孩，在微信朋友圈发布：有偿进行油画培训，半天150元的费用。结果真的有人报名了。值得一提的是，这些学生画得不错，而且都在朋友圈晒他们较为不错的作品。两个月后，她告诉我，她一个月能挣1.5万元。后来，很多顾客也继续找她，她的月收入也在不断增长。再后来她做了一个非常有趣的商业支付程序，每次都让学者学习画一个更容易上手的图片，比如向日葵等，有时也会画一个机器猫。

她的建议听起来很合乎逻辑：你是愿意下午看电视，还是愿意下午花费一定的时间修身养性？因此，有很多学生愿意过来继续学习。她的粉丝有一半是老顾客推荐的，另一半是通过当地媒体了解到她的。她通过和蛋糕店店主商量，帮她做了一个朋友圈的宣传，店主自己有一个有上千人的朋友圈。后来，她在蛋糕店店主的帮忙下，开展了几次社交活动，现在自己的粉丝已经达到近万人了。

社交媒体（Social Media），又名社会化媒体，指互联网基于用户关系的内容生产与交换平台。

社交媒体是人们彼此之间用来分享意见、见解、经验和观点的工具和平台，现阶段主要包括社交网站、微博、微信、博客、论坛、播客等。社交媒体在互联网的沃土上蓬勃发展，爆发出令人目眩的能量，其传播的信息已成为人们浏览互联网的重要内容，不仅制造了人们社交生活中争相讨论的一个又一个热门话题，而且吸引传统媒体争相跟进。

我们社交（We Are Social）发布了《数字 2023 全球概览报告》。最新数据显示，人们每天花在社交平台上的时间已超过 2.5 小时，比看广播和有线电视的时间多 40 分钟。16~34岁的年轻人在寻找品牌信息时，更有可能访问社交网络，而不是使用搜索引擎；自 2019 年底新冠疫情暴发以来，社交媒体广告投资增加了一倍多，到 2022 年达到 2260 亿美元；2022 年 7—10 月，拥有至少一种数字货币的互联网用户下降了 3%；目前全球有 51.6 亿互联网用户，47.6 亿社交媒体用户，占全球总人口的 59.4%，全球社交媒体用户同比增长 3.0%，相当于 1.37 亿人；数字广告支出同比增长 15.2%，增加 880 亿美元。

想抓住这次社交媒体的机会，吸引新时代用户的眼球，引爆极强的经济效应？品牌和商家必须更深入地了解用户，找准最高效的社交网络平台。截至 2003 年 8 月，最常用的社交媒体网站月活跃用户统计如表 6-1 所示：

表 6-1　最常用社交媒体网站月活跃用户统计　2023. 8. 30

社交网络	月活跃用户
Facebook	29.58 亿
YouTube	25.14 亿
WhatsApp	20 亿
Instagram	20 亿
脸书信使	9.31 亿
微信/微信	13.09 亿
TikTok	10.51 亿
QQ	5.74 亿
抖音	7.15 亿
电报	7 亿
新浪微博	5.84 亿
Snapchat	6.35 亿
快手	6.26 亿
Pinterest	4.45 亿
红迪网	4.3 亿
推特	5.56 亿
知乎	1.09 亿

微信在社交媒体中已不是一枝独秀，各类新的垂直社交媒体开始争相涌现。当下的社

交媒体不再仅仅是信息交流的工具，还承载了即时通信、在线支付和数字视频等多元功能，不断刷新着中国用户日常沟通、购物和娱乐的体验。

Kantar Meida CIC 根据不同社交媒体平台在关系和内容比重的差异，划分出核心和衍生媒体平台双格局社交媒体生态，如图 6-5 所示。

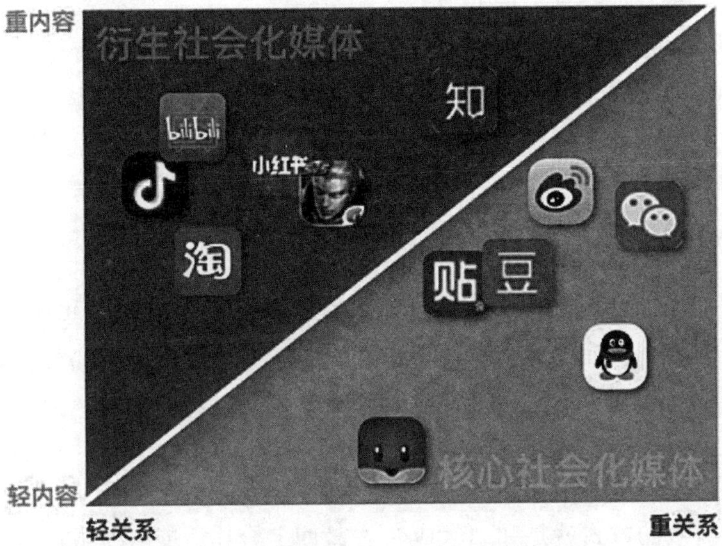

图 6-5 核心和衍生社交媒体平台矩阵关系示例

一、利用社交媒体营销中最有效的传播方式——微信

微信于 2011 年由腾讯公司推出，是时下拥有用户数量最多的社交媒体平台，其核心功能是基于熟人关系的三项社交应用，包括即时通信、朋友圈和公众号自媒体。随着移动通信和互联网的发展，微信已发展为一个集社交、购物、游戏 、阅读 、娱乐 、运动理财等方方面面于一体于互动平台。

二、创建新浪微群吸粉

玩过微博的人都知道微群，新浪微群是公司提供的服务，它可以将爱好相同或标签相同的朋友聚集在一起，然后将所有与他们相关的话题汇集到一个微群中，让感兴趣的朋友更容易参与并在微博上进行交流。新浪微群建在房地产的垂直领域中，主要分为四大类：小区微群、房屋微群、家居微群和生活微群。其实有点儿像豆瓣群，但不过内容是以微博的形式呈现的。我们可以在那里添加一些常规组，例如感情组。这样的一群人很受欢迎，互动也很活跃，在群里我们可以去发布与情感课相关的一些微博。

通过添加互粉的微群，用户可以在群中发互粉信息，你发消息后 1~2 分钟，一般就会有人关注你，然后可以添加多组重复操作。

三、深化与微博“大V”的合作

如何把产品卖给我们“河对岸”的客户呢？其实这时就需要在“轮船”和“驾驶人”的帮助下将它们运送到“对岸”。众所周知，我们个人的能力是有限的，要想在最短的时间内达到最大的效率，就必须借助外力。

在新浪微博，以前玩微博的人都变成了很火的“大V”，而且有很多稳定的粉丝和很高的知名度。如果我们想充分利用微博网络扩大渠道，自然可以考虑让这些微博“大V”帮我们做广告。那么，这些微博将如何与“大V”合作呢？事实上，合作方式包括两种：免费模式和付费模式。

（一）免费模式

方法很简单，比如我们在新浪的微博上看看新浪是怎么推荐一些地区的重要人物的，然后我们可以联系他们。如果其中有一个转发你的微博，那么你的粉丝数量就会得到直线的增长。

（二）付费模式

最简单、最有效的方式就是和“大V”在微博上合作，或者达成协议，你付钱给对方做自己微博的推广与宣传。这种合作方式是最快的，可以让你有针对性地选择与你的产品消费群体特征相对应的“大V”，通过这种合作获得的粉丝质量也非常高。之后的工作就是把粉丝变成裂变的客户。

四、强化论坛推广

论坛推广是大众媒体之一，它的宣传可以成为支持整个网站的主要渠道，尤其是在网站运营之初。利用论坛的高知名度，我们可以有效地提供营销和外展服务。由于论坛话题的开放性，几乎所有的营销需求都可以通过论坛得到有效落实。参与论坛框架内的讨论，形成权威和一定的知名度，促进其产品或服务的传播。如果运用得当，论坛传播可以成为一种非常有效的网络营销手段。

很多高手在讲怎么宣传论坛时都有一个共同的套路和技巧，那就是准备一个或多个消息，不分昼夜地顶帖子，不让它消失在公众的视线中。当然，这种方法过去使用过且效果不错，但现在已经无法再用了。毕竟随着年龄的增长，思考和防范的意识也在变强，是不是广告一眼就能认得出来的。那么，论坛将如何进行发展呢？可按以下几点进行。

（1）了解论坛的属性；

（2）进行论坛的分类；

（3）进行论坛的数据分析；

（4）准备推广的材料；

（5）推广结果的概括；

（6）把握发布信息的时间；

（7）进行积极参与。

第三节 微商与 BAT 大平台

阅读案例

典型的互联网交易场景大概是这样的，用户在聊天、社交、娱乐的过程中，会被吸引注意力，关注“兴趣”，抑或因为兴趣而发现新的信息。然后用户去了解、去寻找想要的东西（需求、欲望、找到所求），最后在网上完成交易（电商和O2O）。

这里引用一下漏斗模型——一个悠久经典的营销概念。在这个模型中，用户消费时的大致决策路径是从注意（attention）、兴趣（interest）、欲望（desire）最后到行动（action）如图 6-6 所示。

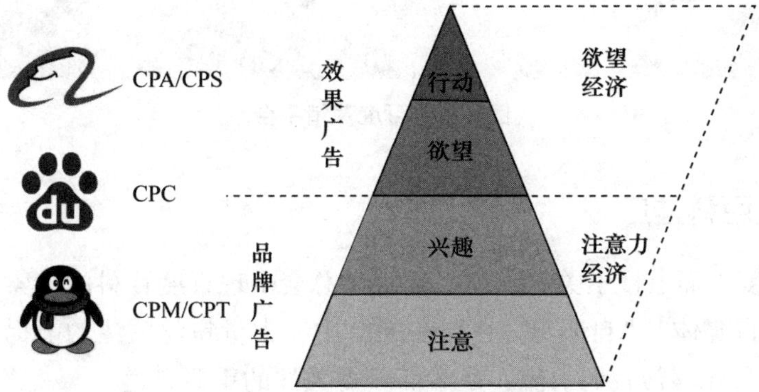

图 6-6 消费决策路径模型

BAT 是中国三大互联网公司百度公司（Baidu）、阿里巴巴集团（Alibaba）、腾讯公司（Tencent）首字母的缩写。百度总部在北京、阿里巴巴总部在浙江杭州、腾讯总部在深圳。三大互联网平台的战略布局各有不同。

以医疗行业为例，比达咨询（BigData-Research）就曾在《2015 年第二季度中国移动健康医疗市场报告》中对阿里巴巴、百度、腾讯的移动医疗战略布局进行了分析对比。

其中，百度是获取数据后进行大数据分析。通过云健康平台以及云健康硬件 Dulife 平台获取数据，与一些著名医院合作对服务进行补充，线上百度医生对入口进行补充。此外，还推出了“药直达”，布局“线上寻医问药”。

阿里巴巴旨在构建在线医疗平台和医药电商平台生态圈。阿里健康 HIS 接入云医院平台，实现互联网可实现的诊疗环节（挂号、问诊、解读数据、开处方等）。以支付为依托切入医药电商市场，投资了寻医问药网、华康全景网、中信 21 世纪等医疗平台，已获取相关资格证。

腾讯则是软硬件、移动端及 PC 端全覆盖。以“公众号+微信支付”为基础，结合微信的移动电商入口，用于优化医生、医院、患者及医疗设备之间的连接能力。投资丁香园覆盖医生群体，投资挂号网覆盖挂号，推出“糖大夫”血糖仪获取用户数据。

同样，BAT 大平台与微商运营领域也有类似的联系。

一、百度平台的推广方法

（一）百度营销平台推广

百度精准推广作为百度的主推付费平台，从主动搜索、精准获客、品牌打造、网站引流等方面提供营销服务（见图 6-7）。

图 6-7　百度营销平台

（二）百度百科推广

当我们在百度页面上搜索关键词时，首页上总会出现百度百科的搜索结果。在微商的三个阶段——“自媒体”“自明星”“自品牌”中，大量粉丝关注的前提是将自己打造为“明星”。百度百科能够帮我们引流，是微商获得关注的重要渠道。

（三）百度知道推广

网民们遇到问题时会选择通过百度提问来寻求答案，百度知道用户数量巨大，所以为了提升我们的曝光率，百度知道也是个非常好的渠道，能为我们进行更好的推广并更加深入地植入我们的营销策略，一定程度上可以提高我们的宣传效果并获得更好的口碑，通过增加有效外链，使关键词在搜索引擎中获得较好的排名。

（四）抢占贴吧首页热门

贴吧的想法来自百度 CEO 李彦宏。想到很多人对同一个话题感兴趣，可以创造一个平台，让人们通过搜索引擎进行在线交流，大家交流分享经验也更方便。作为一个基于搜索关键词而创建的社区——贴吧，它与搜索自然密不可分，对用户有了更准确的了解，并增强了对他们的兴趣和爱好的使用。

创作贴吧就是为了把有共同爱好的人聚集在一起。创建贴吧组合是基于人们搜索相关关键词，所以无论是热门话题还是小众话题，在这里可以找到有共同爱好的人，结交朋友，交换意见，为“兴趣爱好”打造一个独特的互动平台。

（五）百度文库推广

文库作为信息传播的一种途径，除了百度、360 等搜索引擎具有自己的文库产品，还有豆丁文库及道客巴巴等，其中包含了大量的文档提供给网友阅读及下载，资源非常丰富，备受网友的欢迎与喜爱。逐渐地，文库也被品牌作为营销的重要阵地。通过百度文库不仅能够达到非常好的推广效果，而且所需花费的费用也是不高的，只要能被收录就能够有排名。

二、阿里巴巴平台的推广方法

阿里巴巴已经形成了一个通过自有电商平台沉积及 UC 高德地图、企业微博等端口导流，围绕电商核心业务及支撑电商体系的金融业务，以及配套的本地生活服务、健康医疗等，囊括游戏、视频、音乐等泛娱乐业务和智能终端业务的完整商业生态圈。这一商业生态圈的核心是数据及流量共享，基础是营销服务及云服务，有效数据的整合抓手是支付宝。

阿里巴巴集团旨在赋予企业改变营销、销售和经营的方式，为企业提供互联网基础设施及营销平台，让其可借助互联网的力量与用户互动。它的业务包括核心电商、云计算、数字媒体、娱乐等创新项目和业务，并通过所投资的关联公司菜鸟网络及口碑，参与物流和本地服务行业，同时拥有蚂蚁金融服务集团的利润分成权益，该金融服务集团主要通过中国领先的第三方网上支付平台支付宝运营。

阿里巴巴通过经营多种业务，进而从相关联的公司的业务和服务中获取了经营商业系统方面的帮助，其中包括我们熟知的淘宝网、天猫、聚划算、全球速卖通、阿里巴巴国际交易市场、1688、阿里妈妈、阿里云、蚂蚁金服、菜鸟网络等。

为了吸引更多的流量，可以开设一个淘宝账号，但目标不是销售。这种方法通常会引起人们对团队合作的关注。微商销售的大多数产品都是与其他销售渠道不同的单一产品，因此可以准确添加长尾关键词。

为了发展潜在代理商，淘宝中的小店铺可以作为我们的选择，目前传统电商行业难以发展，很多商家在寻找新的商机，而微商就是被人们广泛关注的行业。所以，我们在现如今的情况下，只需发布招募新代理商的信息，就会有很好的转变的机会。作为经营网店多年的人群，他们对于电商行业有着丰富的经验。所以一旦将他们发展成为代理商，所带来的业绩是非常乐观的。

通过淘宝客服一对一的精确引流，这是顾客联系淘宝店铺，与店主沟通，从而在淘宝上创建售卖自己相关产品的方式。顾客在淘宝购物的时候，都习惯性地去看评论内容，所以只要文章足够吸引人，就能够达到非常好的引流效果，并且准确性很高，可以通过找到一些人群购买力很大的爆品，进而在评论中找到好评、对方的联系方式等。

通过对诚信店铺的搜索，我们可以在他们的联系信息中找到制造商负责人的电话号码，他们通常是公司企业家和我们的潜在客户，我们可以通过电话号码互相搜索，添加微信朋友，注册一家通信商店，发布我们的货源信息，并找到代理。

三、腾讯平台的推广方法

（一）互加微信好友

微信有很多种加好友的方式，下面我们介绍一些比较更加实用的互加微信的方式。

1. 加入微信群

如何能够让更多的人加入我们的微信群呢？首先我们可以创建几个都是我们自己好友的微信群，再让他们把自己的好友也都拉进群里通过资源互换互利，彼此扩大。我们再将微信群内的新朋友变成自己的好友，这样我们就增加了我们的好友数量。

微信群的另一种添加方式是扫描“二维码”，在群内人数不超过 100 人时，可通过扫描二微码加入微信群。我们搜索“微信群二维码”会得到数以千计的微信群二维码，足够让我们加入。但是我们也要注意不要扫描得过于频繁，这样会导致我们添加受限制，严重情况会被封号处理。

3. 软件

现在的很多微信多开软件，具体的操作过程非常简单，我们可以通过购买的方式买回。但是站在安全的角度须谨慎使用。

4. 好友相互推广

好友越多我们的显示的次数也就越多，曝光量也就越大。所以，我们要学会互相推广，通过与好友互换推广内容，增加曝光率。

5. 点赞活动

点赞活动作为微信圈里面非常火爆的活动，远远超过发红包。很多的微商用这个方法，发布效果非常好。通过让好友点赞带有我们微信号的内容，可以带来更多的好友。

（二）微信公众平台引流

微信公众号是一个能够吸引很多粉丝的平台，而且这些粉丝非常准确，每个账户都有自己的主题，而且粉丝会随着时间的推移不断积累，所以，如果找到一个非常匹配的公共平台，对微商从业者来说意义重大。那么，我们如何通过微信公众号引流呢？

1. 微信公众账号的自身内容和定位

为了统一用户群，我们不能做无头苍蝇，信息不能随意发送。与微博的广泛发行相比，微信的营销定位更为准确，但也需要更真实的粉丝用户获取最真实的反馈。因此，我们必须明确我们的沟通对象，只有这样目标人群才能更加准确，才能够增强信任。确定我们的推广方向后，制订更加全面的产品营销计划，让我们的推送内容产生更大的影响力，进而提高用户的购买欲。这也凸显出内容推送的重要性，内容预热就是最好的办法。

2. 锁定老客户群体

微信公众号能够成为最好的经营客户的平台。很多企业说经营一个老客户要比获取一个新客户难得多，而且老客户的维护成本巨大，其中过程相当烦琐复杂，但是通过微信，我们能够按照他们喜爱的方式制定功能与内容，每天的群发内容也对他们在隐形中进行了强制推送，所以微信公众平台成了经营老客户最好的利器。

3. 附近的人

通过个性签名，我们能够将公众号通过微信号推广出去，具有诱导内容的个性签名，能够吸引附近的人们看到而获得更多关注。

案例分析

“来我这里领取授予权的30盒面膜是底线，如果连30盒面膜都卖不出去就不要抱怨我对你不信任了。”每天罗敏的“生意”就从将这些信息发送到朋友圈和空间开始，勇气是记者对罗敏的第一印象。

罗敏是一家投资公司的行政主管，她一直梦想着自己创业，自己做老板。但由于缺乏启动资金，以前创业只是一个梦想。2013年，网络上令人惊奇的“微商”故事唤醒了罗敏的创业梦，她也想在很短的时间内从事这门生意，因为风险是可控制的，而且成本低。

罗敏花了整整一个月的时间在网上寻找产品进行展示，然后决定介绍一款相对知名的美容产品。对于这个产品，需要购买一定数量的产品，然后才能获得代理权。其他人购买两盒最低限额成为初级代理，而罗敏一次买了10箱，300盒面膜，直接成为三级代理。

罗敏告诉记者：“如果自己没有信心，怎么能把事情办好？”创业需要“勇气”，就这样罗敏正式走上了“业余创业”的道路。

上午上班前，将产品相关信息发送到朋友圈，午休时发送产品代理信息，回复客户，下午在微信上查询产品信息，晚上确认订单，包装第二天交货的货物。罗敏就这样利用每一个分散的业余时间计划着她的商业版图。

与其他淘宝卖家相比，罗敏更认真细致，她认真记录每一位买家购买面膜的时间和数量，做好客户服务，预测买家的面膜快用完时，发送一条个人问候信息，看看客户是否需要面膜或其他东西。这使罗敏的业务逐渐扩大，每月营业额约为1万元。

思考题：罗敏的微商生意对于其他微商的借鉴意义表现在哪些方面？

案例分析

王秀晨从小生活在一个富裕的家庭，父母拥有一个大的毛绒公仔生产制作厂，常年代工国际著名品牌玩具商品。辛劳的工厂管理，让王秀晨父母希望他当上靠技术吃饭的工程师。

完成学业后，王秀晨开始了在拍拍创业的新路。虽然在拍拍不愁客源，但却迎来更大的挑战。王秀晨开始雇用专人打包，甚至从其他供应商拿货，渐渐地有起色，父母也渐渐开始相信他能在电商大潮中取得成功，最重要的是他借助拍拍平台实现了批发兼零售的销售渠道。

为了在“双 12”再攀新高，他在鏖战“双 11”后，又马不停蹄进入“双 12”的备战。王秀晨表示，每年的“双 12”以公仔为代表的玩具销量都要高于“双 11”10%~20%。

吸取“双 11”在拍拍微店取得的经验，王秀晨在“双 12”计划从产品设计、包装、店铺装饰和广告投放等多个层面布局。首先在产品设计上他认为“相比较以往，消费者对毛绒公仔类玩具设计、质量、材质的要求有很大提升，除此之外更要有打动人们的内涵”。为此，王秀晨在产品设计上选择走“萌”路线。针对“双 12”，他准备了 30 多款新品，有带着一群麋鹿的圣诞老人，有可爱的圣诞帽，活灵活现的麋鹿公仔等，最惊喜的是麋鹿公仔的围巾和帽子全部可以拿下来当作消费者的日常用品，节约环保。

手绘的页面图吸引了众多粉丝关注

此外，他计划利用拍拍微店后台营销工具裂变红包和拍便宜，给公共号粉丝发一键触达，粉丝被大额红包和可爱公仔吸引，会在微信朋友圈再次做好友的二次分享。能够成功吸引新粉丝关注。一旦有了更多的粉丝，店内产品上新和活动，都可以在后台一键触达发给粉丝，形成良性循环，这就解决了微店中心化入口的流量问题，也可使整体拉新成本降低。同时，他也在创新地思考如何用拍拍直投等手段来实现流量的增长，希望在稳定老客户的前提下，拉新整体店铺销售额增长，创造新的销售额辉煌。

本章总结

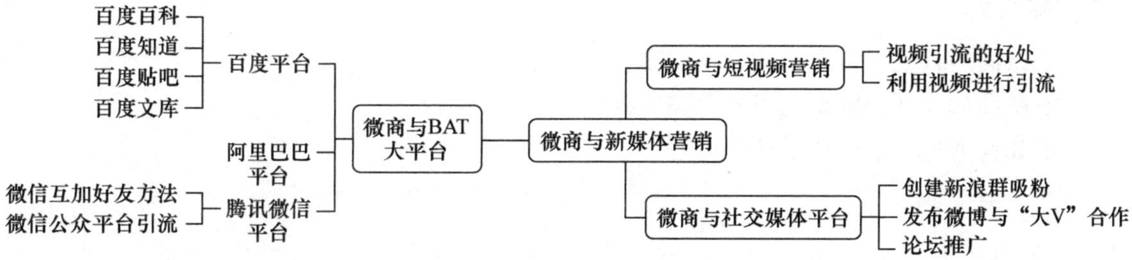

复习思考题

一、名词解释

短视频营销　社交媒体平台　BAT 平台

二、不定项选择题

1. 视频引流的好处包括（　　）。

A. 成本较低　B. 持续时间长
C. 流量较大　D. 持续性吸粉
E. 不受时空限制

2. 短视频营销是（　　）营销的一种。

A. 内容　B. 视觉
C. 渠道　D. 媒体
E. 公共

3. Kantar Meida CIC 根据不同社交媒体平台在关系和内容比重的差异，划分出（　　）和（　　）媒体平台双格局社交媒体生态。

A. 核心　发展　B. 核心　衍生
C. 发展　衍生　D. 重点　衍生
E. 重点　发展

4. 总体而言，短视频用户的男女比例较为均衡，但呈现出明显的（　　）化特征。

A. 老龄　B. 少年
C. 年轻　D. 中年
E. 社区

5. 新媒体营销实践中，需要做好的准备包括（　　）。

A. 用户识别　　B. 诱因制造，资源整合

C. 制造传播话题　　D. 把控传播节奏

E. 效果评估

三、简答题

1. 微商与百度平台合作的表现有哪些？
2. 微商如何利用阿里巴巴平台完成推广？
3. 如何通过微信公众平台引流？

第七章　移动电子商务技术基础

项目导读

随着移动智能终端的普及，中国移动电子商务用户消费习惯逐渐形成，传统电商巨头纷纷布局移动电商，众多新型移动电商购物平台不断涌现。中国移动电商市场交易额呈现增长趋势。2021 年，中国移动电子商务交易额达到 27. 5 万亿元；2023 年，移动电商市场交易额将达到 34. 8 万亿元，同比增长 13. 5%（见图 7-1）。移动端作为商家直播和消费者观看的重要渠道，直播电商市场的高速发展带动了移动电商市场交易规模的扩大。

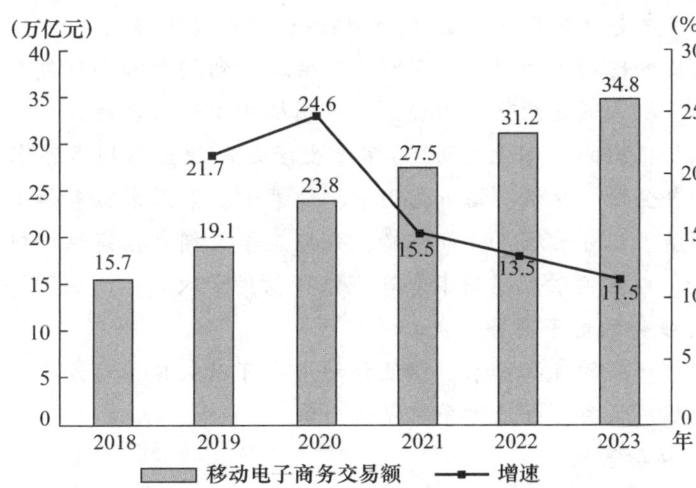

图 7-1　2018—2023 年中国移动电子商务市场规模及增速

（数据来源：智研咨询）

学习目标

1. 了解移动网络市场发展现状及背景；
2. 掌握无线网络的概念及特点；
3. 掌握移动通信的基本概念；
4. 理解移动网络技术应用原理及领域。

思政目标

随着移动互联网的发展，大学生们的网络生活方式在不断地发生变化，他们对于网络的依赖性越来越强，同时他们的网络行为也需要受到引导和管理。

案例导入

随着现代经济的发展，电子商务技术不断进步，人们对信息的需求和移动性急速上升。近年来，人们对电子商务的需求与日俱增。移动互联网已经渗透到人们的生活、学习和工作的各个领域。随着5G时代的到来，移动电商已进入金融、零售、电信、医疗保健、信息技术、销售和服务等多方面领域，各个产业都对移动电子商务这个“大蛋糕”竞相争抢。以下是关于移动电商的十大应用。

1. 金融商业

客户（使用手机）可以使用移动商务设施从银行账户支付。移动用户可以在账户之间 转账，也可以从金融机构或银行收到有关融资的信息。基于WAP的移动设备允许用户访问互联网或金融机构的网站。金融机构提醒信用卡的用户、说明未结余额、到期金额和到期日。同样，当客户支付支票或付款时，机构通过短信发出确认，说明机构收到的金额。

例如，从机构提醒信用卡的用户、说明未结余额、到期金额和到期日。同样，当客户支付支票或付款时，机构通过短信发出确认，说明机构收到的金额。

例如：招商银行推出的“掌上生活”。掌上生活是一款为信用卡顾客量身打造的手机软件，主要提供包含金融、生活、银行信用卡、储蓄卡、第三方服务等层面的服务。如银行信用卡账户、额度、积分管理、分期信贷、分期购等。拥有招商银行信用卡的顾客可以下载掌上生活APP，以方便管理信用卡和享有银行信用卡权益。

2. 零售和售后服务的电子商务

公司还可以制作产品的在线目录，以便移动用户可以从其移动设备访问目录。客户可以购买、下订单或租用服务，并通过手机支付会费。

3. 手机商业和移动营销

商业机构很容易发送短信来宣传新产品或进行任何形式的促销活动。例如，唯品会向客户发送QQ邮件，说明他们从唯品会购买商品时所赚取的积分。既提供了一些改变来提供奖励积分，也可以通知客户，以鼓励销售。

4. 电子商务和手机票务

机票可以通过手机购买。它还使手机用户可以更改门票。例如，由翠鸟航空公司推出的“flybuy 短信”和付费用户，客户可以通过发送短信获取翠鸟航空公司的详细信息。客户可以在收到回复后预订机票。除此之外，还可以通过手机预订电影票。

5. 电子商务和移动娱乐

移动终端充当便携式音乐播放器。下载铃声已成为电子商务应用的成功项目，手机制造商和无线提供商通过销售不同种类的定制铃声营利。

6. 酒店预订电子商务

使用移动设备，客户可以根据自己的需要预订餐厅和酒店，而且可以在网上对比环境、价格和服务，找到自己想要的餐厅和酒店。

7. 医疗保健和医学中的电子商务

无线服务用于医疗保健和药品进行计费、实验室订购、转诊、处方和临床决策。例如，在美国，医疗保健专业人员可以通过无线连接到医院的信息系统，从任何位置获取患者信息。他们能够访问患者的药物信息，并提供更好的医务护理。

8. 移动电子商务为办公室局内通信

业务推销员一般需要到不同地方跑业务，可能需要访问公司的信息系统，以检查产品的价格。移动设备允许销售人员跟踪库存和轻松保持与上级之间的沟通。业务推销员不必等很长时间才能得到上级的答复。在移动设备的帮助下，任何信息都可以方便快捷地传输。它消除了办公室内部沟通的障碍。

9. 实时信息查询及获取

手机使客户能够随时随地获得实时体育新闻或他们选择的政治新闻等信息。例如，通过手机短信学生可以检查他们在学校每门课程的考试成绩或大型公开考试成绩。

10. 创新移动应用

随着移动技术的不断发展，手机游戏和电子商务之间的结合成了一种新的趋势。这种结合可以为用户提供更多的娱乐和购物体验，并为开发者和商家提供更多的商机。

第一节 无线网络

一、无线网络的概念和特点

1. 无线网络的概念

无线网络（wireless network）是基于无线通信技术实现的网络。与有线网络相比，无线网络不再需要网线。只要具备无线网络，用户可以在任何地方、任何时间通过笔记本电脑、手机等设备上网，不再受限于网络接口的布线位置。

无线网络是无须布线就能实现各种通信设备互联的网络。它使用无线通信技术将地理上分散的计算机连接起来，实现数据通信和资源共享。

2. 无线网络的特点

无线网络是基于无线通信技术的快速发展而产生的，其传输媒介是无线电波。与有线网络不同的是，无线网络解决了有线网络的布线问题，且在网络覆盖范围和移动性等方面存在极大优势。具体来说，无线网络的特点主要包括灵活性、可扩充性和经济实用性。

（1）灵活性：无线网络一般通过安装一个或多个无线访问接入点设备，就能保证所覆盖区域连接到无线网络，位于无线网络覆盖范围内的各种设备的位置可以随时发生变化，不受空间和时间的限制。无线网络的灵活性使其广泛应用于移动会议、移动搜索和移动电子商务领域。

（2）可扩充性：与有线网络一个接口只能接入一个设备相比，无线网络对接入设备的数量限制则宽泛很多，它允许多个无线终端设备同时接入无线网络。无线网络的网络规模更加具有优势，并且能够很方便地组建更加广泛的大型网络，具有很强的可扩充性。

（3）经济实用性：由于无线网络非常灵活，不用像有线网络一样需要准备大量的接入点以备不时之需，因此减少了资源浪费，节约了资金成本。

二、无线网络的分类

无线网络技术涵盖的范围很广，既包括允许用户建立远距离无线连接的全球语音和数据网络，也包括为近距离无线连接进行优化的红外线及射频技术。根据网络覆盖范围的不同，可以将无线网络划分为无线广域网、无线局域网、无线城域网和无线个人网。

1. 无线广域网

无线广域网（Wireless Wide Area Network，WWAN）是基于移动通信基础设施，通过无线网络把物理距离极为分散的局域网（LAN）连接起来的通信方式。其覆盖范围很大，常以国家或城市为单位进行覆盖。无线广域网通过无线服务提供商负责维护的若干无线基站或卫星系统来保持局域网的连接，其结构包括末端系统（两端的用户集合）和通信系统（中间链路）两部分。

无线广域网由网络运营商（如中国移动、中国联通、Softbank 等）经营，其负责一个城市所有区域甚至一个国家所有区域的通信服务，是采用无线网络把物理距离极为分散的局域网（LAN）连接起来的通信方式。无线广域网连接地理范围较大，其目的是让分布较远的各局域网互连。

2. 无线局域网

无线局域网（Wireless Local Area Network，WLAN）是通过无线技术在一定局部范围内建立的网络，它同时具备局域网和无线网络的特征，既能提供传统有线局域网（LAN）的功能，又能让用户随时随地接入宽带网络。无线局域网的覆盖范围一般在 100 米左右，负责在短距离范围之内无线通信的接入，适用于公司、校园、公共场所（如地铁站、机场）等场合。

无线局域网的整个局域网系统由计算机、服务器、网络操作系统、无线网卡和无线接入点（Access Point，AP）等组成，就目前而言，无线局域网络是以 IEEE 学术组织的 IEEE 802.11 技术标准为基础，这也就是所谓的 Wi-Fi 网络。无线广域网和无线局域网并不完全互相独立，它们可以结合起来并提供更加强大的无线网络服务，无线局域网可以让接入用户共享局域之内的信息，而无线广域网可以让接入用户共享局域之外的信息。

3. 无线城域网

无线城域网（Wireless Metropolitan Area Network，WMAN）通过无线技术实现在城区的多个场所之间创建无线连接。无线城域网一般使用无线电波或红外线进行数据传送，当有线宽带不能使用时，可以将无线城域网当作备用网络来使用。

无线城域网主要用于解决城域网的接入问题，覆盖范围为几千米到几十千米，除提供固定的无线接入外，还提供具有移动性的接入能力，包括多信道多点分配系统、本地多点分配系统、IEEE 802.16 和高性能城域网技术。无线城域网的网络标准是 IEEE 802.16，它又称为无线城域网空中接口标准，是主要用于规范工作于不同频带的无线接入系统空中接口的标准。该标准推动了无线城域网技术的发展，即 WiMAX 技术。WiMAX 技术于 2001 年 4 月，由英特尔、富士通和诺基亚等公司共同组建的非营利性的全球微波接入互操作性论坛提出，其主要职能是根据 IEEE 802.16 和 ETSI HiperMAN 标准形成一个可互操作的全球统一标准，对接入无线网络的产品进行兼容性和互操作性的测试和认证，发放 WiMAX 认证标志。WiMAX 技术同时具有基于线缆的传播宽带接入和无线接入的优势，具有传输距离远、接入速度快、系统容量大和提供多媒体通信服务广泛、安全性高等特点。

4. 无线个人网

无线个人网（Wireless Personal Area Network Communication Technologies，WPAN）为用户提供了一种小范围内无线通信的手段。该方式可以将电子设备用无线技术连接起来实现自组网络，而不需要使用无线接入点，其中最典型的就是蓝牙。蓝牙是一种短距离、低成本的无线传输应用技术，用于实现固定设备、移动设备和楼宇个人域网之间的短距离数据交换。无线个人网被用在诸如电话、计算机、附属设备，以及小范围（个人局域网的工作范围一般是在 10 米以内）的数字助理设备之间的通信。

三、无线网络技术

无线通信是利用电波信号可以在自由空间中传播的特性进行信息交换的一种通信方式，其中关键性的技术包括 Wi-Fi、蓝牙、ZigBee、UWB、IrDA 等。每一项技术只有被用于特定的用途、应用程序或领域才能发挥最佳的作用。此外，虽然在某些方面，有些技术被认为是在无线个人局域网空间中相互竞争的，但是它们常常相互之间又是互补的。

1. Wi-Fi

Wi-Fi 是一种允许电子设备连接到一个无线局域网（WLAN）的技术，通常使用 2.4G UHF 或 5G SHF ISM 射频频段。连接到无线局域网通常是有密码保护的；但也可能是开放的，这样就允许任何在 WLAN 范围内的设备连接。Wi-Fi 是一个无线网络通信技术的品牌，由 Wi-Fi 联盟所持有，目的是改善基于 IEEE 802.11 标准的无线网络产品之间的互通性。

Wi-Fi 在掌上设备上的应用越来越广泛，Wi-Fi 具有更大的覆盖范围和更高的传输速率和频段，因此 WLAN 无线设备提供了一个世界范围内可以使用的、费用极其低廉且数据带宽极高的无线空中接口。用户可以在 Wi-Fi 覆盖区域内快速浏览网页，随时随地接听拨打电话。而其他一些基于 WLAN 的宽带数据应用，如流媒体、网络游戏等功能更是值得用户期待。

2. 蓝牙

蓝牙技术是一种支持设备短距离通信的无线电技术，它是基于低成本的近距离无线连接，为固定和移动设备建立通信环境的一种特殊的近距离无线技术连接，能在移动电话、PDA 无线耳机、笔记本电脑、相关外设等众多设备之间进行无线信息交换。利用蓝牙技术，能够有效地简化移动通信终端设备之间的通信，也能够成功地简化设备与因特网之间的通信，从而数据传输变得更加迅速高效，为无线通信拓宽道路。蓝牙作为一种小范围无线连接技术，能在设备间实现方便快捷、灵活安全、低成本、低功耗的数据通信和语音通信，因此它是实现无线个域网通信的主流技术之一。与其他网络相连接可以带来更广泛的应用。它是一种尖端的开放式无线通信，能够让各种数码设备无线沟通，是无线网络传输技术的一种，原本用来取代红外线通信。蓝牙工作在全球通用的 2. 4GHz ISM（工业、科学、医学）频段，使用 IEEE802. 15 协议。作为一种新兴的短距离无线通信技术，蓝牙正有力地推动着低速率无线个人区域网络的发展。

3. ZigBee

ZigBee 是一种低速短距离传输的无线网上协议，底层采用 IEEE 802. 15. 4 标准规范的媒体访问层与物理层，主要特色有低速、低耗电、低成本、支持大量网上节点、支持多种网上拓扑、低复杂度、快速、可靠、安全，适用于在范围短、数据传输速率低的一系列电子元器件设备之间传输。ZigBee 无线通信技术可于数以千计的微小传感器之间，依托专门的无线电标准达成相互协调通信。ZigBee 无线通信技术还可应用于小范围的基于无线通信的控制及自动化等领域，可省去计算机设备、一系列数字设备之间的有线电缆，更能够实现多种不同数字设备相互间的无线组网，使它们实现相互通信，或者接入因特网。ZigBee 技术主要应用于智能家庭、工业控制、自动抄表、医疗监护、传感器网络应用、电信应用和仓储物流系统。

4. UWB

超频波段技术是一种使用 1GHz 以上频率带宽的无线载波通信技术。它不采用正弦载波，而是利用纳秒级的非正弦波窄脉冲传输数据，因此，其所占的频谱范围很大，尽管使用无线通信，但其数据传输速率可以达到几百兆比特每秒以上。使用 UWB 技术可在非常宽的带宽上传输信号，美国联邦通信委员会（FCC）对 UWB 技术的规定为：在 3. 1～10. 6GHz 频段中占用 500MHz 以上的带宽。UWB 在通信中有很多应用，如可穿戴设备、智能家居等。除此之外，UWB 在封闭空间内也可实现较高精度的定位和测距，因此，很多物联网相关的场景可以使用 UWB 高精度定位技术，比如室内和车内的智能设备控制和交互。

5. IrDA

IrDA 是 Infrared Data Association（红外线数据标准协会）的英文缩写，IrDA 红外接口是一种红外线无线传输协议以及基于该协议的无线传输接口。支持低成本红外数据互连标准和点对点的工作模式。由于标准的统一和应用的广泛，更多的公司开始开发和生产 IrDA

模块，技术的进步也使 IrDA 模块的集成越来越高，体积也越来越小。IrDA1.0 可支持最高 115.2kbps 的通信速率，而 IrDA1.1 可以支持的通信速率达到 4Mbps。

四、无线网络技术的安全服务要求

无线通信网络中的不安全因素给移动网络用户与网络经营者带来了巨大的威胁，要维护无线通信网络用户和经营者的权益就必须做好无线网络安全防护技术工作。无线网络安全服务要求主要包括保密性、身份认证、数据完整性和服务不可否认性四点。

1. 保密性

保密性是无线通信网络信息安全防护的主要方式。无线通信网络系统的保密性业务主要包括语音与数据保密、用户身份与位置保密、用户和网络间信息保密等。采用保密性方式之后，除了信息的参与者之外，其他人即使截获了信息也不能破解其中的含义。

2. 身份认证

应对身份假冒的最有效的方式就是身份认证，通过对无线通信中的双方或一方身份进行认证来保障网络资源与服务访问用户的真实性和有效性。无线通信网络中的身份认证主要包括移动用户身份认证和网络端身份认证两种。其中，移动用户身份认证主要是确保访问用户的合法性，避免非法用户身份假冒问题的出现；网络端身份认证主要是对网络端身份进行认证，避免攻击者假冒网络端欺骗用户。

3. 数据完整性

数据完整性是应对数据篡改的主要方式。数据完整性主要包括连接完整性、无连接完整性和选域完整性三种。其中，连接完整性主要是对连接中数据完整性的保护；无连接完整性则主要针对无连接中的数据完整性进行保护；选域完整性则是针对具体数据单元中某个区域中数据完整性的保护。

4. 服务不可否认性

服务不可否认性主要针对服务后抵赖问题。服务不可否认性实施的重点是避免系统内部欺诈行为，具体包括源不可否认和接收不可否认。源不可否认，是指确保信息发送方在完成数据传送后不能否认曾经的数据发送行为；接收不可否认，是指信息接收方在接收到数据之后不能否认曾经的数据接收行为。

五、无线网络技术的安全威胁及安全防范

（一）安全威胁

1. 无线窃听风险

无线通信网络中网络通信的内容是通过开放性的无线信道传送的。在这个开放性的通道上所有具有无线设备的人都可以对无线信道上的信息进行获得，加大了信息窃听风险。在有线通信网络上要进行信息窃听只能通过搭线的方式来实现，同时还要对通信电缆进行特殊处理，操作难度大，且容易被发现。无线通信窃听相对容易，因此无线通信网络信息

外泄的风险也更大。移动用户信息泄露后会导致用户被无线跟踪，或者被攻击和干扰，给用户带来危害与损失。

2. 假冒攻击

无线通信网络中，移动站和移动站之间、移动站和网络控制中心之间的信息传递都是通过无线信道来进行的。但是无线信道的开放性使用户身份信息完全曝光在信道中，攻击者可以通过信道获得合法用户的身份信息，然后假冒合法用户身份进入网络，并假冒合法身份进行网络资源访问、使用通信服务，或者假冒网络端基站欺骗其他移动用户。

3. 信息篡改

在无线局域网络中，两个无线站之间的信息传递需要其他无线站与网络中心进行转发，此时可能会在中转站发生信息篡改行为。攻击者将窃听到的信息进行篡改之后再将其发送给接收者，引导、诱使接收者按其意愿进行网络操作，给移动用户带来很大的危害。

4. 服务后抵赖

服务后抵赖主要在电子商务中。移动用户通过网络商店和电子支付系统进行商品的选择和支付，但是其中一方在交易完成中不承认参与了交易行为。服务后抵赖行为包括两种：一种是客户收到商品后不承认参与过交易行为，拒绝支付费用；一种是客户支付后商家不承认收到货款拒绝交付商品。

5. 重传攻击

重传攻击是指攻击者将窃听到的信息经过一段时间之后再传给接收者，通过信息滞后重传改变信息传输情形，进而达到自己的攻击目的。比如，攻击者通过截获合法用户口令来获得网络资源访问权限。

（二）安全防范

（1）普及网络安全知识，进行网络安全知识的学习，提高用户对网络安全的认识；运营商定期维护网络服务器，终端用户对自己的重要资料不定期检查、备份，保证自己数据信息的安全。

（2）应用无线网络防火墙技术。无线网络防火墙技术目前是对进出无线网络服务器的信息进行控制。无线网络的防火墙可以检查网络中传输数据的服务类型、源代码、数据传输地址及端口数据等信息的合法性，来确定是否让其通过。

（3）在网络安全的防范中，用户自身应该加强对网络安全的维护。不少用户使用设备进行无线网络设置时贪图方便常常采用默认设置进行操作，使设备安全等级较低。一般情况下可以通过安装较常用的网络防火墙软件，提高客户端的安全性来解决。

（4）采用无线局域网络加密技术。在存储过程中对信息数据进行加密，加密系统既可单独实现，也可以集成到应用程序或者无线网络服务内，或通过专业人员完成。

（5）在无线网络中增加检测系统，对网络数据进行实时监测。通过对数据包充分分析，检查网络接入点以及用户安全技术定义标准，对合规数据信息审核放行。

六、无线网络建设发展方向

1. 提高无线网络的覆盖率，为大众提供使用便利的无线网络

近些年来，无线网络在我国的发展是非常迅猛的，人们对其依赖程度也在逐渐增加。相比有线网络，人们更加喜欢无线网络，因为无线网络速度很快，且便于连接。从目前我国公共场所来看，几乎所有的消费场所如购物商场、餐厅、宾馆、咖啡厅等都为其顾客提供了免费的 Wi-Fi 服务，供消费者上网，这在很大程度上提高了消费者的满意度，也吸引了消费者。近年来，5G 的研发与使用趋势是非常明朗的，据了解，5G 上网的速度大大超过了现有的 4G 网络的速度，进而能够为顾客提供更好的网络体验。总的来说，现在无线网络设备的安装是比较简单的，只需要路由器或者是无线网卡就能实现网络共享的目的，并且在很大程度上无线网络的建设成本是远远低于有线网络的，可见其经济性和实用性都是比较高的。除了公共场所无线网络的覆盖之外，无线网络还在家庭和学校覆盖。一般家庭是通过路由器和网线相接，进行后续相应的设置，就能够实现整个屋子的网络覆盖；学校覆盖是现代高校内常使用的一种方式，学生通过校园网可以获取到很多的学习资源，还在很大程度上促进了教育的信息化发展。

2. 简化无线网络的管理方式，建设管理方便的无线网络

现如今，无线网络的用户数量逐年增加，这就在很大程度上增加了无线设备的工作压力，此时管理人员需要做好对无线网络设备的管理工作，进而为人们提供稳定安全的网络体验。提供的管理方法最好是一种简单方便的方式，这样能够在很大程度上减轻管理人员的工作压力，能够较为轻松地解决与无线网络相关的问题。如果想要做到让管理工作简单方便，就要对系统做好配置工作，选择正确的无线设备。当出现问题时，直接对系统进行维护和管理就可以。与此同时，在网络设备方面，需要相关人员加大对系统的稳定运行的重视程度，并做好系统内部各个部分的配合与兼容。在对网络设备进行选择的过程中，要根据实际情况选择较为完备的无线设备，并且要合理地分配流量，以满足用户的需求。

3. 加强设备维护

（1）设备维护工作是设备正常运行的基础。

根据维护工作的性质分类，可以将设备维护工作分为日常维护、设备的保养，以及清洁和更新设备。日常维护指的就是对每种设备进行周期性的检查，根据设备的运行状况适当调节周围的环境，时刻了解设备的运行状况，熟悉设备的参数、噪声及温度，并及时发现存在的隐患。在实际的检查过程中可以利用一些辅助的设备。在对设备检查之后要做好标记，保证能够方便地、明显地分辨已经检查过的设备和未被检查过的设备。只有加强对设备的日常维护，才能够及时发现问题，及时解决存在的问题，避免重大事故的发生，有效地保证设备的运行。设备的维护和保养工作，需要工作人员定期对设备的运行状况进行检查，做好设备温度检测以及性能的监督工作，按照每台机器的实际运行情况采取最为合适的保养和维护工作。设备的运行是会受到周围环境影响的，影响设备散热的主要问题就是积灰。积灰过多会造成设备的重大损耗，降低设备的性能，影响用户的实际使用感。因此要对设备进行定期的清洁，这样不仅能够为用户提供稳定的网络，还能够延长设备的使用时间。一般来说，随着无线网络的发展，用户数量的增加，需要相关人员对设备的建设模式和管理模式进行更新。要以用户体验为中心，对设备进行更新和完善，去除用户在体验过程中不满意的部分。除此之外，无线网络还存在被黑客入侵的情况，给无线网络的安全性和稳定性带来了很大的影响，因此管理人员在更新的过程中要注重安全模式的建立，进而提高无线网络的防御抵抗能力。

（2）无线网络设备常见的故障及解决对策。

导频污染是无线设备中常见的一个问题。导频污染指的是一些无线网络通信在设备内部某一地方存在大量的强导频。导频污染的解决策略就是调整导频功率以及设置无线电磁波天线。在设置电磁波天线的过程中要根据实际的测试结果进行调整，在进行调整的过程中也要适当地调整主导频。

（3）调整无线覆盖，确保无线网络的安全性。

无线网络一般在经济较为发达、信息交流频繁的地区有所覆盖，在这之中较为重要的是无线网络的安全性。为了能够有效地提高无线网络的安全性，需要利用相应的数据加密手段以及网络登录认证，做好安全防御。除此之外，保障无线网络安全还需要做好无线设备的监管和维护，对无线网络设备的运行状况进行实时监控，当出现异常时，立即采取相应的措施。

（4）对相关设备维护保养人员的培训。

无线网络设备维护的主体是工作人员，首先要定期对工作人员进行培训，提高工作人员的专业素质和综合素质，这是保证企业无线设备管理质量的基础。通过培训可以提高工作人员对设备结构、原理以及一些操作技巧的认识，当设备出现故障时，能够及时发现问题。另外，就是要考虑到每位员工的素质，通常，只有一个企业中有着高素质的员工，这个企业才能够长久地发展，因此企业在选择员工时一定要考虑员工的职业素养。

七、无线网络的互连设备

1. 无线网卡（Client Adapter）

无线网卡的硬件组成包括 RF、IF、SS 和 NIC 等几部分，如图 7-2 所示：

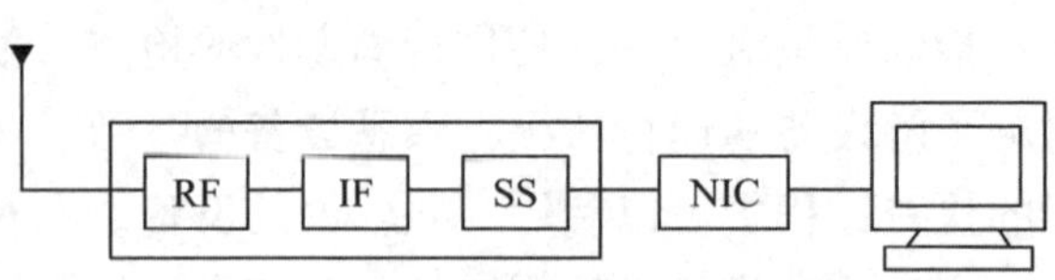

图 7-2　网卡的硬件组成示意图

2. 以太网桥接器（Ethernet Bridge）

用以连接无 PCI 槽，无 USB 接口但具有以太网接口的设备。

3. 无线局域网接入点（Access Point）

网桥（Bridge）、点对点的桥接（Point-to-Point）、点对多点的桥接（Point-to-Multipoint)、无线客户端桥接器（AP Client）和无线中继器（Wireless Repeater）

4. 无线宽带路由器（Wireless Router）

无线宽带路由器可用于完成计算机网络互联和不同协议的转换、网络地址的过滤。无线路由器由工业级微机、无线网卡、有线网卡以及相应软件构成，视需要可有许多种变形的配置。它可以有多个有线接口和多个无线接 ISI，用于进行网络（有线或无线）的路由选择与桥接，借助于技术，把地理上分离的、目前流行的多种有线或无线网相连。

5. 无线交换机

无线交换机是把无线网络的流量集中起来，在布线间内与有线以太网交换机相连接，通过无线交换机整合无线网络的安全、管理和连接等各种功能。与无线交换机连接的是无线接入点，无线接入点与无线工作站或用户相连，无线接入点的成本仅为普通接入点 AP 的一半。

使用无线交换机和哑接入点的结构如图 7-3 所示。

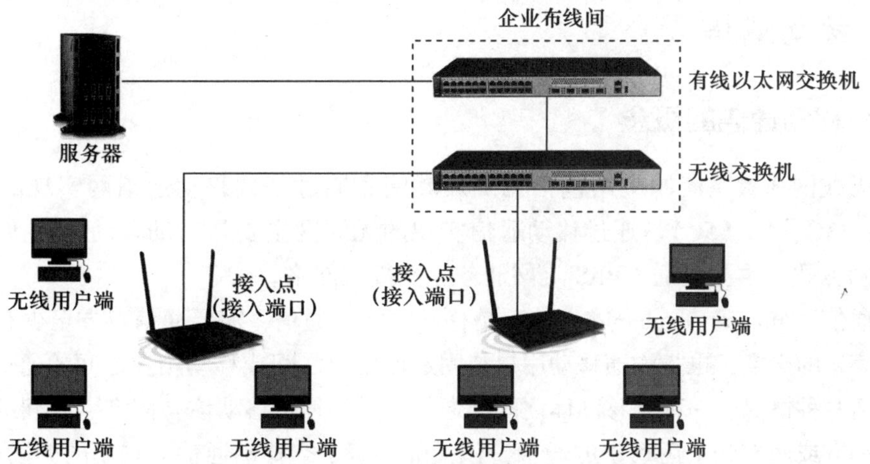

图 7-3 使用无线交换机和无线接入点的结构

6. 网关

网关应用的场合如图 7-4 所示。

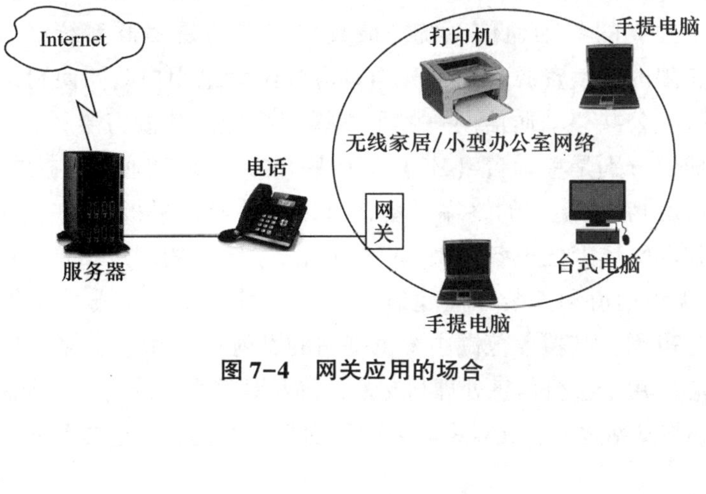

图 7-4 网关应用的场合

7. 无线 E1/T1 调制解调器

无线 E1/T1 调制解调器是一种全双工的无线调制解调器，为 El/T1 和其他同步数据应用提供了解决方案。它支持 DTE 速率从 64kbps 到 2048kbps，射频数据速率可达 3Mbps。

8. 无线 HUB

又称为 AP-10，是一款电子产品。该设备用在局域网一端，是无线工作站进入有线以太网的访问点，在同一地点放置多个无线 HUB 可以实现更高的吞吐量。如果无线网卡比作有线网络中的网卡，那么 AP 就是有线网络中的集线器，它相当于一个连接有线网络和无线网络的桥梁，主要作用是将各无线网络客户端连接在一起，然后将无线网络接入以太网。

第二节　移动通信与移动互联网

一、移动通信

（一）移动通信的概念

目前无线网络最主流的应用包括无线局域网和通过公共移动通信网实现的无线网络（如 GPRS、3G、4G、5G）。通过移动通信实现的无线网主要是借助移动电话接入 Internet 的一种上网方式，需要开通 GPRS 上网业务才能接入网络。

移动通信（Mobile Communications）是移动之间的通信，需要通信双方至少有一方在运动中进行信息的交换，也是沟通移动用户与固定点用户之间或移动用户之间的通信方式。移动通信包括两种情况：一种是移动体之间的通信，另一种是移动体与固定点之间的通信，通信双方有一方或两方处于运动中的通信，包括陆、海、空移动通信，采用的频段遍及低频、中频、高频、甚高频和特高频。移动通信系统由移动台、基台、移动交换局组成。若要同某移动台通信，移动交换局通过各基台向全网发出呼叫，被叫台收到后发出应答信号，移动交换局收到应答后分配一个信道给该移动台并从此话路信道中传送一信令使其振铃。

移动通信从网络角度来进行分类，可以分为专用移动通信网和公共移动通信网。专用移动通信网是一个独立的移动通信系统，最具代表性的是集群系统（Trunking System）。集群系统可以将有限的通信资源（信道）自动分配给大量用户共同使用，是一种十分高效的移动通信网系统。公共移动通信网一般采用蜂窝系统，其覆盖半径在 10 千米以内，一般由 4 个部分组成，分别是移动台（MS）、基站（BS）、移动业务交换中心（MSC）和传输路线。MS 是移动过程中使用的终端设备，可以是手机、平板电脑等便携设备，也可以是安装在车辆等移动物体上的设备。BS 是移动无线系统中的固定站台，用于和 MS 进行无线通信。BS 包含无线信道和安装在高建筑物上的发射、接收天线。每个基站都配置有对应的无线小区服务范围，其覆盖范围主要由基站的发射功率和天线的高度决定。MSC 是移动业务的交换中心，用于进行信息处理与交换，以及对整个系统的集中控制管理。传输路线主要包括交换中心与基站之间、交换中心之间和固定网络之间的连接路线等。移动、联通等通信系统都是公共移动通信系统。

（二）移动通信的传播介质

为了保证移动方能够接收到信号，移动通信必须通过无线电波进行传输。无线电波传播特性复杂，容易受到城市中高大建筑物的阻挡，因此信号的传播途径一般较多，移动台可以从多种途径接收信号。但信号的幅度会发生快速和剧烈的变化，信号会因为移动台的距离远近而受到不同程度的干扰，这就要求移动台具备良好的抗干扰和自动调整能力，以更好地接收和调整信号。

无线电波是指在自由空间（包括空气和真空）传播的射频频段的电磁波，类似于池塘的波纹，可以看作一种能量的传输形式。与光波类似，它的传播速度受到传播介质的影响，在空气中的传播速度略小于光速，但一般我们认为它等于光速。无线电波在空间中的传播方式主要包括直射、反射、折射、穿透、绕射（衍射）和散射 6 种，不同的传播方式下无线电波的信号强度不同，其中直射是在没有阻挡物的自由空间中传播的方式，但实际上，由于地面或室内存在各种物体，使电波的传播发生了不同程度的变化。因此，无线电波在移动通信环境中具有以下 3 个特点。

（1）复杂性：移动通信的移动终端的天线高度一般较低，因此无线电波的传播路径容易受到地形（如建筑物）和人为环境（如工业噪声、机动车噪声等）的影响，使信号变得更加复杂，容易发生散射、反射或叠加等情况。

（2）随机移动性：移动通信的移动终端会随着环境的变化而变化，这就使基站与移动终端之间的传播路径不断发生变化，导致信号发生变化。

（3）传播的开放性：无线电波一般在空气中传播，具有开放的特点，这也是电波信号干扰现象严重的原因，如同频干扰、邻频干扰等。

（三）移动通信的发展

第一阶段，从 20 世纪 20 年代至 40 年代，为早期发展阶段。在这期间，首先在短波几个频段上开发出专用移动通信系统，其代表是美国底特律市警察使用的车载无线电系统。该系统工作频率为 2MHz，到 40 年代提高到 30~40MHz，可以认为这个阶段是现代移动通信的起步阶段，特点是专用系统开发，工作频率较低。

第二阶段，从 20 世纪 40 年代中期至 60 年代初期。在此期间，公用移动通信业务问世。1946 年，根据美国联邦通信委员会（FCC）的计划，贝尔系统在圣路易斯城建立了世界上第一个公用汽车电话网，称为“城市系统”。当时使用三个频道，间隔为 120kHz，通信方式为单工。随后，联邦德国（1950 年）、法国（1956 年）、英国（1959 年）等国相继研制了公用移动电话系统，美国贝尔实验室解决了人工交换系统的接续问题。这一阶段的特点是从专用移动网向公用移动网过渡，接续方式为人工，网的容量较小。

第三阶段，从 20 世纪 60 年代中期至 70 年代中期。在此期间，美国推出了改进型移动电话系统（IMTS），使用 150MHz 和 450MHz 频段，采用大区制、中小容量，实现了无线频道自动选择并能够自动接续到公用电话网。德国也推出了具有相同技术水平的 B 网。可以说，这一阶段是移动通信系统改进与完善的阶段，其特点是采用大区制、中小容量，使用 450MHz 频段，实现了自动选频与自动接续。

第四阶段，从 20 世纪 70 年代中期至 80 年代中期。这是移动通信蓬勃发展时期。1978 年底，美国贝尔实验室研制成功先进移动电话系统（AMPS），建成了蜂窝状移动通信网，大大提高了系统容量，并于 1983 年首次在芝加哥投入商用。同年 12 月，开始在华盛顿启用。之后，服务区域在美国逐渐扩大，到 1985 年 3 月已扩展到 47 个地区，约 10 万移动用户。其他工业化国家也相继开发出蜂窝式公用移动通信网。日本于 1979 年推出 800MHz 汽车电话系统（HAMTS），在东京、神户等地投入商用。

第五阶段，从 20 世纪 80 年代中期开始。这是数字移动通信系统发展和成熟时期。以 AMPS 和 TACS 为代表的第一代蜂窝移动通信网是模拟系统。模拟蜂窝网虽然取得了很大成功，但也暴露了一些问题，例如频谱利用率低、移动设备复杂、费用较贵、业务种类受限制以及通话易被窃听等，最主要的问题是其容量已不能满足日益增长的移动用户需求。解决这些问题的方法是开发新一代数字蜂窝移动通信系统。数字无线传输的频谱利用率高，可大大提高系统容量。

（四）移动通信技术

1. 第一代移动通信技术（1G）

第一代移动通信技术（1G）是指最初的模拟、仅限语音的蜂窝电话标准，制定于 20 世纪 80 年代。Nordic 移动电话（NMT）就采用这样一种标准，应用于北欧、东欧及俄罗斯。其他还包括美国的高级移动电话系统（AMPS）、英国的总访问通信系统（TACS），以及日本的 JTAGS、德国的 C-Netz、法国的 Radiocom 2000 和意大利的 RTMI。1G 只能应用在一般语音传输上，且语音品质低、信号不稳定，涵盖内容也不够全面，模拟蜂窝服务在许多地方正被逐步淘汰。

2. 第二代移动通信技术（2G）

第二代移动通信技术（2G）80%为 GSM（全球移动通信系统）制式，GSM 是全世界最流行的移动通信标准制式，由于内部兼容，国际漫游变得更容易。且第二代移动通信具备高度的保密性，系统的容量增加许多，同时从 2G 时代开始，手机也可以上网、发短信了。第二代移动通信技术区别于前代，使用了数字传输取代模拟，并提高了电话寻找网络的效率。这一时期手机用户数量急速增长，预付费电话流行。

3. 第三代移动通信技术（3G）

第三代移动通信技术，是指支持高速数据传输的蜂窝移动通信技术。3G 主要是将无线通信和国际互联网等通信技术全面结合，以此形成一种全新的移动通信系统。这种移动技术可以处理图像、音乐等媒体形式。除此之外，也包含了电话会议等一些商务功能。为了支持以上所述功能，无线网络可以对不同数据传输的速度进行充分的支持，即无论是在室内外，还是在行车的环境下，都可以提供最少为 2Mbps、384kbps 与 144kbps 的数据传输速度。世界上主要的3G三大标准为CDMA2000、WCDMA、TD-SCDMA，其中WCDMA是国际使用范围最广的3G网络制式，满足业务丰富、价格低廉、全球漫游、高频谱利用率4个基本要求。

而中国自主研发的第三代移动通信标准TD-SCDMA，相较其他2个标准起步较晚且产业链薄弱，虽是国内电信史上重要的里程碑，不过随着4G时代的到来，中国移动将不再追加TD-SCDMA的新建投资，而是逐步将过去发展的TD-SCDMA用户过渡到4G网络上。

4. 第四代移动通信技术（4G）

4G通信技术是第四代的移动信息系统，是对3G技术的一次更好的改良，其相较于3G通信技术来说有一个更大的优势，是将WLAN技术和3G通信技术进行了很好的结合，使图像的传输速度更快，保证传输图像的质量，让图像看起来更加清晰。在智能通信设备中应用4G通信技术让用户的上网速度更加迅速，速度可以高达100Mbps，4G技术包括TD-LTE和FDD-LTE两种制式。其中，FDD-LTE国际上采用较多，从技术标准来看，静态传输速率达到1Gbps，用户在高速移动状态下可以达到100Mbps。传输速率的加快，使手机实现的功能变得更丰富。

5. 第五代移动通信技术（5G）

第五代移动通信技术（5G）是具有高速率、低时延和大连接特点的新一代宽带移动通信技术，是实现人、机、物互联的网络基础设施。

国际电信联盟（ITU）定义了5G的三大类应用场景，即增强移动宽带（eMBB）、超高可靠低时延通信（uRLLC）和海量机器类通信（mMTC）。增强移动宽带（eMBB）主要面向移动互联网流量爆炸式增长，为移动互联网用户提供更好的应用体验；超高可靠低时延通信（uRLLC）主要面向工业控制、远程医疗、自动驾驶等对时延和可靠性具有极高要求的垂直行业应用需求；海量机器类通信（mMTC）主要面向智慧城市、智能家居、环境监测等以传感和数据采集为目标的应用需求。

5G作为一种新型移动通信网络，不仅要解决人与人通信，为用户提供增强现实、虚拟现实、超高清（3D）视频等更加身临其境的极致业务体验，更要解决人与物、物与物通信问题，满足移动医疗、车联网、智能家居、工业控制、环境监测等物联网应用需求。最终，5G将渗透到经济社会的各行业、各领域，成为支撑经济社会数字化、网络化、智能化转型的关键新型基础设施。

无线网络正在改变人类沟通和访问信息的方式，随时随地的网络接入也在推动着电信产业的变革。在不远的将来，无线接入将成为主要的接入方式。5G无线技术将通过一个灵活、可靠、安全的无线网络把所有应用、服务、事物连接到一起，使人类进入万物移动互联的时代。

二、移动互联网

移动互联网（Mobile Internet）定义有广义和狭义之分。广义的移动互联网是指用户可以使用手机、笔记本等移动终端通过协议接入互联网，狭义的移动互联网则是指用户使用手机终端通过无线通信的方式访问采用 WAP 的网站。

1. 移动互联网的基本结构

从层次上看，移动互联网可分为终端/设备层、接入/网络层和应用/业务层，其最显著的特征是多样性（见图 7-5）。应用或业务的种类是多种多样的，对应的通信模式和服务质量要求也各不相同；接入层支持多种无线接入模式，但在网络层以 IP 协议为主；终端也是种类繁多，注重个性化和智能化，一个终端上通常会同时运行多种应用。

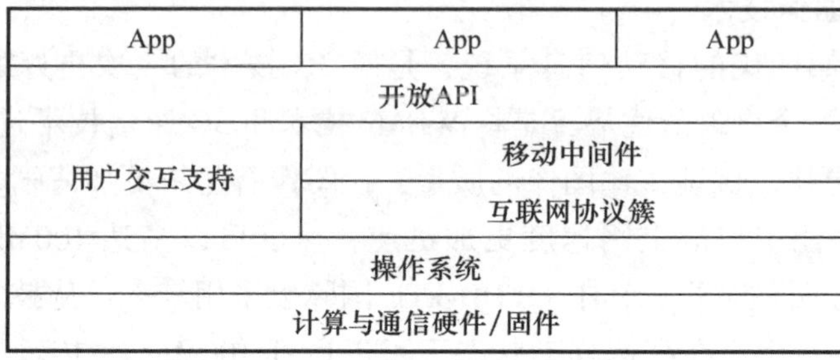

图 7-5　移动互联网参考模型

世界无线研究论坛（WWRF）认为，移动互联网是自适应的、个性化的、能够感知周围环境的服务，它给出的移动互联网参考模型如图 7-5 所示。各种应用通过开放的应用程序接口（API）获得用户交互支持或移动中间件支持，移动中间件层由多个通用服务元素构成，包括建模服务、存在服务、移动数据管理、配置管理、服务发现、事件通知和环境监测等。互联网协议簇主要有 IP 服务协议、传输协议、机制协议、联网协议、控制与管理协议等，同时还负责网络层到链路层的适配功能。操作系统完成上层协议与下层硬件资源之间的交互。硬件/固件则指组成终端和设备的器件单元。

2. 移动互联网特征分析

手机是移动互联网时代的主要终端载体。根据手机及手机应用的特点，移动互联网主要有以下特征。

（1）随时随地的特征。手机是随身携带的物品，因而具备随时随地的特性。

（2）私人化、私密性。每个手机都归属到个人，包括手机号码、手机终端的应用，基本上都是私人来使用的，相对于 PC 用户，更具有个人化、私密性的特点。

（3）地理位置特征。不管是通过基站定位、GPS 定位还是混合定位，手机终端可以获取使用者的位置，可以根据不同的位置提供个性化的服务。

（4）真实关系特征。手机上的通信录用户关系是最真实的社会关系，随着手机应用从娱乐化转向实用化，基于通信录的各种应用也将成为移动互联网新的增长点，在确保各种隐私保护之后的联网，将会产生更多的创新型应用。

（5）终端多样化。众多的手机操作系统、分辨率、处理器，造就了形形色色的终端，一个优秀的产品要想覆盖更多的用户，就需要更多考虑终端兼容。

（6）各个运营商的数据流量资费偏贵。

移动互联网的这些特征是其区别于传统互联网的关键所在，也是移动互联网产生新产品、新应用、新商业模式的源泉。每个特征都可以延伸出新的应用，也可能有新的机会。总之，移动互联网继承了桌面互联网的开放协作的特征，又继承了移动网的实时性、隐私性、便携性、准确性、可定位的特点。

3. 移动互联网技术

（1）Mashup 技术

随着 Web2.0 概念的日益流行，用户参与的交互式互联网应用越来越受到人们的青睐，其中 Mashup 就是 Web2.0 时代一种崭新的应用模式 。

“Mashup”一词源于流程音乐，本意是从不同的流行歌曲中抽取不同的片段混合而构成一首新歌，给人带来新的体验。与音乐中的 Mashup 定义类似，互联网 Mashup 也是对内容的一种聚合，从多个分散的站点获取信息源，组合成新网络应用的一种应用模式，从而打破信息相互独立的现状。

从体系结构和功能的角度，Mashup 主要包括 3 个部分：应用编程接口（API）/内容提供者、Mashup 服务器和客户端的 Web 浏览器。

①客户端的 Web 浏览器。客户端的 Web 浏览器以图形化的方式呈现应用程序，通过浏览器用户可发起移动互联网交互。

②应用编程接口（API）/内容提供者。应用编程接口（API）/内容提供者提供融合内容和应用。为便于检索，提供者通常会将自己的内容通过 Web 协议对外提供（如 REST、Web 服务或 RSS/ATOM 等）。

③Mashup 服务器。Mashup 服务器端动态聚合生成内容，转发给用户。另外，聚合内容可直接在客户端浏览器中通过脚本（如 JavaScript 等）生成。

基于移动网络的 Mashup 应用可以把运营商、设备商、互联网应用、增值应用提供商等各方联合在一起，通过共同打造移动 Mashup 应用的生态系统，为用户提供更加优质的服务，提升用户体验，提供新的商务模式，并可以解决移动网络中新应用难以丰富的问题，为用户提供更多创新融合应用的同时，为包括运营商、设备提供商、内容/服务提供商（CP/SP）、互联网应用提供商在内的相关参与各方带来收益。

（2）移动 Widgets

Widgets 是利用 Web 技术，通过可扩展标记语言（XML）和 JavaScript 等来实现的小应用。Widgets 可以分为桌面 Widgets 和 Web Widgets。随着移动互联网和嵌入式设备的发展，Widgets 逐步开始在手机和其他终端上应用，衍生出移动 Widgets、TV Widgets 等表现形式。

移动 Widgets 具有小巧轻便、开发成本低、潜在开发者众多、与操作系统耦合度低和功能完整的特点，此外，由于运行在移动终端上，移动 Widgets 还有一些其他特性 。首先，可以通过移动 Widgets 实现个性化的用户界面，可以轻而易举地让每部手机都变得独一无二；其次，移动 Widgets 可以实现很多适合移动场景的应用，如与环境相关、与位置相关的网络应用；再次，移动 Widgets 特定的服务和内容使用户更加容易获得有用信息，减少流量，避免冗余的数据传输带来的额外流量；最后，移动 Widgets 也是发布手机广告的很好途径。总之，移动 Widgets 的易开发、易部署、个性化、交互式、消耗流量少等特性使它非常适合移动互联网，是移动互联网构建中的一个非常重要的因素。

移动设备本地能力与 PC 有较大不同，需要通过特殊 API 访问移动设备特有的本地能力；受设备硬件条件的限制需要更加轻量化；相对于 PC，移动设备及网络更为多样化，对移动 Widgets 标准化需求更为迫切。移动 Widgets 依赖 Ajax、HTML、XML、JavaScript 等 Web2.0 技术，以及压缩、数字签名、编码等信息技术。

在移动 Widgets 的开发部署中，要集中考虑安全问题，如保证设备安全、个人数据安全和网络数据安全，防止不必要的信息对用户产生骚扰等。

第三节　移动终端

一、移动终端的概念

移动终端是指能够执行与无线接口上的传输有关的所有功能的终端装置。它涉及的范围很广，如果按照工作原理划分，可以分为模拟移动终端和数字移动终端，如模拟蜂窝手机和数字蜂窝手机；如果按应用领域区分，可以分为公众网移动终端和专业网移动终端，如 GSM 手机、CDMA 手机、寻呼机等属于公众网移动终端。但是，尽管大量通信终端厂家和芯片厂商涌入各种不同的移动终端领域，最为重要的移动终端主要还是手机这种公众网移动终端，即手机终端。

二、移动终端特征

（1）在硬件体系上，移动终端具备输入和输出等部件。也就是说，移动终端往往是具备通信功能的微型计算机设备。另外，移动终端可以具有多种输入方式，诸如键盘、鼠标、触摸屏、送话器和摄像头等，并可以根据需要进行调整输入。同时，移动终端往往具有多种输出方式，如受话器、显示屏等，也可以根据需要进行调整。

（2）在软件系统上，移动终端必须具备操作系统，同时，这些操作系统越来越开放，基于这些开放的操作系统平台开发的个性化应用软件层出不穷，如通信簿、日程表、记事本、计算器以及各类游戏等，极大程度地满足了用户的个性化需求。

（3）在通信能力上，移动终端具有灵活的接入方式和高带宽通信性能，并且能根据所选择的业务和所处的环境，自动调整所选的通信方式，从而方便用户使用。移动终端可以支持 GSM、WCDMA、CDMA2000、TDSCDMA、Wi-Fi 以及 WiMAX 等，从而适应多种制式网络，不仅支持语音业务，更支持多种无线数据业务。

（4）在功能使用上，移动终端更加注重人性化、个性化和多功能化。随着计算机技术的发展，移动终端从“以设备为中心”的模式进入“以人为中心”的模式，集成了嵌入式计算、控制技术、人工智能技术以及生物认证技术等，充分体现了以人为本的宗旨。由于软件技术的发展，移动终端可以根据个人需求调整设置，更加个性化。同时，移动终端本身集成了众多软件和硬件，功能也越来越强大。

三、移动终端的分类

业界一般将边界日益模糊的移动终端分为三类。

（1）通信设备，即手机终端，每个终端都拥有一个移动网络号码。

（2）超移动 PC 设备，属于 PC 的范畴，有计算和处理功能，具备移动上网特性，如 MID 和 UMPC 设备。MID，即移动互联网设备（Mobile Internet Device），是在 2008 年 IDF 大会上英特尔公司推出的一种新概念迷你笔记本电脑。英特尔认为，这是一种体积小于笔记本电脑，但大于手机的移动互联网装置。通过 MID，用户可进入互联网，随时享受娱乐、进行信息查询、收发邮件等。其核心的设计思路是将移动多媒体与互联网无缝联结。UMPC，即超级移动个人计算机（Ultra-Mobile Personal Computer），是一种新型便携式笔记本电脑。提出者也是英特尔公司，但软件巨头微软称之为 Origami 计划。UMPC 是一款小型的安装了特殊版 Windows XP Tablet 操作系统的 TabletPC，同时具有许多扩展功能。2006 年是 UMPC 的萌芽期，自从微软抛出 Origami 标准后，许多厂商开始推出自己的 UMPC 产品。

（3）便携式娱乐终端，这类设备可以显示和播放多媒体内容，种类众多，包括 MP3/MP4 播放器、专用终端阅读器等。

四、移动终端的安全技术

作为移动商务承载平台的移动终端，其安全性受到极大的关注。广大移动终端生产商也力所能及地增强终端的安全性。

第一类为“硬件”安全，保证手机不为非授权者所用。其中，最为重要的技术为生物测定技术。生物测定被认为是下一代移动商务服务安全的必要方法。生物测定通过在无线设备中测量用户的生理特征和行为方式，如指纹、掌纹、讲话方式、语音识别等，最终实现用户操作许可。当然，考虑到其成本及精确性，还可以同时使用多种生物控制方式。

第二类为“软件”安全，最为普通的安全技术是输入口令字，得到了最广泛的应用。用户通过在移动终端设置密码的手段防止移动终端被非法使用。其次是防止病毒的破坏。对于网络安全厂商来说，虽然目前手机病毒尚未成气候，但在不久的将来它必将催生一个不亚于计算机安全的庞大市场。

目前，国内的安全厂商，如瑞星和金山等都在关注着手机病毒的发展动向。目前，防止终端病毒入侵的方法有以下几种。

（1）尽可能调高安全设置。所有的手持系统都具有一定的安全防护能力，这些功能限制了对设备的访问和存取，有助于防范病毒的破坏。

（2）关注设备状态。大部分的手持设备病毒还有一些表征能够为用户察觉，因此可以尽早发现病毒感染降低损失。

（3）应用反病毒软件。针对终端病毒的日趋发展，安全厂商都推出相应的安全软件产品。现在全球的主流反病毒厂商几乎都提供了移动终端反病毒软件，其中不少厂商提供免费使用，如国内的金山和日月光华。

第四节　移动电子商务

一、移动电子商务的概念

移动电子商务（Mobile E-Commerce）由电子商务（E-Commerce）的概念衍生而来。电子商务以 PC 机为主要界面，是有线的电子商务；而移动电子商务，则是利用移动设备开展电子商务的活动，即利用手机、PDA（掌上电脑）等移动终端设备进行的 B2B、B2C、C2C 以及 O2O 等电子商务。它将因特网、移动通信技术、短距离通信技术及其他信息处理技术完美结合，使人们可以在任何时间、任何地点进行各种商贸活动，实现随时随地、线上线下的购物与交易、在线电子支付，以及各种交易活动、商务活动、金融活动和相关的综合服务活动等。

移动电子商务的出现整合并发展了有线电子商务。它作为一种新型的电子商务方式，兼有移动无线网络的移动性和灵活性等优点，是对传统电子商务的有益补充。目前，中国移动电子商务市场可以分为两个部分：一是虚拟商品，主要依附于各运营商旗下的 SP 所提供的收费图铃、游戏下载或其他资讯类业务；二是实体商品，目前国内主要有淘宝网、立即购、掌店移动商城等涉足这一领域。

移动电子商务超越时间和空间的限制，只用一个手机或其他无线终端，使人们通过移动通信设备获得数据服务，通信内容包括语音、视频文字、图片等，在移动中进行电子商务。移动电子商务的发展主要得益于移动通信技术的空前发展，移动通信工具与因特网连接的无线上网技术以及因特网服务商所提供的无线上网服务已具备，通信能力的获取越来越便宜，更容易获得质量越来越高的带宽，并将在近年内实现普及。移动电子商务的出现是对有线电子商务的整合与发展。与传统通过电脑（台式 PC 笔记本电脑）平台开展的电子商务相比，它有更为广泛的用户基础，我国手机网络购物用户规模增长迅速。随着手机终端的大屏化和手机应用体验不断提升，手机将成为移动电子商务的主要载体。

据中国互联网信息中心数据显示，2011—2020 年，手机网络购物用户规模呈爆发式增长，经历两轮快速发展期：第一阶段是 2011—2018 年，主要由淘宝“双 11”、京东“6·18”等年度优惠活动驱动；第二轮从 2018 年以来由直播、小程序等新型购物模式引爆消费者需求。截至 2020 年 6 月底，我国手机网络购物用户规模达 7.47 亿人，手机网络购物应用使用率高达 79.7%，如图 7-6 所示。

2020 年，全网用户对移动互联网依赖度进一步加深，人均单日使用时长及打开 App 个数均有一定程度提升，如图 7-7 所示。

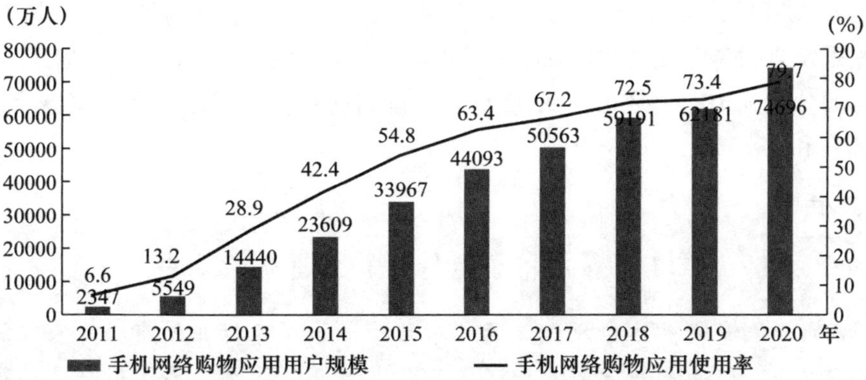

图 7-6 2011—2020 年手机网络购物应用用户规模及使用率

（资料来源：中国互联网信息中心前瞻产业研究院整理资料）

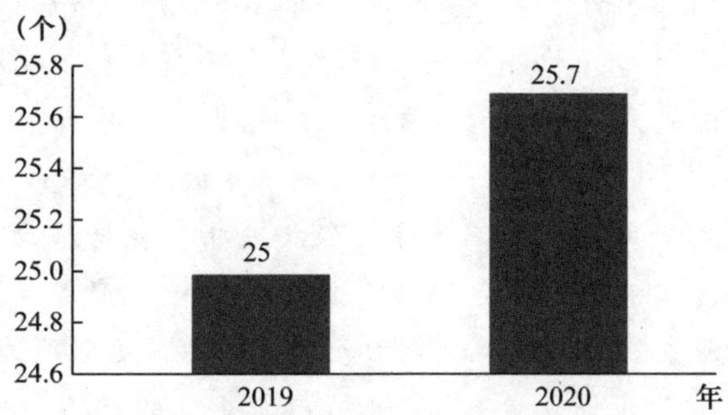

图 7-7 2019—2020 年全网用户人均单日打开 App 数量

（资料来源：**Quest Mobile** 前瞻产业研究院整理）

移动购物 App 偏好最强。从 App 用户人均日使用时长来看，随着线下生活场景的线上化转移，用户的使用程度也在不断加深。2020 年 12 月，从 App 月均使用时长和使用次数来看，移动购物排行前列，月均使用时长和次数分别为 545.1 分钟和 162.3 次，如图 7-8所示。

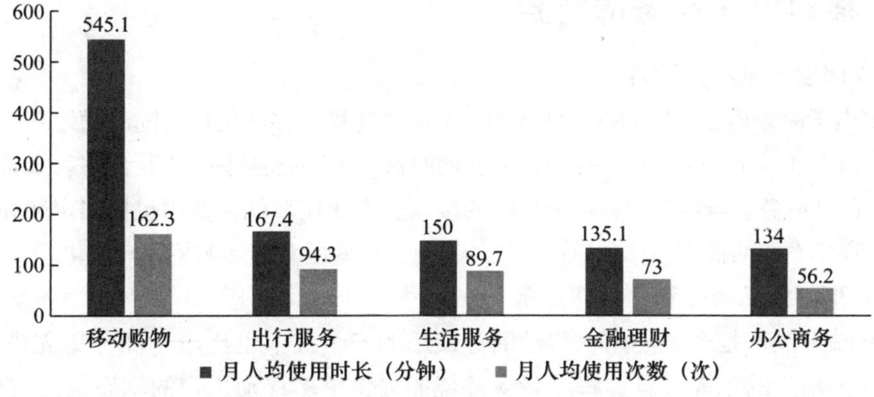

图 7-8 2020 年各类应用偏好情况

（资料来源：**Quest Mobile** 前瞻产业研究院整理）

综合电商 App 用户体量庞大，移动互联网已渗透到人们生活的各方面，其中社交、电商、视频娱乐及支付等领域 Tdp1 App 在行业渗透率均超五成。从具体数据来看，即时通信、综合电商分别为 10.77 亿人和 9.92 亿人，排名前列；支付结算和浏览器渗透率最高，分别为 94.7%和 68.3%。

知识延伸

2022 年移动电子商务现状分析报告要点

1. 移动电子商务行业生命周期。通过对移动电子商务行业的市场增长率、需求增长率、产品品种、竞争者数量、进入壁垒及退出壁垒、技术变革、用户购买行为等研判行业所处的发展阶段。

2. 移动电子商务行业市场供需平衡。通过对移动电子商务行业的供给状况、需求状况及进出口状况研判行业的供需平衡状况，以期掌握行业市场饱和程度。

3. 移动电子商务行业竞争格局。通过对移动电子商务行业的供应商的讨价还价能力、购买者的讨价还价能力、潜在竞争者进入的能力、替代品的替代能力、行业内竞争者现在的竞争能力的分析，掌握决定行业利润水平的五种力量。

4. 移动电子商务行业经济运行。主要为数据分析，包括移动电子商务行业的竞争企业个数、从业人数、工业总产值、销售产值、出口值、产成品、销售收入、利润总额、资产、负债、行业成长能力、盈利能力、偿债能力、运营能力。

5. 移动电子商务行业市场竞争主体企业。包括企业的产品、业务状况（BCG）、财务状况、竞争策略、市场份额、竞争力（SWOT 分析法）分析等。

6. 投融资及并购分析。包括投融资项目分析、并购分析、投资区域、投资回报、投资结构等。

7. 移动电子商务行业市场营销。包括营销理念、营销模式、营销策略、渠道结构、产品策略等。

二、移动电子商务的特点

1. 不受时空限制的灵活性

同传统电子商务相比，移动电子商务的一个最大优势是移动用户可随时随地获取所需的服务、应用、信息和娱乐。人们可以在自己需要的时候，使用智能手机或其他移动设备查找、选择及购买商品和服务。虽然当前移动通信网的接入速率还比较低，费用也比固定网高，但随着下一代移动通信系统的推出和移动通信市场的竞争，这些因素的影响将逐渐淡化。

2. 提供更好的私密性和个性化服务

移动终端一般都是个人使用，移动商务使用的安全技术也比电子商务更先进，因此可以更好地保护用户的私人信息。移动计算环境能提供更多移动用户的动态信息（如各类位置信息、手机信息），这为提供个性化服务创造了更好的条件。

3. 信息的获取将更加及时

移动电子商务中的用户可实现信息的随时随地访问，意味着信息获取的及时性。同传统电子商务系统相比，用户终端更加具有专用性。从运营商角度看，用户终端本身就可以作为用户身份的代表。因此，商务信息可以直接发送给用户终端，进一步增强了移动用户获取信息的及时性。

4. 用户群体广泛性

电子商务的目标客户为互联网群体，而移动电子商务的目标群体是中国广大的移动电话用户群体，相比之下，移动电子商务具有更广泛的用户基础。

5. 网上支付更加方便、快捷

在移动电子商务中，用户可以通过移动终端访问网站、从事商务活动，服务付费可通过多种方式进行，可直接转入银行、用户电话账户，或者实时在专用预付账户上借记，以满足不同需求。

三、移动电子商务的优势

1. 方便

移动终端既是一个移动通信工具，又是一个移动 POS 机、一个移动的 ATM 机。用户可在任何时间、任何地点进行电子商务交易和办理银行业务，包括支付。

2. 不受时空控制

移动商务是电子商务从有线通信到无线通信、从固定地点的商务形式到随时随地的商务形式的延伸，其最大优势就是移动用户可随时随地地获取所需的服务、应用、信息和娱乐。用户可以在自己需要的时候，使用智能手机或平板电脑查找、选择及购买商品或其他服务。

3. 安全

使用手机银行业务的客户可更换为大容量的 SIM 卡，使用银行可靠的密钥，对信息进行加密，传输过程全部使用密文，确保安全可靠。

4. 具有开放性、包容性

移动电子商务因为接入方式无线化，使任何人都更容易进入网络世界，从而使网络更广阔、更开放；同时，使网络虚拟功能更带有现实性，因而更具有包容性。

5. 潜在用户规模大

目前，我国的移动电话用户已达 15.94 亿，是全球之最。显然，从电脑和移动电话的普及程度来看，移动电话远远超过了电脑。而从消费用户群体来看，手机用户中基本包含了消费能力强的中高端用户。以移动电话为载体的移动电子商务不论在用户规模上，还是在用户消费能力上，都优于传统的电子商务。

6. 易于推广使用

移动通信所具有的灵活、便捷的特点，决定了移动电子商务更适合大众化的个人消费领域，比如：自动支付系统，包括自动售货机、停车场计时器等；半自动支付系统，包括商店的收银柜机、出租车计费器等；日常费用收缴系统，包括水、电、煤气等费用的收缴等；移动互联网接入支付系统，包括登录商家的 WAP 站点购物等。

7. 迅速灵活

用户可根据需要灵活选择访问和支付方法，并设置个性化的信息格式。

四、移动电子商务的分类

从应用的角度对移动电子商务进行分类，主要包括信息服务类、交易服务类、娱乐服务类和行业应用服务等。

1. 信息服务类

移动电子商务信息服务主要指通过移动网络提供的信息服务，主要包括移动信息服务（新闻资讯、天气预报等）、移动电子邮件服务和基于位置的服务（如位置查询、定位）等内容。

2. 交易服务类

移动电子商务所涉及的交易服务类业务按照交易方向的不同，可以分为移动金融服务和移动购物服务。移动金融服务主要包括移动银行、移动支付和移动电子薪水等业务。移动购物服务主要包括移动零售、移动售票和移动拍卖等业务。

3. 娱乐服务类

娱乐服务类业务主要包括音乐、视频的观看和下载及移动游戏等服务。

4. 行业应用服务类

主要是指面向行业的专门移动应用系统，如安全生产监控服务、公共事业缴费服务等。

知识延伸

移动电子商务发展趋势

1. 企业应用将成为热点

做互联网行业的都深有体会，面向 B 用户（企业用户）的服务和应用是可以快速赚钱的业务，但一般来说成长性不会特别大，不会呈几何级数；而面向 C 用户（个人用户）的服务和应用则正好相反，虽然不能很快赚到钱，但只要业务对路，再加上点运气，则很有可能做成一笔大生意。

同理，移动电子商务的快速发展基于企业应用的成熟。企业应用的稳定性强、消费力大，这些特点个人用户无法与之比拟。在移动电子商务的业务范畴中，有许多业务类型可以让企业用户在收入和提高工作效率上得到很大帮助。企业应用的快速发展，将会成为推动移动电子商务的主要力量之一。

2. 获取信息是重点

互联网公司的通常做法是在主营业务的周围，设计有一系列的辅助应用，为了获取更多的流量，或者为主营业务带去更多的机会。

在移动电子商务中，虽然主要目的是交易，但是实际上在业务使用过程中，信息的获取对于带动交易的发生或是间接引起交易是有非常大的作用的，比如，用户可以利用手机，通过信息、邮件、标签读取等方式，获取股票行情、天气、旅行路线、电影、航班、音乐、游戏等各种信息，而在这些信息的引导下，有助于诱导客户进行电子商务的业务交易活动。因此，获取信息将成为各大移动电子商务服务商初期考虑的重点。

3. 安全问题仍是机会

由于移动电子商务依赖安全性较差的无线通信网络，因此安全性是移动电子商务需要重点考虑的因素。和基于PC终端的电子商务相比，移动电子商务终端运算能力和存储容量不足，如何保证电子交易过程的安全，成了大家最为关心的问题。

在这样的大环境下，有关安全性的标准制定和相应法律出台也将成为趋势。同时，相关的供应商和服务商也就大行其道。

4. 移动终端的机会

移动终端也是一个老生常谈的话题。移动电子商务中的信息获取、交易等问题都和终端息息相关。终端的发展机会在于，不仅要引领移动电子商务的新风尚，还对价值链上的各方合作和业务开展有着至关重要的影响。

随着终端技术的发展，终端的功能越来越多，而且考虑人性化设计的方面也越来越全面，比如显示屏比过去有了很大的进步，一些网上交易涉及商品图片信息显示的，可以实现更高品质界面显示。又如，智能终端的逐渐普及或成为主流终端，如此一来，手机更升级成为小型PC，虽然两者不会完全一致，也不会被替代，但是手机可以实现的功能越来越多，对于一些移动电子商务业务的进行，也更加便利而又不失随身携带的特点。以后终端产品融合趋势会愈加明显，你很难清楚界定手上这个机器是手机还是电子书，在你手上它就是一个有应用价值的终端，就看消费者的需求方向。

5. 与无线广告捆绑前进

移动电子商务与无线广告，在过去的发展过程中有些割裂，其实如同两条腿走路，二者是相辅相成的，任何一方的发展，都离不开另外一方的发展。二者的结合，有助于移动营销的发展。

6. 对移动电商发展有帮助的新技术

科技的发展催生了一些新的技术，物联网、LBS、二维码等新技术的出现将有助于移动电商的发展。

五、移动电子商务的应用

1. 移动电子商务的应用市场

移动电子商务的应用市场主要包括个人应用市场和企业应用市场。

（1）个人应用市场：是指个人对象通过无线终端设备接入互联网，以获取各种所需服务的应用市场，如娱乐服务、生活服务等。

（2）企业应用市场：以企业为对象，提供企业管理和服务的应用市场，如信息数据服务、营销与广告服务和企业管理服务等。

2. 移动电子商务的应用层次

移动电子商务的应用层次主要通过商务层次来进行划分，主要包括核心交易层、包装服务层和交易支持层。

（1）核心交易层：是指通过移动电子商务向用户提供的核心服务，如通过各类电子商务平台 App 进行购物，汽车、飞机票订购，手机网游和转账缴费等。

（2）包装服务层：是指辅助核心交易的服务，主要包括广告、内容整合、营销和搜索服务等。

（3）交易支持层：是指保证交易活动正常进行所提供的服务，如物流配送、安全认证等。

3. 移动电子商务在各行业中的应用

移动电子商务现已渗入人们工作生活的方方面面，所涉及的领域非常广泛。下面主要从移动娱乐、移动办公、移动购物、移动金融、移动医疗和移动营销等方面进行介绍。

（1）移动娱乐

移动电子商务环境不再受空间和时间限制，只需通过手机等移动终端设备即可接入，娱乐方式变得更加简单和方便。同时，娱乐的种类也更加丰富，如微信、QQ 等以即时沟通为主的移动服务；微博、广播等以信息服务为主的移动服务；音乐、游戏和视频等的纯娱乐移动服务。这些娱乐服务可以直接在网站或应用商店中下载或共享，并且能够为移动运营商、内容提供商和服务商带来附加的收入，是影响范围最广的移动电子商务应用服务。

（2）移动办公

移动办公通过手机、平板电脑等移动终端设备中的移动信息化软件，与企业的办公系统连接，将原本的公司内部局域网变为安全的广域网，摆脱传统办公时间和场所对工作的限制，实现随时随地办公的需求，如短信提醒服务、远程会议、信息浏览与查询、远程内部办公网络访问等。移动办公有效地解决了企业管理与沟通的问题，使企业整体运作更加协调。

（3）移动购物

随着移动电子商务的发展，传统电子商务商家纷纷进军移动市场，如淘宝、京东和当当网等大型电商平台开发淘宝、京东和当当等手机端购物 App。用户下载并安装这些手机 App 后，即可直接进行网上购物，如购买服装、鲜花预订和快餐订购等。除了传统的商品类购物外，车票、机票、电影票和入场券等票务购物也逐渐兴起并成为移动购物的一大主要业务。移动购物改变了用户的传统购物方式，为用户提供了更加方便、快捷的服务。

知识延伸

十大购物 App

1. 淘宝

淘宝是最常用的十大软件之一，也是国内出现得较早的电商平台，受到了非常多用户青睐，且淘宝经常有大型活动，用户黏性大，产品涵盖也非常全面。

2. 拼多多

拼多多上线不久就迅速打开了消费市场，所涵盖的商品种类也非常多，而且价格实惠，还有对商品进行砍价等活动。

3. 京东

京东主打家电和电子产品，产品品质、物流和售后保障是其优势。

4. 唯品会

唯品会主要是针对女性用户的，服饰、美妆美护、鞋包等品类比例较大，产品品位、性价比和时间性受到了很多用户的赞誉。

5. 天猫

天猫是阿里巴巴旗下的电商平台，是中国十大电商平台排名之一，它的商品涵盖也非常广泛，同样不定期会有各种促销活动，从 2012 年上线至今受到了很多用户肯定。

6. 蘑菇街

蘑菇街是中国十大购物软件排行之一，主打女性用品，用户可以分享穿搭，还有不少达人在直播，商品更新快，搜索功能也很强大。

7. 苏宁易购

在国内知名的电商平台中，苏宁易购的口碑也很不错，它的商品种类覆盖非常全面，有送货上门服务，还支持线下门店自提，非常方便。

8. 淘特

淘特就是淘宝特价版，是购物软件 App 排行榜前十名之一，于 2020 年上线，支持品牌直供、工厂直供、产地直供等。

9. 点淘

点淘 App 也是非常受欢迎的一款购物软件，其产品价格实惠，直播内容丰富。

10. 得物

得物是现在年轻人很喜欢的一款 App，它是由上海识装信息科技有限公司推出的，“先鉴别，再发货”的流程是其特色。

（4）移动金融

移动金融包括移动银行、移动支付和移动股票等，用户可以随时随地通过移动终端设备进行金融业务，如账户余额查询、转账付款、话费充值、水电气费缴纳、股市行情查询和股票交易等。通过相关服务，服户还能获得实时财务信息并进行金融信息的查询和浏览，快速掌握金融市场动向。常见的移动金融应用有支付宝、中国建设银行、同花顺、中国工商银行和大智慧等。

（5）移动医疗

医疗一直是备受人们关注的领域。随着医疗技术与网络技术的进步，移动医疗技术开始逐步出现并融入全球医疗系统。通过移动医疗系统，可以实现以下功能。

①实现不同医疗机构之间的信息共享，加快疾病诊断和治疗方案完成的速度；

②方便远程监控病患，确保医疗机构及时了解患者的情况；

③更先进的技术和设备，能够帮助医生对病患更好地进行治疗，降低误诊率。

目前，移动医疗主要通过传感器和无线通信设备进行病情检测和体征数据的提取，随着技术的发展和投入的增加，移动无线医疗将成为重要的移动电子商务应用领域。

（6）移动营销

电子商务业务向移动终端的转移带动了营销移动化，通过移动营销可以更加快速、便利地进行信息传递与消费者互动，能够帮助企业更快抢占移动互联网市场，促进消费市场的线上线下整合。移动营销具有受众目标群体明确、信息传递及时和互动性强等特点，是目前非常流行的营销方式，如微博营销、微信营销等。

案例分析

钉钉移动办公平台

钉钉是阿里巴巴旗下的一款专门为中国企业打造的，集通信、协同办公于一体的免费智能移动办公平台，以帮助企业更好地实现内部沟通和商务沟通，全方位提升企业的工作效率。

钉钉提供了PC版、Web版、iPad版、App Watch版和手机版等多个终端的版本，方便用户在不同的设备上进行协同办公，实现真正的智能移动办公。钉钉的功能与服务十分丰富，能够保证企业成员之间高效沟通，帮助企业进行人员和业务管理，并且还能投入企业自定义的应用，使工作更加便捷。

一、沟通功能

钉钉提供了丰富的企业沟通功能，主要包括视频电话会议、智能办公电话、DING和统一通信录等。

视频电话会议是一种多人电话/视频会议沟通方式，能够随时随地发起与同事、客户的会议，实现即时沟通的效果。视频电话会议拥有高清稳定的画面，支持多人同时加入。

智能办公电话是对传统座机办公的升级，它免去了传统复杂的申请、布线过程，只需企业在线申请一个办公电话专号，即可通过钉钉免费拨打或接听办公电话。

DING是一种消息通知功能，钉钉发出的DING消息一般以免费电话、短信或应用内消费的方式进行通知，当接收人收到DING消息提醒后，可以以语音或文字的形式回复，实现消息的快速和无障碍传达。

统一通信录是钉钉内集成的企业组织构架管理软件，通过它，企业可以导入企业内外部联系人和组织构架，进行统一管理，方便企业管理人员随时随地添加、删除、查找和联系企业内外部的任何成员，实现企业管理的扁平化。

二、内部协同功能①

为了方便企业进行内部管理，钉钉还专门提供了内部协同功能，主要包括 C-Smart Work、C-Space、C-Mail 等。

C-Smart Work 主要提供了考勤、日志智能报表和审批支持自定义 3 种功能。C-Smart Work 支持无网络信号打卡，企业可以任意选择提供的多种考勤方式进行考勤管理，并且还能自动生成考勤报表，随时随地了解各种出勤状况。日志智能报表提供了随时随地掌握企业人、财、物的管理方法，如企业内部人员出勤、客户情况和销售业绩等，并能结合企业现状进行趋势分析，帮助企业管理人员更好地做出管理决策。审批融合了通信移动办公，可以随时随地进行申请，也可根据企业的个性化需要自己建立模板表单。

C-Space 与统一通信打通的企业云盘体验，基于专业的阿里云服务，不仅能为用户提供可靠、稳定和安全的企业基础诉求，还有自由设置自己文件的权限。C-Space 可以实现多端跨平台存储共享，因此不管是在计算机、手机还是 iPad 等设备上都可以随意存储和读取。除此之外，C-Space 还提供了文件权限保护功能，已离职或调职人员无法进行文件的访问和其他操作。

C-Mail 是 E-Mail 的升级，也称为“钉邮”，是一种与即时通信高度融合的商务办公邮箱。通过 C-Mail 发送邮件，企业能够更加准确地进行投递，并同时在接受人的聊天窗口中进行提示。写邮件时变得轻松，支持选择聊天群组发送给全员，无须一一选人，同时，添加附件也极其方便，与 C-Space 无缝衔接，快捷选择、快捷查看企业文件、群文件、个人文件。同时，对于已读、未读的邮件会进行标记，使用户能够第一时间了解邮件的状态。当遇到通过邮件传送无法解决的问题时，还能通过电话会议的方式自动联系所有的邮件收件人。

三、外部协同功能

外部协同功能使企业不仅能与企业内部人员进行沟通和协同，还能将业务扩展到企业与企业之间。外部协同能够实现以下功能。

（1）快速建立与外部客户的业务往来，方便企业间进行业务管理，如随时随地订货、下单、共享消息等；

（2）收集外部上传的文件并可对文件设置权限，保证文件的安全；

（3）智能客服功能，为用户提供了更多解决问题的方案；

（4）集成展示企业间的业务往来，轻松掌握客户信息。

---

① 内容可以找到阿里钉钉的功能（钉钉功能介绍以及使用，阿里钉钉功能介绍）| 天煌资讯网 https：//blog. jssth. com/12605. html。

四、开放平台

除了自身集成的这些功能，钉钉还逐渐开展与其他开放平台合作，如硬件品牌得力。通过这样的方式，钉钉能够更加全面地为企业提供智能移动办公服务，帮助企业提高运营效率和管理水平。

钉钉支持多种语言，在 Wi-Fi 无线局域网、2G、3G、4G 和 5G 移动数据网络下都能使用。截至 2021 年 8 月 31 日，钉钉用户数已突破 5 亿，包括企业、学校在内的各类组织数超过 1900 万。在工信部，最近发布的“专精特新”小巨人企业中，有 50%以上的企业在钉钉上使用数字化的方式进行工作。

本章总结

本章介绍了无线网络的基本知识、移动通信的相关知识及移动电子商务的基本知识，要求学生理解无线网络与移动电子商务，并掌握相关基础知识，分析移动通信技术在现代企业中的应用环境，熟悉移动电子商务的特点和分类，掌握移动电子商务的应用领域。

复习思考题

一、名词解释

无线网络　移动通信　移动电子商务

二、单选题

1. 由于移动终端的（　　）特点，可以使商务活动不受时间、地点的限制。

A. 便携　　B. 高端

C. 私密　　D. 快捷

2. 移动电子商务和传统电子商务都必须依赖（　　）。

A. 互联网　　B. 移动互联网

C. 配送服务　　D. 银行服务

3. 无线城域网的英文简称是（　　）。

A. WPAN　　B. WLAN

C. WMAN　　D. WWAN

4. 下列选项中，属于射频识别技术的是（　　）。

A. LBS　　B. 蓝牙

C. RFID　　D. UWB

5. 移动通信通过（　　）进行传输。

A. 红外线　　B. 微波

C. 无线电波　　D. 激光

6. Bluetooth 是指（　　）。

A. 红外线　　B. 蓝牙

C. 超声波　　D. 电磁波

三、简答题

1. 移动电子商务在各行业中的应用有哪些？
2. 移动通信技术的发展阶段有哪些？请具体说明一下。

第八章　移动营销

项目导读

移动互联网是互联网发展的一个新阶段，其最大的优势是实现了随时、随地、随身，无缝链接、方便快捷，摆脱了 PC 时代“在线”的限制。移动互联网的这些优势也为企业带来了新机遇，如企业、产品、消费者之间形成了最短链条，人们的多样化需求得到了最大限度的满足，现实和虚拟实现了高度交融，微信、淘宝等一大批移动应用迅速崛起。

越来越多的企业看到了移动互联网的价值与前景，纷纷展开移动营销，寻求营销模式上的创新。

学习目标

1. 了解移动营销的概念及发展趋势；
2. 掌握各种移动营销方式的概念及特点；
3. 理解各种移动营销的表现形式。

思政目标

培养学会在网络环境下系统应用线上与线下结合的营销方法，达成发现价值、创造价值、传递价值、实现价值的企业目标。

案例导入

“凌燕带你游世博”新浪微博营销案例

案例背景：中国东方航空股份有限公司（以下简称东航）是国内三大航空公司之一。一直以来，东航的客舱服务都处在国内领先水平。但是在乘客的整体印象上，东航没有与之相匹配的口碑。

营销思路：选择品牌植入平台—利用微博展开品牌互动—进行口碑分享及传播—提升品牌服务形象。

媒体选择：微博是国内主流的网络社交媒体，具有传播即时、用户活跃度高、互动方便、传播速度快的特点。作为东航空乘人员的优秀代表，“凌燕”已成为东航客舱服务水平的标签，在微博上已经有一定人气。东航拟在微博上发布信息，并由10个“凌燕”微博账号与用户展开互动，微博是传播“凌燕”优质服务的最恰当平台。

营销策划：结合“凌燕带你游世博”线下活动，线上推广以新浪微博为主，通过新浪微博聚集人气，吸引关注，展开互动，传播东航“凌燕”的高品质服务形象。微博抢票活动开始后，网友通过关注10个“凌燕”微博账号，对提供导游服务的“凌燕”发布的“凌燕带你游世博”消息进行转发或者评论；同时，“凌燕”在微博上与网友展开互动，聚集人气，抽取幸运网友。在互动中，年轻用户表现出极其强烈的兴趣，活动期内，10位“凌燕”发布的召集帖总计获得了6000多次转发、5000多人评论，实现了非常热烈的互动效果，很多关注“凌燕”的用户表现出对“凌燕带你游世博”极其关注的态度和强烈的参与欲望，并不时对东航的优质服务展开讨论。通过微博互动的环节，“凌燕”和东航的品牌实现了良好的曝光，这提高了“凌燕”和东航品牌在网上的知名度及品牌影响力。

传播效果：“凌燕带你游世博”的精准服务和东航对世博的服务形象得到了很好的展示，具体体现在以下几方面。

(1) 从5月28日活动启动到6月10日公布结果，参与“凌燕带你游世博”活动并转发的用户数已经超过6000人，评论次数超过5000次，以参与用户人均拥有50个支持者计算，实际覆盖新浪微博用户数量达到30万人。

(2) 6月11日线下活动当天，10位穿统一制服的“凌燕”空姐陪同10位幸运网友游览世博园，他们通过各自的微博，共发出近百条图文形式的世博园游览信息，微博转发次数合计超过2000次，实际覆盖新浪微博用户数量超过10万人。

(3) 6月11日，“凌燕带你游世博”现场活动受到了30家平面和网络媒体的关注，它们共发出30多篇针对现场活动的新闻报道。围绕“凌燕带你游世博”微博活动，东航通过新闻、博客、论坛策划并执行了23个传播话题，覆盖了200多个网站、论坛、媒体的300多万目标用户。有效的后续传播也引发了用户对在世博园内开展的线下活动的关注，用户讨论“凌燕带你游世博”的相关内容为3029篇。

案例思考：

1. 东航借助微博策划的活动是如何在线上引发网民的参与热情的？

2. 通过案例分析，微博营销具有哪些特点？除了微博，东航还可以采用哪些方式进行移动营销？

第一节　移动营销概述

随着移动互联网的发展和移动智能设备的普及，移动营销逐步成了最主要的线上营销方式之一。越来越多的企业开始使用微信、微博等移动 App，通过自媒体等渠道进行品牌传播，以及产品宣传、推广和销售。

一、移动营销的概念、特点及发展趋势

移动营销也叫移动互联网营销，具体是指利用智能手机、平板电脑等移动终端和互联网技术、无线通信技术等，完成企业和消费者之间产品和服务交换的过程，通过在线活动创造、宣传用户价值，并且对用户关系进行移动系统管理，以达到企业营销目的的新型营销活动。

二、移动营销的特点

作为营销信息传播的新方式，移动营销具有以下特点。

（一）高度的便携性和用户黏性

移动终端具有先天的便携性特点，实用有趣的手机应用软件让人们大量的碎片化时间得到有效利用，吸引越来越多的手机用户参与其中。平台的开放也给手机用户更多的个性化选择，基于用户信任机制的推荐帮助企业实现主动传播的社交网络服务（Social Network Sites，SNS），快速增强用户黏性。SNS 用户的关键行为就是浏览、互动、分享。

（二）成本相对低廉

移动营销的成本低廉特征主要体现在经济成本和技术成本两个方面。一方面，企业进行移动营销的固定成本较低。由于企业可以在微博、微信等多个平台进行移动营销，无须建立自己的营销平台，因此减少了固定资本投资。另一方面，与高端技术相比，移动营销的技术成本不是很高。以微博营销为例，微博营销对技术支持的要求相对较弱，这反映在企业微博的注册、认证，信息发布和回复功能上，操作都较为简单。

（三）高度精准性

企业可以借助移动互联网在浩瀚人海中锁定与自己项目相匹配的目标人群，并将新信息进行有效传播，借助应用推送、短信等投放系统，通过精准匹配将信息实现四维定向，即时空定向、终端定向、行为定向和属性定向，从而传递给相匹配的目标群体。

（四）拉近企业与用户的关系

移动终端的便携性使人们可以随时随地接入互联网，大大方便了企业与用户之间的沟通及互动。通过移动互联网，一方面，企业可以适时发布营销信息，用户则可及时了解此类信息；另一方面，视实际需要，用户可随时通过移动互联网查阅有关信息，还可就感兴趣的商品等咨询企业，而企业则可以对用户的询问做出及时的应对和反馈。简言之，移动营销可以便利地实现企业与用户之间的良性互动。

（五）强化线上线下（Online to Offline，O2O）运营模式

移动营销不再是传统互联网的线上对线下单向营销，而是线上线下的联动营销，而且这个联动是相互的、双向的。这个特征使移动营销的营销模型和传播模型都是循环的，即成交从营销的结束变成了第二次营销的开始。

三、移动营销的发展趋势

借助良好的移动互联网宏观环境，移动营销的发展也突飞猛进，呈现出以下五大趋势。

趋势一：移动电商将继续快速扩张

随着移动支付的不断普及，人们使用现金以及银行卡的频率越来越低。《2019 年全球消费者洞察力调查》显示，我国使用移动支付的用户比例达到 86%，普及率位居全球第一。由此可以看出，我国在移动支付领域的领先优势的确十分明显。

趋势二：5G 给移动营销注入新活力

2019 是 5G 商用的元年，5G 高速、低延时的特性会给众多技术领域带来革命，移动营销领域也不例外。5G 对移动营销的影响同样是非常深远的。在营销视频化的大趋势下，很多受限于加载的营销素材和形式将冲破束缚，如广告主之前拍摄 360 度全景视频广告，但局限于网速和文件大小被迫放弃。在 5G 时代，这个问题得以解决，会有更多新型营销手段出现，如增强现实（Augmented Reality，AR）营销。

趋势三：竖版视频将成为主流

社交媒体平台一直走在这方面的前沿，如抖音、快手等平台的竖版视频成为移动视频的主流方式。由于其优质的用户体验，很多广告主越来越重视竖版视频广告。

竖版视频的趋势要求广告主迅速转变观念，将原有横版的 PC 端思维转变成竖版的移动思维，以适应竖版视频的趋势，不仅简单地将画面变成竖版，更重要的是理解竖版视频

节奏轻松、快捷、直入主题的表达方式。

趋势四：移动 AR 不再遥不可及

AR 通过技术手段能够将现实与虚拟信息进行无缝对接。随着手机性能的不断提升以及互联网“巨头”们对 AR 技术相关的产品研发，AR 正在从概念逐步变成现实。苹果公司推出了自己的 AR 平台——ARKit，谷歌公司推出了自己的 AR 平台——ARCore，越来越多的 App 开始支持 AR 功能。美图秀秀、支付宝等也开始了类似尝试。

趋势五：基于位置的营销重要性正在加强

位置是移动营销区别于传统 PC 端营销的一个重要特征。在营销逐步从线上走向线下的今天，位置的重要性日益显现，特别是实时位置为商家了解用户提供了一个绝佳的视角。通过位置信息，广告主可以判断用户的日常习惯，如可根据用户经常去便利店或中央商务区等习惯，从而有效描述一个用户的消费特征。

如今，线上流量已经接近饱和，线下流量变成了巨头们争抢的对象。阿里巴巴入股分众、亚马逊力推线下无人店、腾讯入股商超等举动都证明线下数据越来越重要，而位置信息则是线下数据最重要的维度之一。简言之，位置信息有利于线上线下数据的打通，从而有效帮助广告主进行科学决策。

四、移动营销的思维和策略

（一）移动营销的思维

智能手机在生活中的应用非常广泛。通过手机 App，用户可以直接在网络上购买衣服、美食、生活用品，还可以购买机票、电影票等，节省了大量的时间。在移动互联网新环境下，企业若想做好移动营销就需要具备以下思维。

1. 用户思维

首先企业必须清楚向谁营销。不管销售什么产品，找准目标用户是营销中最关键的步骤，也是企业在营销之初，就需要进行定位的工作。

企业对用户群体的定位，会直接影响产品的定价以及投入市场的规模等。当然，并不是选择好目标群体后就万事大吉，还需要对用户的消费习惯、“痛点”、需求进行深入挖掘，同时在日常与用户沟通时要对其习惯特征进行了解，这样才可以在制定营销策略时更有依据。

2. 产品思维

明确用户的需求后，企业就需要有针对性地设计出可以让用户满意的产品。不管是让用户获得更好的购物体验，还是为用户提供更安全的食品，目的都是打造一款能够对用户产生价值的产品。

给用户提供优质的产品、合理的价格、温馨而舒适的服务、简便的购物流程，让用户从中获得良好的体验，从而留住用户，这是企业一直努力追求的。此外，企业在设计产品时需要很好地融入运营推广以及传播的元素，可以在产品包装上融入相关内容，通过互动机制让用户进行传播分享等。

3. 渠道思维

用户有了，产品有了，那么要通过哪种渠道进行营销呢？谈及移动营销，人们第一反应就是火爆的社交媒体，如微信、抖音、快手、微博等。当然，企业的移动营销不只涉及自媒体，还需要运用移动互联网的产品思维研发 App，打通手机网站、微信小程序，这样产品才能获取更多的流量入口。除了社交媒体使用频率高以外，移动搜索平台使用频率也与日俱增，企业需要抓住所有的流量渠道，从而更快产生效益。

4. 碎片化思维

相比于 PC 端互联网而言，移动互联网加剧了消费者的 5 个碎片化趋势：时间碎片化、地点碎片化、需求碎片化、沟通碎片化、交友碎片化。碎片化时间成为赢得用户的黄金窗口，而碎片化思维是将各种整体信息分割成信息碎片，利用用户碎片时间提供各种用户需要的信息，满足用户需求，甚至引导用户需求。

（二）移动营销的策略

在移动互联网时代，企业需要整合与升级各种营销战略和策略，以适应企业营销的需要。以下是四种最为常见的移动营销策略。

1. 通过社交网络与新用户接触

很多企业在尝试通过微信、QQ、微博、抖音等社交网络发布品牌相关内容，以吸引新用户。社交平台为企业提供了增加品牌知名度并最终促进销售的机会。因此，企业在社交网络上投放移动广告是有益的，可以接触到大量新的潜在用户。很多企业会在抖音上发布产品的使用场景与操作视频，并添加购买链接，吸引新用户的同时，也方便购买。

2. 拉近与用户和追随者的距离

一般在某家店铺购买过产品的用户，可能会再次回购，因此企业要做到及时或者适时地通知用户有关新产品、促销、折扣优惠，以及某些产品特价的信息。

淘宝店铺一般会给购买过产品的用户建立一个群，或将用户拉进微信群、QQ 群等有效媒介，以便用户即时获取店铺的最新消息。

3. 借助通信渠道进行沟通

通信渠道的使用是企业与老用户和潜在用户沟通的绝佳策略，可将包含产品信息的推文，以电子邮件或微信订阅号的方式推送给用户。企业在进行软文设计时，要注意做到图文并茂，还要将软文设计成适应不同屏幕的类型。

4. 利用移动设备提供的资源

智能手机和平板电脑等移动设备可以实现很多趣味活动。利用这些功能资源，用户可以与品牌保持联系，主动参与品牌推广活动。如“玩游戏免费拿口红”，正是利用游戏和产品的结合，企业通过游戏的方式给用户赠送产品，既打造了品牌，又达到了促进销售的目的。

第二节 H5 营销

在移动互联网时代，H5 这种全新的信息连接方式诞生，可以代替传统宣传单派发等广告宣传形式，还可以随意编辑需要的推广内容，做到“所见即所得”。

H5 作为伴随着移动互联网而兴起的一种新型营销工具，由于它是移动互联网的衍生物，所以也具有很多移动互联网的营销优势，如娱乐化、碎片化、社会化、互动性强等。如今，H5 已经成为各行各业必不可少的营销工具，可以帮助企业更好地吸粉引流、销售产品。

一、H5 营销的概念及特点

H5 营销如今是移动互联网中的热词，那么，H5 营销究竟是什么，又有何特点？下面我们将深入地分析。

（一）H5 营销的概念

H5 是 HTML5 的简称，是一种制作万维网页面的标准计算机语言。“H”是指 HTML，它是超文本标记语言（Hyper Text Markup Language）的缩写，以网页的形式呈现在受众面前。

H5 中的“5”指的是“第 5 代”，其发展历程如图 8-1 所示。

图 8-1 HTML 的发展历程

其中，IETF（The Internet Engineering Task Force）指的是互联网工程任务组，是全球互联网最具权威的技术标准化组织。而 W3C 就是我们比较熟悉的万维网联盟，它在 Web 技术领域非常有权威和影响力。

HTML 技术最早是从 1991 年开始被研究的，直到 1993 年才被正式推出。此后，HTML 经历了数次的更新换代，其间出现了两种比较优秀的方案，那就是由 WHATWG 推出的 Web Applications 1.0，以及由 W3C 推出的 HTML2.0。最终，这两个大型互联网组织在 2006 年达成共识，共同推出全新的 HTML 技术，也就是现在的 H5。

当然，H5 在一开始并没有引起人们的关注，而是一直在进行优化升级。这个周期是漫长的，差不多经过了 8 年的时间，W3C 才最终宣布 HTML5 标准规范制定完成，并面向全球开放。

主要对包括语义、离线与存储、设备访问、连接、多媒体、3D 与图形、CSS3 等在内的内容进行了规范，可以用于网页端与移动端的连接，让用户在移动互联网上也能轻松体验各种类似计算机桌面上的应用。

H5 营销是指通过将营销内容制作成 H5 的形式，发布到朋友圈、微博等不同平台，以吸引用户查看内容、参与互动等，达到提高品牌知名度、营销产品的目的的营销方式。如图 8-2 所示，这是一个以“年度听歌报告”为主题的 H5 页面，通过每位用户这一年的听歌“足迹”，展现音乐对用户生活的陪伴，并最终传递出音乐将继续陪伴用户温暖前行的理念。丰富的创意内容如同一个完整的闭环，最终落到具体的个体身上，直击人心，迅速引发用户的广泛参与和深度共鸣。

图 8-2　以“年度听歌报告”为主题的 H5 页面

（二）H5 营销的特点

H5 营销最主要的特点就是跨平台性和本地存储特性（见表 8-1）。

表 8-1　H5 营销的特点

营销特点	具体分析	优势
跨平台性	通过 H5 技术制作的页面或者应用可以轻松兼容各种终端和设备，如 PC 端与移动端、Windows 与 Linux、Android 与 iOS 等	H5 具有非常强大的兼容性，可以降低开发与运营成本，为企业与创业者带来更多的发展机遇
本地存储特性	（1）启动时间要远远低于 App；（2）网络速度比 App 更快；（3）由于它只是一个页面，所以也不会占据本地很多的内存空间；（4）H5 不依靠第三方浏览器插件，也可以实现高级图形、版式、动画及过渡效果；（5）占用的流量比较少	H5 非常适合手机等小容量的智能设备，同时也可以带来更好的视听体验

二、H5营销的优势

H5移动营销，对于开发者或企业来说，在成本、开发、运营、应用、维护和推广等方面都具有营销优势，下面将分别进行介绍。

1. 成本优势：各方成本大幅下降

企业的传统宣传方式，如电视广告、企业横幅、宣传海报、活动展板、活动宣传单、灯箱宣传及刊物宣传等，需要投入的资金较多，而宣传的效果往往有限，尤其是电视广告等宣传方式，需要的费用很多。

而通过H5营销，企业所需要花费的只是H5页面的设计成本和维护成本，投入的资金并不算多，具有成本优势。

2. 开发优势：开源生态系统发达

H5营销之所以受到企业的青睐，与其所具有的开发优势是分不开的。首先，H5可以直接通过浏览器加载，摆脱了对各种应用平台的依赖性，对于开发效率有很大的提升。其次，H5具有大量可以直接调用的开源库，能够轻松、快速地开发各种应用，而且它的生命力比原生生态系统更顽强。最后，H5本身只是一种网络标记文本，学习起来比较简单，能够让人快速掌握。

3. 运营优势：快速迭代、持续交付

H5的运营比较简单，企业只需通过开发平台的后台，即可快速收集用户的各种数据，如流量统计、分享统计、互动统计、扩展网址统计、分享渠道统计、独立访客（UV）统计、访问设备、访客停留时间/阅读深度及地域访问统计等数据情况。

具体而言，H5的运营优势体现在两方面：一方面，H5运营能实现快速迭代。相比原生开发的App，H5在人员招聘、应用开发、上线传播等方面的效率都更高，可以更快、更好地满足用户需求，而且试错成本也非常低，沟通效率更高，可以经历“上线—反馈—修改—上线”这样反复更新内容的过程，来实现快速迭代。另一方面，具有持续交付的优势。通常App需要经过App Store的审核才能上线，而H5则无须这样的审核流程，其上线速度比App更快，而且一旦出现问题可以随时更新。如果是App出现严重问题，其修改时间一般都比较长，或许等问题处理好时，用户早就将App卸载了。

4. 应用优势：灵活的跨平台性能

面对多屏应用的当下，各种智能设备、各种操作系统及各种应用平台，都制定了不同的开发要求，让应用开发者感到痛苦不堪。如苹果iOS系统和安卓系统等，企业在开发App时，需要做两个才行。而H5具有非常灵活的跨平台性能，可以帮助企业避免很多麻烦。

5. 维护优势：开放代码更加安全

H5在维护方面的优势主要体现在开放代码和代码安全两方面。首先，H5的代码是开放的，不用专门去开发SDK（Software Development Kit，软件开发工具包），可以快速与其他应用交互数据，也可以进行跨应用协作，共同满足用户需求。另外，H5的代码可以进行加密，防止解压直接看源代码安全码，在进行维护时只需解密即可，安全性比较高。同时，H5提供了本地数据库支持，可以存储一些临时资料或者缓存。

6. 推广优势：更易推广、更易爆发

大数据时代的智能手机作为信息接收和发布的载体，其使用量要远远超过笔记本电脑和平板电脑之类的其他移动信息设备，若把H5的发展比作疯长的茂林，那么智能手机便是H5生存、生长所依靠的土壤。智能手机具有信号移动、载体强大、在线较长和便于互动的特点，有利于信息的发布，从而保证H5能够长时间在线，抓住H5活跃黄金时段，有效促进H5营销的发展。

随着科技的发展，智能手机的功能也日益强大，除了支持各类娱乐H5的应用，也支持许多技术操作型H5的应用，视、听、读、写等功能日渐追赶上计算机，使H5的操作越来越自由简便，同时也更加容易推广和爆发。

经典案例

《围住神经猫》是一个比较经典的H5作品，如图8-3所示，于2014年7月上线，据悉其开发时间仅为一天半，而且整个开发团队只有两个人，一个负责美术设计，另一个负责程序开发。

图8-3 《围住神经猫》H5页面

游戏规则非常简单，在画面中会随机出现两种颜色的圆点，而扭动的小猫只会停留在灰色圆点上，我们可以点击灰色圆点将其变成橙色，只要用橙色圆点将小猫围住即可，系统会自动统计用户围住小猫使用的步数。《围住神经猫》之所以取得成功，主要有5个原因：1. 神经猫形象呆萌可爱，具有娱乐性；2. 多样有趣的游戏玩法，其乐无穷；3. 使用网络流行词汇吸引关注；4. 通过竞争机制吸引用户不断挑战；5. 朋友圈分享战绩，可高效传播。

相关数据显示，《围住神经猫》推出的第一天表现很普通，其独立玩家数（IP）只有23.4万，流量（PV）也只有86.3万，但在第二天马上呈现爆发式增长，上线48小时内其独立玩家数就突破了241万，流量也达到了1026万。《围住神经猫》在短短3天时间内，其访问量就达到了惊人的上亿次，同时也让H5游戏再度火热起来。在《围住神经猫》取得成功后，其开发团队还联合腾讯在“神经猫”这个IP上大做文章，推出了《神经猫的日常》，其中包含《围住神经猫》《暴打神经猫》《神经猫广场舞》等多款小游戏。

三、H5营销的应用场景

H5的主要作用就是将各种信息传递给用户。H5不但特效丰富，而且应用场景也非常多，如产品推广、品牌传播和礼包促销等营销需求，都可以通过H5来吸引用户关注，实现目标营销效果。

（一）产品推广

任何产品的问世都是一场无声的宣战，要在市场中逐渐成为主角，需要关注的就是卖点。

无论是不是新品上市，卖点都是产品销售经营的关键要素，只有卖点能把产品变成商品，实现获得利润的根本目标。尤其对于新品而言，卖点更是直接决定了产品未来的存亡。

就产品本身而言，卖点的来源主要有两方面：一是产品本身的特点，即产品与生俱来、与众不同、别出心裁的特点；二是营销技巧，即想象力创作、细分角度和顾客认可的特点，都是需要在H5作品中进行深入分析的。

从产品销售的角度出发，要抓住卖点，H5作品可以从需求说明、产品说明、服务说明和使用说明四方面入手。

（二）品牌传播

H5可以表达更加多元化的商业需求，形成强势的品牌曝光，适用于多场景的商业表达推广。企业可以自定义商标（Logo）、底标等品牌标志，同时也可以讲述品牌故事，满足品牌第一时间曝光的需求。

同时，企业还可以在H5中建立专门的品牌历史页面，将品牌信息一览无余地展现出来；另外，也可以将品牌元素融入各种互动活动或者小游戏中，在潜移默化中将品牌深深植入用户心中，使他们对品牌产生兴趣。

（三）促销活动

促销活动就是利用产品降价或赠送礼品的方式，在短时间内达成销售目标。

促销活动一直都是企业所热捧的营销方式，与其他类型的活动相比，它较容易提升产品销量。

随着移动互联网的发展，种类繁多的线上推广方式也顺势崛起，对于活动策划者来说，选择一个合适的活动推广方式，就是对活动执行力的一种保障。

在H5中推广促销活动时，需要掌握六大要素：活动原因、活动时间、促销力度、参与方式、图文并茂和详细的活动流程。

例如，《记在心里的名字　感谢》H5作品旨在宣传小罐茶中秋礼盒。用户进入页面后，可浏览一段自动播放的横屏视频，视频带有播放控制条，而内容则以手写感谢卡为主。用户在浏览过程中，可选择通过滑屏操作跳过视频并进入产品展示页，从而了解产品的样式、价格等。此外，用户还可通过“了解更多”按钮跳转至品牌小程序（见图 8-4）。

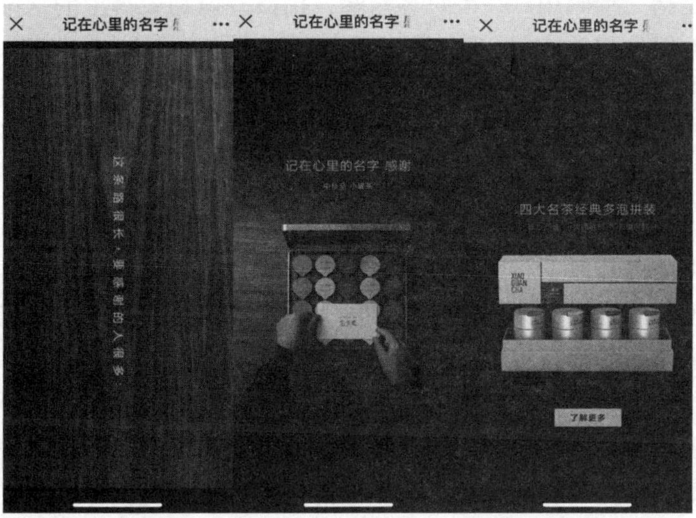

图 8-4 《记在心里的名字 感谢》H5 页面

第三节 二维码营销

二维码营销是目前较常见的一种移动营销手段，门槛和成本低、可应用行业广泛、简单方便、可塑造性强的优势使其成为网络营销界最有潜力的微营销方式，是各行业进军移动互联网必备的营销手段。

一、二维码营销的概念和业务分类

（一）二维码和二维码营销的概念

二维码（2-dimensional bar code）是指按一定规律，在平面上分布的黑白相间、记录数据符号信息的特定几何图形。二维码也是条码，但二维码能够在横向和纵向两个方向、两个维度同时存储和表达信息。

二维码营销是指企业通过二维码进行的一系列的营销活动，其内容包括产品信息、企业活动、企业简介等。很多企业会把二维码与一些互动的媒介结合在一起，引导消费者扫描二维码。互动媒介的类型包括印刷品、电视屏幕、手机屏幕等。

（二）二维码营销的业务分类

因为二维码具有小巧易读、方便、信息容量大等特点，所以二维码营销应用的场景非常广阔。它的业务主要分为主读类业务和被读类业务。

1. 主读类业务

主读类业务是指二维码用户在手机客户端，拍摄并识别载体上的二维码图片，获取二维码所存储内容并触发相关应用。

（1）防伪

客户端识别二维码后，用户可获得验码系统中事先生成的票据或产品信息。通过将这些信息和实物进行比对，客户即可核实实物的真伪。

（2）电子名片

企业在印制纸质名片时，将包含姓名、联系方式、电子邮件、地址等信息的二维码图片一起印在名片上。收到名片的用户使用手机客户端识读名片上的二维码，即可将二维码中包含的信息存入手机的通信录中。

（3）溯源

用户只要用手机扫描产品包装上的二维码，即可获知该产品的正品安全信息，从而实现产品溯源。例如，消费者在购买食品时，只需使用手机扫码，即可查询产品认证状况等信息，并可及时举报虚假、错误信息。

（4）广告媒体

商户将包含网址的二维码印制在杂志、报纸、户外广告上，用户通过扫描二维码，即可快速访问商户网址，加强了商家和潜在用户的互动。

2. 被读类业务

被读类业务是指当二维码存在于用户手机上时，用户持手机到应用现场，通过二维码机器扫描手机进行内容识别。

（1）二维码支付

二维码支付功能使手机在线支付变得更加便捷，当消费者在线下进行消费时，商家可使用电子支付工具扫描消费者的付款二维码，从而实现消费者与商家账户的支付结算。

（2）团购

团购网站在商品或服务的销售环节引入二维码作为购买凭证，消费者在线付款后，向消费者手机发送二维码购物凭证，消费者可直接凭借该二维码凭证到销售该商品或服务的商家消费。例如，在美团上购买电影票，支付成功后便会将二维码发到手机上，然后可以用二维码在取票机上取票。

（3）电子会员

会员凭借自己存储在手机上的二维码，即可在特定场所享受会员服务。

（4）积分与奖品兑换

企业将积分兑换的商品或服务以二维码电子凭证的方式发送到用户手机上，用户通过二维码凭证到指定的地点兑换商品或服务。电子积分兑换为客户提供了便捷的服务，为企业减少了物流成本，是一种便捷的服务形式。

（5）在线投票

如今电视节目常采用扫二维码的方式，让用户参与互动，如许多综艺节目让网络用户扫描二维码，给自己喜欢的选手投票，从而吸引用户的注意力。

二、二维码营销技巧

（一）吸引用户

1. 带图形的二维码

如今的二维码并不只是黑白格的形式了，它还可以添加图片。企业把宣传物主题的核心元素与二维码搭配显示，可以营造出比较时尚的构图。

企业做二维码营销的时候，可以利用图形二维码放置产品图片，使二维码承载的不仅是文字，还富有创意地使用了图片来完善企业的二维码信息，如图 8–5 所示。

图 8–5 带图形的二维码

2. 有创意的二维码

如今媒体传播环境日益丰富，年轻化的消费受众更是喜欢“尝鲜”，彩色二维码更能适应市场需求。更多的企业愿意用彩色的二维码作为产品的营销方式，并且缤纷的色彩能给人带来有力的视觉冲击，给人留下深刻的印象，如图 8–6 所示。

图 8–6 有创意的二维码

此种二维码的制作并不复杂，准备好相关素材，借助网页中的二维码生成器即可完成。

3. 品牌植入二维码

企业可以将品牌植入二维码，将品牌元素融入画面，如图 8–7 所示。

图 8-7　品牌植入二维码

4. 结合产品的二维码

企业可以将产品外观元素与二维码相结合，使二维码发挥突出活动主题、扩大活动影响力的作用，如图 8-8 所示。

图 8-8　结合产品的二维码

（二）圈住用户

1. 给用户带来利益的二维码营销

如果企业的二维码只是一味地塞给顾客企业想传递的信息，而没有给予顾客需要的信息，那商家的二维码营销将寸步难行。所以一定要考虑二维码给顾客带来的收获。例如，某家咖啡店针对上班族习惯一边喝咖啡一边阅读的生活习惯，创意使用二维码体积小、信息含量大的特点，在咖啡杯上印上可以提供早报的二维码，让顾客可以边喝咖啡边读早报，给顾客带来利益，如图 8-9 所示。

图 8-9　印有二维码的咖啡杯

2. 提供售后服务的二维码营销

企业可以利用二维码营销给顾客提供良好的售后服务。企业只需在每一件产品的售后服务卡上印一个独一无二的二维码，顾客只要扫描二维码就可以随时随地地享受企业服务，如图 8-10 所示。

图 8-10 二维码营销为顾客提供售后服务

3. 利用二维码的网站链接功能

企业在实行二维码营销的过程中，可以利用二维码的网站链接功能。在方便用户进入网页的同时，还能增加网站流量。

4. 调动用户积极性

企业想要应用二维码营销，就要利用二维码与用户互动，并且强化消费者购买产品的欲望，达到提高产品成交转化率的最终目的。

5. 及时追踪二维码营销效益

引导消费者扫描二维码后，营销者可以通过以下分析评估二维码的营销效益。

（1）二维码扫描跳转后，消费者在活动页面停留的时间是营销活动成功与否的主要指标。

（2）如果消费者扫描后在跳转页面中停留的时间极短，即使扫描的人很多，活动也是失败的。

（3）若二维码扫描量过低，就该反省中间的细节。

（三）改进措施

1. 改进链接页面的设计

消费者通过智能手机扫描二维码后要能链接到网页。

（1）尽量使用较短的网址

一般网址经过处理后可以变成短网址。短网址的二维码黑白点颗粒会变大，其判读速度更快；而没有经过处理的网址，二维码上的黑白点颗粒会比较密集，判读速度较慢。

（2）网页的内容要精简

由于手机屏幕的限制，网页的信息最好限定在一页，尽量不要让消费者往下拖拉才能看完整个信息。

（3）链接网页不要放 Flash 元素

Flash 不一定能够体现出更多具有价值的信息，而且 iOS 不支持 Flash 格式文件，如果二维码链接过去的网页有 Flash 元素的话，则很大一部分高消费能力的人群无法看到产品和活动。

2. 提升二维码清晰度

二维码营销能否成功，首先取决于二维码能否成功被扫描。用户扫描二维码时除了尺寸限制，还包含“清晰度”的问题。清晰度的问题可能来自以下两方面。

（1）企业不能使用自己的 LCD 屏幕来测试影片二维码，因为电视信号传播到用户终端会有衰减，变得模糊一些，这对于二维码扫描成功率有很大的影响。

（2）如果二维码图形没有调整成适合放在户外广告的尺寸，而直接放置在户外广告上，消费者可能扫不出来。

案例分析

雪佛兰 Volt 汽车上市后就受到了很多用户关注，商家在汽车机体上贴上二维码（见图 8-11），用户只要扫描二维码，就能获取 Volt 汽车的相关信息。这样做，对于那些对 Volt 汽车感兴趣的消费者来说，不用专业讲解员讲解，只要掏出手机，扫描二维码，一切疑问都可以得到解答。

图 8-11　印有二维码的雪佛兰 Volt 汽车

三、二维码营销渠道

在经济高速发展的今天，二维码营销已经成为企业之间竞争的方式，但需要注意的是，任何营销活动首先都要明确目标，这不但为整个过程定下基调，而且企业的目标越明确，活动结束后就越容易评估结果。因此，企业在运行二维码营销的时候，首先要明确投放二维码的目的，针对企业的最终目的，确定适合的二维码营销渠道。

1. 微信

微信具有二维码扫描功能，是二维码营销的主要渠道。随着微信的普及，企业把营销目光放到了微信二维码上，制作自己公司的微信二维码，放置于各种载体上。关注了企业微信账号的用户即可通过扫描企业微信二维码获取企业相关信息。

2. 企业名片

名片对于企业来说是非常重要的，因为其代表一个企业的形象，元素包括企业名称、联系人、联系电话、地址和公司标志等。

二维码与传统名片相结合，有利于二维码营销的运行，可以承载电话、邮箱等联系方式之外的更多信息，如个人网址、QQ、微信、微博等信息。二维码也可以同时存在于纸质名片上，用户可读取二维码内包含的文字和图片信息。通过二维码名片，企业可以引导买家直接进入指定页面，了解产品信息。

如今，越来越多的企业向客户派发二维码名片，力图用最低的宣传成本获取更大的经济效益。

3. 宣传单

随着时代的进步，企业不再用以前的老思想，看好一个营销方式就只专攻这一种方式，而是会把自己所掌握的营销方式都整合在一起。例如，很多企业把传统的派单与新兴二维码营销方式结合在一起，扩大了推广受众范围。

通过网络及印刷品等媒体，可以很方便地展示二维码。二维码与现有媒体的捆绑方式，可以将现有媒体传播价值保留和延伸至移动互联网中，以沉淀新产生的潜在客户。

企业在运行二维码营销的过程中，可以在印刷活动单页的时候，印刷相应的二维码。用户可以直接扫描二维码，单页随时都可以扔掉，而网页可以随时随地带走。

宣传单是最普通、最能直接接触用户的推广方式。宣传单的主要优势是可以将广告的推广成本降到最低，每一个接受广告的人都是实际的或者潜在的顾客，印刷宣传单的量越大越优惠，将二维码印制在宣传单上能极大地起到宣传推广作用。

知识延伸

二维码在公文表单、商业表单、发货单据、舱单等资料之间的传送交换应用过程中，不但可以避免人为错误，还可以降低企业的人力成本。

其中发货单据含有大量的信息（发货人信息、收货人信息、运输方式等）。如果企业采用人工键盘录入的方式录入发货单据，就会存在效率低、差错率高等问题，已经不能适应现代经济的发展了。将二维码应用在发货单据上，是一个很好的解决方案。企业可以将单据的内容编成二维码，打印在发货单据上，在运输业务的各个环节扫描条码，信息便录入计算机管理系统中，这样做既快速又准确。

第四节 LBS营销

基于位置的服务（Location Based Service，LBS）本质上是为用户提供相关位置服务的一种增值服务，即地理信息系统平台接收到外部定位方式或者无线电网络传递的位置信息后，为移动终端用户提供所需服务。网络接入环境的改善和智能移动终端的普及，为LBS提供了良好的发展环境。用户对于交友、即时通信、分享信息及获取周边生活服务资讯的需求不断涌现，向LBS提出了迫切的发展需求。企业将用户位置、用户需求与精准营销的理念糅合在一处，LBS营销应运而生，成为移动互联网和电子商务的热门发展领域之一。

一、LBS的概念

LBS是企业在移动通信运营商提供的网络服务（如GSM）支持下，利用定位技术（如GPS），获取用户的位置相关信息，并在GIS的支持下，为用户提供增值服务的一种新服务。LBS本质上是为用户提供基于相关位置信息的各种增值服务，如用户可以通过自己的移动设备上预装的App，搜索查找当前位置500米内的饭店、购物中心、银行等信息以做出相应的购物决策。

LBS具体分为两个步骤。第一步定位用户，通过技术手段定位到用户所处的地理位置，具体可使用GPS定位、基站定位、无线AP定位等多种定位技术，然后将位置信息返回给用户终端设备。第二步提供服务，根据地理位置信息，向用户提供相关增值服务。

例如，POI（Point of Interest）检索服务，每个POI包含名称、类别、经度、纬度，以及附近的酒店、饭店、商铺等信息。POI服务器获取用户的位置信息后，利用该信息寻找当前一定方圆范围内用户感兴趣的商家信息，包括距离、路径、用户评价等匹配数据。

二、LBS营销的概念

LBS营销是指在移动互联网环境中，企业利用位置信息，针对目标受众进行的精准营销活动。LBS营销的产生和发展离不开移动互联网技术和移动电子商务的支持，同时精准营销思维在营销活动中的普及，也为LBS营销增添了巨大的动力。移动互联网在移动中依然可以保持网络连接的特性，使LBS可以为用户提供更加个性化的位置服务，精准营销思维的融入也让LBS营销在准确性、互动性、经济性、可控性和动态性上发挥出了更大的作用。

知识延伸

内容精准的旅游书

项目组找来了小说家马塞洛·鲁本斯（Marcelo Rubens Paiva）写的一本特殊的小说，当用户用手机或电子阅读器阅读小说时，这本小说内容里的位置信息会根据用户所在区域而变化。比如用户在法国，那么小说中主人公出现的位置就会变成埃菲尔铁塔；再如，用户在纽约，那么小说发生的地点就会出现纽约的景点、位置等。项目的出发点就是让大家沉浸在旅行中，让大家对景点有所感触。

三、LBS 营销的特点

与其他营销方式相比，LBS 营销因为定位的特殊性，有着独特的优势和特点，下面对 LBS 营销的主要特点进行介绍。

1. LBS 营销是一种精准营销

LBS 营销是一种十分精准的营销，可以将虚拟化社会网络和实际地理位置结合起来，运营商通过用户的签到、点评等行为抓取用户的消费行为轨迹、时间和地点等信息。企业通过用户的 LBS 服务分析出用户的签到商家数等 LBS 数据，掌握用户的生活方式和消费习惯，就能够有针对性地为用户推送更精准的销售信息，同时还可以根据移动用户的消费特质制定更加准确有效的市场细分策略和营销方式。

2. LBS 营销着重培养用户习惯

LBS 营销有两个比较基本的前提，一是用户主动分享自己的地理位置，二是允许接收企业的推广信息，所以进行 LBS 营销时，一定要重视用户的习惯培养，要让用户乐于接收位置营销信息，LBS 营销才能发挥更好的价值。

3. LBS 营销要保护用户隐私

LBS 营销是基于用户定位的营销方式，这就不可避免地涉及用户位置隐私的问题，LBS 营销在为用户提供服务便利的同时，如果不能妥善地处理用户隐私问题，很容易造成用户兴趣爱好、运动模式、健康状况、生活习惯、年龄收入等信息的泄露，甚至造成用户被跟踪、被攻击等严重后果，因此 LBS 营销服务必须用严密的手段保护好用户隐私。

知识延伸

用户隐私信息的保护可以从这几方面着手：增加用户身份的不确定性、增加位置的不确定性、消除用户身份和位置之间的关联性，使攻击者不能准确确定用户的身份和位置，并且无法准确将用户与位置联系起来。

四、LBS 营销的发展趋势

LBS 营销的发展增加了定位营销的空间，使越来越多的移动应用与位置产生紧密关系，用户对交通出行、定位、生活服务、移动电子商务等服务的需求越来越大，进一步加快了位置服务产业的发展。从市场需求的角度来看，LBS 营销已经逐渐呈现出以下三种发展趋势。

（1）线上线下（Online to Offline，O2O）：LBS 营销的 O2O 模式是 LBS 应用和传统服务业的深度融合，通过打造 LBS 产业集群方式，形成完整的 O2O 平台，实现全方位的立体化营销。特别是在移动互联网、物联网等新应用的推动下，餐饮、娱乐、旅游、金融等传统服务业的 LBS 应用快速涌现，基于 LBS 的本地化，生活服务规模还将进一步扩大。

（2）移动支付：LBS 生活服务市场的发展与移动支付密不可分，传统的支付形式无法满足 O2O 的支付需求，而基于 LBS 的 O2O 业务则与移动支付紧密结合。利用 LBS 应用，商家可以对用户推送产品和服务，再通过移动支付完成交易，从而形成完整的 O2O 业务闭环，既培养了用户的移动支付习惯，又提高了基于 LBS 的 O2O 业务的结算效率。

（3）大数据：大数据是现在企业营销时重点观察分析的指标，LBS 与大数据相结合，可以对个体用户需求进行更准确的定位和收集，及时对运营商的营销能力作出评估，对营销方向给出建议，还能为用户提供更个性化、精细化的服务。

移动互联网技术为 LBS 营销提供了更好的思路，而为了获得更好的营销效果，LBS 营销必须更加专注于用户需求的挖掘和服务，进一步细分市场，让 LBS 更具针对性，打造出特色化的 LBS 服务平台。

五、LBS 营销的模式

根据 LBS 营销应用的领域不同，可以将其大致划分为签到模式、“LBS+地图”模式、“LBS+O2O”模式、“LBS+SNS”模式、“LBS+广告”模式五种类型。每一种模式并非各自独立，可以进行组合营销。

1. 签到模式

签到模式是指用户根据移动端的 LBS 定位提示到达某地点，在企业的应用软件中留下该位置信息进行签到，从而获得某些服务或利益。签到一方面能和其他用户形成即时互动；另一方面能对活动本身或者商家起到推广作用。由此可将这类模式细分为以下两类。

（1）推广活动签到

签到模式可以让企业和用户之间形成良好有效的互动，提高活动的关注度，所以早期很多企业在进行品牌推广、公益活动等需要聚集人气的活动时会使用该形式，比如上海大众汽车的“Think Bule 蓝享计划”即是采用签到模式进行活动推广。“Think Bule 蓝享计划”是一项为响应全球的环保倡导和以环保换取人类可持续发展的诉求于全国发起的环保计划，上海大众以街旁（是一个基于地理位置的社交应用）为 LBS 合作伙伴，在北上广三大城市核心商业中心打造“蓝思观察站”，同时在三大城市繁华地段的地铁、商场中设置蓝色阶梯，鼓励用户在日常生活中尽可能地多走楼梯，少乘坐电梯扶梯，既锻炼身体，又减少电梯能耗、节约有限的资源。用户通过定位信息在活动指定地点签到即可收藏虚拟徽章，使用街旁账号登录活动网站，就可以累积“蓝币”，赢取缤纷好礼。

（2）优惠活动签到

优惠活动签到是指企业借助 LBS 平台快速聚集消费者，通过活动使其产生消费行为，或产生有利于企业品牌的行为和心理的活动。优惠活动签到有利于企业通过折扣优惠等手段实现产品促销，同时还能提高用户对企业 App 的黏性，培养用户的消费习惯。比如，去哪儿网等旅游电商平台推出的住宿签到服务，当用户入住预订酒店后，可以通过手机端 App 签到，获得现金折扣。

2. “LBS+地图”模式

LBS 营销离不开实时地图功能的支持，所以基于 LBS 手机地图的应用也是目前主流的 LBS 营销模式，“LBS+地图”模式几乎可以在所有移动电子商务领域进行使用。

（1）导航服务：导航服务即电子地图的基本服务，如百度地图、高德地图等。

（2）生活服务：餐饮、住宿、娱乐、出行等本地生活服务几乎都需要将地理位置信息推送给用户。

（3）社交：现在大部分社交工具几乎都有实时定位功能，支持用户通过地理位置定位寻找附近好友。

（4）持续定位：跑步、骑行等运动类数据，物流类的车联网、公交换乘等服务也需要借助 LBS 的地理位置服务。

（5）安全设备：现在很多物品上也内置了定位功能，可以方便用户端 App 实时获取物品的地理信息，比如儿童手表等。

3. “LBS+O2O”模式

“LBS+O2O”模式是对传统团购模式的进一步延伸，可以缩短消费者和商家之间的距离，让消费者及时看到店铺信息并产生消费，多见于本地化产品和服务。

（1）“LBS+O2O”模式的餐饮

LBS+O2O 模式的餐饮是现在非常常见的一种营销模式，用户有用餐需求的时候，通过 LBS 服务搜索附近或指定区域的餐厅，LBS 会根据用户需求为其推送符合搜索条件的餐厅，进行精准营销。通过 LBS 服务，用户不仅可以了解餐厅的基本信息，而且可以查看餐厅的口碑和评价，选择更优质的餐厅，提高服务体验。用户选择并进入餐厅后，LBS 技术还可以自动生成该餐厅的菜单，用户点餐后自动生成订单给后厨，用户用餐结束后再通过 LBS 移动支付功能完成付款。

（2）“LBS+O2O”模式的商店

利用“LBS+O2O”模式的商店比较常见的类型是超市等门店。通过 LBS 服务对超市等门店附近的用户进行销售信息的推送，比如发送新品信息、打折信息、优惠券、试用券等，用户凭借手机收到的优惠信息到门店享受相关优惠，或实现线上销售、线下送货等服务。比如京东的 O2O 平台“京东到家”即是采用“LBS+O2O”模式的商店。“京东到家”

主要向用户提供一定范围内生鲜、超市产品、鲜花蛋糕、订餐配送等本地生活服务，两小时内快速送达，用户借助 LBS 服务即可在“京东到家”搜索到附近社区店，通过线上下单购买产品。

(3)“LBS+O2O”模式的交通服务平台

“LBS+O2O”模式的交通服务平台是指用户利用打车软件等应用，发送自己的出行请求，LBS 服务会对用户进行地理定位，并通知给附近车主，车主可以通过相应的应用和平台查看用户的位置，接单前往用户位置，获得本次服务的权限。比较知名的“LBS+O2O”模式的交通服务平台有“滴滴打车”等，将打车服务、时间和地点高度结合起来，通过地理定位寻找最近的车辆，减少用户等待时间，提高用户的服务体验。

4.“LBS+SNS”模式

SNS 是指社交网络服务，包括社交软件和社交网站，是建立人与人之间的社交网络或社交关系的连接。LBS 技术在 SNS 中的应用非常广，现在大多数的 SNS 应用几乎都和 LBS 结合，实现定位服务和社交功能的组合。

5.“LBS+广告”模式

“LBS+广告”模式是一种基于地理位置的广告服务，是一种移动广告。商家和 LBS 平台进行合作，向某个既定区域内的用户推送广告。根据广告的传播方向，可以将 LBS 模式的广告分为以广告内容为导向的推送式广告和以用户需求为导向的浏览式广告两种类型。根据“LBS+广告”模式的应用方式，又可以分为位置感知广告、地理围栏广告和位置图谱广告。

(1) 位置感知广告。位置感知广告是指根据用户地理位置的动态调整，确定用户与目的地之间的距离，并投放特定广告信息给用户的一种广告形式。比如谷歌 Google 曾经面向苹果和安卓两种系统推出的移动广告平台，通过地理定位功能，依据用户的实际位置显示附近或相应的广告内容，有效提高用户对广告的关注率和点击率。

(2) 地理围栏广告。地理围栏广告是指向某个特定地域的用户推送广告，当用户进入该区域时或在该区域活动时，即可通过移动终端接收到相应广告信息。地理围栏广告的区域类型可以是一个经纬度、一个城市，也可以是一个地区或一个特定购物场所附近。

(3) 位置图谱广告。位置图谱广告是指对某个特定区域内、具有某些共同特征的受众进行广告推送，比如针对具有某些消费偏好的人群推送、针对某个性别或年龄段的人群进行推送等。位置图谱广告可以提高广告推送的精准度，更精准地影响用户，与地理围栏广告相比，具有更大的主动性，效果更好。

第五节 微信营销

微信是腾讯公司于 2011 年推出的一个为智能终端提供即时通信服务的免费应用程序，从最初的社交通信工具，发展为连接人与人、人与商业的平台。

微信基于智能移动设备而产生，不仅更加适应移动设备的应用需求，同时其简洁的界面、便捷的操作，不仅满足了年轻人的移动通信需求，也吸引了大批中老年用户，使微信成了一款渗透率高、覆盖率广的主流即时通信软件，积累了大量的活跃用户，并渗透到人们生活和工作的方方面面。

微信营销正是建立在微信大量活跃用户的基础上，其特殊的点对点营销模式、灵活多样的营销形式和强用户联系性，为网络营销提供了更多可能。

一、微信营销的概念和特点

（一）微信营销的概念

微信营销是一种创新的网络营销模式，主要利用手机、平板电脑中的移动 App 进行区域定位营销，并借助微官网、微信公众平台、微会员、微推送、微活动、微支付等来开展营销活动。

微信营销主要有两种类型，微信个人运营和微信企业运营。微信营销作为个人或企业的一种常用营销模式，所表现出的用途并不相同。

个人微信号主要是指个人开通的微信号，可以与手机通信录绑定，邀请手机联系人、微信好友进行交流，可以通过朋友圈发布状态，与微信好友进行互动。个人微信号的圈子多为相识的朋友，基本来源于朋友推荐和面对面关注，具有较强的联系性。此外，个人也可以建立微信公众号，用以发布文章、推送信息。微信公众号提供了智能回复、图文回复等功能，不仅可以传送更丰富的信息，还可以方便运营者实现一对多互动交流。通过推广微信公众号，个人能够吸引粉丝的关注，粉丝越多，推广效果越好。

企业微信是一款用于办公沟通的即时通信产品，适用于各种类型的企业和机构用户，提供丰富的办公应用和强大的管理能力，员工扫码关注后，即可在微信中接收企业通知并使用办公应用。微信企业运营区别于个人运营，更多地偏向于企业公众号、企业微信群的运营。利用微信，企业也可以打造具有自己特色的企业公众号，与特定群体进行全方位的沟通和互动。

互联网时代的营销，更倾向于立体化，更注重营销方式的组合，微信公众号为微信营销提供了更丰富的方式。不管是个人微信与微信公众号组合，还是企业微信与微信公众号的组合，都可以实现较好的营销效果。

（二）微信营销的特点

作为纯粹的沟通工具，商家、媒体和明星与用户之间的对话是私密的，不需要公之于众，所以双方的亲密度更高，微信完全可以做一些真正满足用户需求与个性化的内容推送。具体而言，微信营销具有以下特点。

(1) 点对点精准营销。微信点对点的交流方式具有良好的互动性，企业在精准推送信息的同时，更能与客户形成一种朋友关系。微信拥有庞大的用户群，借助移动端，微信能够让每个个体都有机会接收到企业推送的消息，继而实现企业对个体的点对点精准化营销。

（2）形式多样。微信平台除了基本的聊天功能外，还有朋友圈、语音提醒、公众平台、二维码、视频号等功能，用户可以通过扫描二维码来识别或添加好友，关注企业公众账号；企业可以通过扫码优惠的方式来吸引消费者，开展O2O营销；企业也可以通过公众平台与用户进行互动，进行口碑营销。

（3）曝光率高。微信营销能够实时刷新，在某种程度上可以说是强制了信息的曝光，因为客户接收信息前必须关注企业公众账号，因此，微信公众平台信息的到达率是100%。另外，微信还可以实现包括用户分组、地域控制在内的精准消息推送，这也是微信营销最为吸引人的地方。因此，做微信营销的企业不需要将时间花在大量的广告投放上，而只需制作好精美的文案，定时定量，控制好用户接收信息的频率与质量，以保证粉丝的忠诚度。

二、微信营销的价值

从营销推广的角度来讲，微信个人号和微信公众号的营销价值有所差别，个人和企业只有深刻理解了微信个人号和公众号背后的价值，才能结合消费者的需求确定通过微信平台提供怎样的服务。

（一）微信个人号的营销价值

微信个人号的营销价值主要有以下三方面。

1. 输出个人品牌

美国管理学者汤姆·彼得斯（Tom Peters）提出，21世纪的工作生存法则就是建立个人品牌。不仅企业、产品需要建立品牌，个人也需要在职场、生活中建立个人品牌。个人品牌的建立是一个长期的过程，人们希望塑造个人形象以便被大众广泛接受并长期认同。而以微信为代表的社交软件，可以让个人成为传播载体，人们能够在社交软件上展示自己鲜明的个性和情感特征，在符合大众的消费心理或审美需求的前提下，使自己成为可转化为商业价值的一种注意力资源。

2. 刺激产品销售

无论是基于熟人经济的微信销售，还是基于个人品牌效应的微信销售，“人”都是新的商业入口。营销者通过微信个人号的朋友圈发布产品信息、通过微信聊天为买家提供咨询服务，消费者使用微信支付完成付款，这样就实现了“社交电商”。

3. 维护客户关系

微信是人与人之间便捷沟通的一种手段。如果由于业务关系添加了很多客户为微信好友，通过聊天联系或朋友圈互动，就有了与客户加深情感连接、让客户进一步了解你的机会。

无论从哪方面来讲，社交网络的营销最需要两个字：信任。有了信任，才会有商业转化，客户信任你才会决定购买。客户购买的不仅是产品，还有那份“信任”。

（二）微信公众号的营销价值

微信公众号至少具有以下六方面的营销价值。

1. 信息入口

PC 时代，用户需要官网提供信息查询服务；移动互联网时代，用户依然需要这样的官方入口。基于移动互联网的特点，客户不需要点开百度再搜索关键词或输入网址来访问，只需搜索微信公众号的昵称就可以获得企业介绍、产品服务、联系方式等信息，也可以点击公众号中的菜单直接跳转到官网。

2. 客户服务

客户关系管理（Customer Relationship Management，CRM）的核心是通过自动分析实现市场营销、销售管理和客户服务，从而吸引新客户、保留老客户，并将已有客户转变为忠实客户，增加市场份额。微信作为沟通工具，极大地方便了客户与企业的沟通。将微信与企业原有的 CRM 系统结合，可实现多人人工接入，提高客户对服务的满意度。

3. 电子商务

未来的零售是全渠道的，企业需要尽可能让客户随时随地购买产品，而微信公众号就可以实现销售引导，及时把产品或服务信息传达给客户，促成交易，缩短营销周期。

4. 客户调研

客户调研是每个企业制定经营策略时非常重要的环节，大型公司甚至由专门的产品研发部门来负责，或者通过付费寻找第三方公司发放问卷或者电话调研。这些方式不仅成本高，而且数据不精准。通过微信，企业可以直接接触与自己相关的精准客户群体，进而省去中间环节，提升数据的准确性，加深对用户的了解。

5. 品牌宣传

微信公众号可以承载文字、图片、音频、视频等多元化形式，能及时有效地把企业最新的促销活动告知客户，具有互动性强、信息传递快捷和信息投放精准等特点。客户不仅可以接收品牌信息，还可以更方便地参与品牌的互动活动，这将有助于深化品牌传播，降低企业的营销成本。

6. 线上线下

线上线下营销的互通是必然趋势，而微信为二者的结合提供了更便利的通道。

第六节　微博营销

企业在营销活动中，以微博作为营销平台，每一个粉丝都是潜在的营销对象，企业通过更新自己的微博向网友传播企业信息、产品信息，树立良好的企业形象和产品形象，从而达到营销的目的。

一、微博的概念及特点

（一）微博的含义

微博，即微型博客（MicroBlog）的简称，是一个基于用户关系的信息分享、传播及获取的平台，用户可以通过 Web、WAP 及各种客户端组建个人社区，建立自己的好友圈、关注群组，即时分享文字、图片、视频等信息。

（二）微博的特点

微博作为一种分享和交流平台，更能表达出每时每刻的思想和最新动态，与博客相比，具有以下特点。

1. 便捷性

微博为用户提供了一个交互式的平台。在这个平台上，用户可以作为发布者发布微博供他人阅读，也可以作为观众，在微博上浏览自己感兴趣的内容。除文字之外，用户在微博上也可以发布图片、分享视频等。此外，随着移动互联网的发展，微博用户可以通过手机等方式来即时更新自己的内容。

2. 新型交互性

与博客上面对面的交流不同，微博不一定要相互加好友，只需要关注对方，成为对方的粉丝，就可以随时随地地接收到被关注者发布的信息，这一特性被称为“背对脸”。例如，很多公众人物广受大众的关注，大众可通过微博关注成为其粉丝，即可随时接收对方发布的微博，这样就拉近了公众人物和广大微博用户之间的距离。此外，微博用户之间通过互相关注也可以更快速地建立联系。微博可以实现信息的即时传播，建立了微博，相当于建立了个人的“广播台”，博主可以随时随地发布信息给自己微博的“听众”，相关信息就可以精准地传递给微博阅读者。

3. 原创性和实时性

微博的即时通信功能非常强大，只要有手机就可以更新微博内容，原创性与实时性较高。例如，一些大的突发事件，只要有微博用户在场，就可以第一时间将现场情况在微博上发表出来。

二、微博营销的概念及特点

微博的平台特征决定了其具备进行商业活动的基础功能。微博营销逐渐受到企业的青睐。营销人员在进行精准定位、明确思路的基础上组织微博营销活动，效果将十分明显。

（一）微博营销的概念

微博营销是指以微博为营销平台，将每一个粉丝当作潜在营销对象，通过更新自己的微博向网友传播企业信息、产品信息，树立良好的企业形象和产品形象，并与大家交流互动，或者发布大家感兴趣的话题，以达到营销目的一种新的营销方式。

（二）微博营销的特点

基于微博门槛低、草根化、病毒式裂变传播等特点，相对于传统营销方式，微博营销具有以下特点。

（1）成本低廉。目前，在国内很多大型的微博平台，如新浪微博等，用户均可以享受免费微博服务；同时，这些微博平台还具有庞大的用户群体，为企业开展微博营销提供了坚实的基础。

（2）针对性强且传播速度快。关注企业微博的用户大多是对企业及其产品或服务感兴趣的人，企业在发布产品或服务的微博时，这些信息会立刻被关注者接收，信息传递及时且有非常强的针对性，往往会达到较好的营销传播效果。

（3）灵活性。微博营销可以利用文字、图片、视频等多种展现形式，灵活多变的表现形式，使微博营销更富表现力。同时，微博的话题选择也具有很大的灵活性，微博用户可以自由选择读者感兴趣的话题，吸引其阅读和参与，这样可以有效地提高客户的参与度，提高营销沟通效果。

（4）互动性强。通过微博，企业或个人能与微博关注者实现实时沟通，及时有效地获得信息反馈。

三、微博营销的任务

微博营销活动可以广泛地应用于企业营销活动的方方面面。

（1）传递产品及活动信息。很多企业通过微博发布产品信息，吸引消费者购买。如小米科技就常用微博推广小米科技所销售的商品，并通过微博传递公司的活动信息。

（2）开展互动营销。微博营销的本质是微博发布者与粉丝之间的互动。互动营销意味着企业与消费者之间更近的距离、更多的交流。企业通过与消费者的互动，传递相关信息，了解消费者的想法，解决消费者难题，从而获得消费者的信任。

（3）开展客户服务。通过微博开展在线客户服务的优点主要包括成本低、服务方式灵活、传播效应强等，非常符合现代消费者，尤其是年轻消费者群体的需求。京东商城就利用微博这一新型在线客户服务平台开展在线客户服务，通过微博私信，让用户轻松、便捷地享受企业提供的在线客户服务。

（4）进行舆情监测。随着社会化媒体时代的到来，传播模式发生了根本的变化，微博成为网民关注公共事件、表达利益观点的主要渠道，因此微博也成了舆情汇集和分析的重要阵地。舆情管理对企业来说至关重要，通过舆情管理，企业不仅可为其经营过程中产品和服务内容的定位提供基础，更可为企业趋利避害提供帮助，从而减轻负面舆论压力，强化正向品牌力量。

（5）进行危机公关。企业在危机发生后及时通过微博公布信息，可以减少相关猜测，有效地提高危机公关的效率。在面对危机时，企业可通过微博第一时间发布对危机处理的计划，体现企业处理问题的决心和积极性，稳定公众情绪。

四、微博营销的流程

微博营销活动大致包括以下流程。

（1）设定微博营销活动的目标。微博营销通常是企业整体营销计划的一个组成部分，目标设定和整体营销战略息息相关。一定时期内，某企业的微博营销目标可以是激发消费者的需求，扩大企业的市场份额；也可以是加深消费者对企业的印象，树立企业的形象，为其产品今后占领市场、提高市场竞争地位奠定基础。

（2）制订微博营销活动的计划。微博营销活动计划是企业在微博营销目标的指导下，进行微博营销活动而实施的具体计划。微博营销活动计划包括微博平台的选择与安排、微博写作人员安排、微博写作计划、微博营销内容发布周期、微博互动策划等相关内容。

（3）选择微博营销活动平台。企业可以选择一些人气旺、注册用户多的平台作为微博营销活动的平台，如国内的新浪微博、国外的推特（Twitter）。

（4）发布微博营销内容。企业撰写并发布微博营销的内容时，要注意选择能引起客户及潜在客户兴趣的话题，要注意微博内容的丰富多彩性及形式的多样化，发布的每篇微博除文字外最好带有图片、视频等多媒体信息，这样可以带给微博浏览者更好的浏览体验。

（5）评估微博营销效果。微博营销效果的评估可以从量和质两方面进行。微博营销在量的评估方面可以选择的指标主要包括微博发布数量、粉丝数量、微博被转发次数、微博评论数量、品牌关键词提及次数等。微博营销在质的评估方面可以选择的指标主要包括微博粉丝的质量、微博粉丝与企业的相关性、活跃用户关注的数量及比例、回复及转发评价等。

知识拓展

微博营销和微信营销的区别如表 8-2 所示。

表 8-2　微信营销与微博营销的区别

	微信营销	微博营销
用户关系	微信营销是企业与客户之间的强关系营销，是对等的双向关系。在微信上，用户之间是对话关系，需要互加好友，构成对等关系。微信群虽然是多对多，但加入条件受到限制，依然还是对等关系	微博营销是企业与客户之间的弱关系营销，是非对等的关系。在微博上，用户之间是关注关系，用户之间不需要互加好友，双方的关系并非对等，是一种开放的扩散传播
平台属性	在微信平台上进行营销的核心是关系营销，依赖社会化的关系网络，用户关系是构建营销信息传播网络的纽带	在微博平台上进行营销的核心是自媒体营销，依赖社会化信息网络，信息本身是构建营销信息传播网络的纽带
信息内容	微信营销的信息内容在于精准营销，它是在一个私密空间内的闭环交流，信息内容偏向内向、私密，注重交流	微博营销的信息内容是一种广而告之的隐蔽的软广告，传播较为自由开放，信息内容偏向外向、公开，注重扩散

第七节 社群营销

一、社群的概念

网络营销活动中，人们总是常常说起社群。那么，社群究竟是什么呢？我们可以从广义和狭义两个角度，来理解社群的定义。从广义上讲，社群指的是在一定范围内（如某些边界线、地区等）产生作用的所有社会关系；而从狭义上讲，社群则是指具有共同特性、爱好的个体集合而成的兴趣共同体。在移动互联网时代，我们经常提到的社群指的便是狭义上的社群，它往往通过网络集合的方式得以实现。

二、社群营销的概念及特点

（一）社群营销的概念

社群营销就是基于相同或相似的兴趣爱好，通过某种载体聚集人气，通过产品或服务满足群体需求的商业营销模式。社群营销通过互联网的传播效应，借助社群成员对社群的归属感和认可度而开展，通过良好的互动体验，增强群成员之间的黏合度，使群成员自觉传播品牌，或直接购买产品，从而达到企业营销的目的。社群营销的载体不局限于微信，论坛、微博、QQ 群，甚至线下的社区，都可以进行社群营销。

（二）社群营销的特点

社群营销的特点主要表现在以下五个方面。

（1）弱中心化。社群营销是一种扁平化网状结构，人们可以一对一或多对多地实现互动，进行传播，并不是只有一个组织和一个人有话语权，而是每个人都能说，这使传播主题由单一走向分散，这也是一个弱中心化的过程。

（2）多向互动化。社群营销通过社群成员之间的互动交流，包括信息和数据的平等互换，每一个成员既成为信息的发起者，同时又成为传播者和分享者。正是这种多向的互动性，为企业营销创造了良好的机会。

（3）具有情感优势。社群是由有共同爱好、兴趣而聚集在一起的人组成的，因此，成员间很容易建立起情感关联。社群成员能够产生点对点的交叉“感染”，并且还能协同产生叠加能量，从而合力创造出价值，使企业从中获得利益及有价值的信息。

（4）自行运转。由于社群的特性，社群营销在一定程度上可以自我运行、创造、分享，甚至进行各种产品和价值的生产与再生产。在这个过程中，社群成员的参与度和创造力能催生多种有关企业产品的创新理念或完善企业产品、服务功能的建议，使企业交易成本大幅度下降。

（5）呈现碎片化。社群的资源性和多样性特点，使社群营销呈现出多样化、信息发布方式松散的特点，这就意味着社群营销呈现碎片化的趋势。虽然碎片化会使社群缺乏统一性，给企业的社群营销带来很多的不确定因素，但只要企业善于挖掘、整理，就能从中获取社群的价值。

三、社群营销的运作方式

在移动互联网时代，企业应有效抓住社群的优势发展业务。然而，具体如何进行操作，对企业来说有一定的难度。下面我们来了解一下企业应如何进行社群营销。

（1）培育意见领袖。社群虽然不像粉丝经济那样依赖个人，但它依旧需要一个意见领袖，这个领袖必须是某一领域的专家或权威人士，这样才能推动社群成员之间的互动、交流，树立起社群成员对企业的信任感，从而传递价值。

（2）提供优质服务。企业通过社群营销可以提供实体产品或某种服务，以满足社群个体的需求。在社群中最普遍的行为就是提供服务，例如招收会员，当会员加入社群后可以得到某位专家提供的咨询服务等，如在线教育培训企业会组织专家在大量的学员群答疑或分享干货。

（3）打造优质产品。无论是在工业时代还是在移动互联网时代，产品都是销售的核心。企业做社群营销的关键依旧是产品。没有一个有创意、有卖点的产品，再好的营销也得不到消费者的青睐。

（4）扩散口碑。企业有了好的产品之后，以什么样的方式展现出来显得尤为重要。在移动互联网时代，社群营销可谓最好的选择。社群成员之间的口碑传播，就像锁链一样，一环套一环，信任感较强，比较容易扩散且能量巨大。

四、社群营销的商业变现

社群的价值需要通过社群变现来得到体现，社群变现主要有以下几种模式。

（1）社群服务变现。社群服务变现的本质在于给用户提供更加专属、更加有效的价值输出，主要可以采取收取会员费的方式来实现。通过会员费的相关门槛，也可以把社群中最活跃和最有归属感的粉丝聚集在一起，进一步增强专属圈子的黏性，给大家提供专属的社群增值服务，并且通过各种运营方式让会员与会员进行合作。

（2）社群产品变现。这是很多产品型社群的主要方式，它通过社群运营的方式，让用户参与到产品的设计和制作等各个环节，并且与用户产生更深层次的相互信任，大家对社群价值认可的同时，认可社群品牌的自有产品。社群产品主要分为实物类和内容类。对于实物类产品，社群在运营过程中，会通过各种方式展示实物产品的各种特点和优势，让大家对产品更加了解和认可；对于内容类产品，可通过知识 IP 的打造，塑造意见领袖的个人形象和社群的专业优势，从而推出相关的专属知识内容。

（3）社群广告变现。社群广告变现是人数较多的社群的主要变现方式，也叫流量变现，其实就是卖广告。商家可以通过收取渠道费的方式给别人做广告，或者代理别人的产品，从中获取分成。无论是实物产品，还是虚拟产品，都可以使用这种方法。当然，如果产品足够好，但是缺乏推广的渠道，也可以用这种方式从别的社群获取流量。

（4）社群合作变现。合作变现的方式有很多，常见的换粉互推、资源交换、合作产品，都是可以尝试的合作方式。

知识拓展

社群营销对企业的影响

1. 企业处于进入期

企业需求：协调产品设计、生产、销售之间的关系，进行充分的市场调查工作，确保产品符合市场需求、具备优势竞争能力。广告策略倾向于产品与品牌在市场的教育工作，并促进目标群体的优质认知与体验。

社群营销的作用：企业可通过社群进行网上需求调研、竞品调查，加速形成企业品牌特征、有效促进品牌建设的落地；这时的社群能够起到缩短产品开发周期、提升产品入市竞争力、增强入市传播力的作用，并可以在一定程度上建立品牌公关基础，培育首批口碑“种子”用户，为品牌进入市场提供竞争优势。

2. 企业处于成长期

企业需求：市场对企业的产品与品牌已经熟悉，且企业的产品具备一定的知名度，品牌影响力也在逐渐加强，产品的市场占有率开始提升。企业需要撬动更多的潜在客户进行购买与复购，广告策略也将进入扩大市场覆盖范围与提升市场渗透率的阶段。

社群营销的作用：社群能够有效快速地收集客户反馈信息、落地促销策略、获取市场动态，展现产品价值，形成品牌优势，深度挖掘众多忠诚客户的价值与需求，进一步缩短产品调整与新品研发的时间，降低相关成本，促使品牌美誉度提升，形成品牌与社群良性的结合与循环裂变。

3. 企业处于成熟期

企业需求：市场中企业的产品销量基本达到最大值，占有率趋于稳定，需求增长缓慢，市场逐步进入饱和状态。品牌的竞争加剧，市场呈现供大于求的状态，客户在挑选产品时的要求也随之提升，成本、服务、售价的竞争越发明显。

社群营销的作用：通过社群精细化运营，强化对特定客户群体的特定需求的挖掘，完成产品的重组、改良、拓展，进一步推进服务的高效落实，并实现低成本的有效促销与宣传动作；稳固并培养老客户群体。

4. 企业处于衰退期

企业需求：企业的产品与品牌进入衰退期，原有产品将会快速或缓慢退市，并面临变革与更迭的抉择。此阶段产品需求量出现下降、销量降低或滞销。企业变革的方向是积极面对市场的变化，在原领域的品牌基础上开发新产品或跨领域开发产品，使新产品结合原品牌优势，突破旧市场状况束缚而获得新市场的承认。

社群营销的作用：社群作为品牌在网络上的客群聚集地，将为企业提供可靠的老客户与口碑支撑。在社群中，可以向群成员对企业的新产品进行宣传。

第八节 直播营销

近年来，直播市场风起云涌，大大小小、各式各样的直播平台如雨后春笋般不断涌现，吸引了越来越多人的关注。呈现出如此火爆的发展态势，最主要的原因就在于这种传播形式所营造的生活化、多元化等的直播场景，与普通民众（尤其是众多“90后”“00后”等新一代人群）所持有的个性化、真实化、多样化等心理诉求紧密契合。在赢得广大用户的同时，很多实体商家和电商也纷纷将重心移到了这片“蓝海”，进而催生出一种全新的移动营销方式——直播营销。

一、直播的概念

“直播”一词由来已久，在传统媒体平台就已经有基于电视或广播的现场直播形式，如晚会直播、访谈直播、体育比赛直播、新闻直播等。《现代汉语词典》（第7版）对直播的定义为：“广播电台不经过录音或电视不经过录像而直接播送。”

随着互联网的发展，尤其是智能手机的普及和移动互联网的速度提升，直播的概念有了新的延展，越来越多基于互联网的直播形式开始出现。

所谓“网络直播”或“互联网直播”，指的是用户在手机上安装直播软件后，利用手机摄像头对发布会、采访、旅行等进行实时呈现，其他网民在相应的直播平台直接观看与互动的活动。

二、直播营销的概念

广义的直播营销，指的是企业以直播平台为载体进行营销活动，达到品牌提升或销量增长的目的。2016年起，互联网直播进入爆发期，直播平台超过300家，用户超2亿人。现阶段谈到的“直播营销”“移动直播营销”等，多数情况下默认是基于互联网的直播。

三、直播营销的价值

近两年，直播的火爆，主要原因在于其营销价值的充分挖掘。正是因为看到了直播在营销方面的潜力，许多行业的人员才积极涌入“直播”行业，将直播营销作为新时代营销战略之一。直播的营销价值，主要体现在“人、货、场”三要素的有效重构，以及直播具备的独特营销优势。

（一）重构“人、货、场”三要素

营销的本质是连接商品和用户，而连接方式就是构建消费场景。商品简称“货”，用户即“人”，场景是“场”。“人、货、场”，即构成了营销的三要素。

直播营销，是一种基于直播媒体的新型营销方式，并没有脱离“人、货、场”三要素，而是有效重构了“人、货、场”三要素，更符合用户的购物体验，是一个更加高效的新商业模式，具体表现如下。

1. 人

直播营销方式中的“人”有两个元素：用户和主播。

传统的营销方式，是以“货”为核心，围绕“场”进行布局，“人”（用户）到“场”去买“货”，销售人员为用户提供销售服务；而直播营销，则是以“人”（用户和主播）为中心，围绕“人”（用户和主播）进行“货”和“场”的布局。

用户是直播营销的基础元素，决定着一场直播的营销成果。而能不能吸引用户在直播间互动甚至产生购买行为，一个关键因素就是主播的营销能力。

在一场直播营销中，主播的考评依据，并不仅在于其影响力、名气或粉丝量，还在于主播是否充分了解用户需求，能否根据用户的需求选出好物，能否跟供应商谈成低价和争取足够有吸引力的福利，能否通过直观的讲解减少用户的消费决策成本及节省用户选购时间。当然，如今的直播营销过程，已经不是主播一个人在战斗，而是一个运营团队在其背后出谋划策以支撑运营。

2. 货

“货”是指直播间销售的商品。与传统营销的“先有货，货找人”的方式不同，直播营销需要主播先站在用户角度去“选货”（“选品”），再整合供应链并制定优惠的价格，最后再通过主播在直播间对“货”的充分展示引导用户产生购买行为。在这一系列的营销环节中，选品也决定了直播营销的效果。

在直播营销中，选品的原则是选择低价、高频、刚需、展示性强、标准化高的商品。在此基础上，若能满足所选商品符合直播间定位、商品信息真实且商品有售后保障，就更容易获得良好的销售成绩。

3. 场

场，主要是指消费场景，是为连接“人”和“货”而存在的。在直播营销中，“场”的意义在于，主播通过实时互动，搭建消费场景，引发用户的消费欲望，促使用户产生消费行为。

目前，用户通过观看直播产生消费行为，主要有以下六种场景模式。

（1）碎片式场景。用户碎片化时间浏览抖音、快手等短视频平台，看到主播在直播，进入直播间观看后被“种草”（推荐），于是下单购买。

（2）社交式场景。用户在微信群看到朋友推荐主播的直播链接，可能会点进去观看，发现对主播介绍的商品恰好有需求，且认为价格也便宜，于是下单，顺手还关注了主播的账号。

（3）消遣式场景。用户在下班回家路上或吃过晚饭休息时，随便点进直播间，从而产生购买行为。

（4）需求式场景。用户有购物需求时，去逛淘宝、京东，发现一些店铺正在直播，通过直播更加直观地感受商品，还可以实时互动咨询，从而产生购买行为。

（5）沉浸式场景。用户像看综艺节目一样，观看直播。这种直播通过主题、内容、环境构建、主播与嘉宾间的现场互动，展示商品的使用场景，使用户对商品产生更好的了解，所见即所得，于是忍不住下单。

（6）追星式场景。一些头部主播有强大的影响力和粉丝群，在开播前会在粉丝群及关联的自媒体平台进行直播预告，粉丝会准时进入直播间观看直播。

（二）直播的营销优势

近年来，直播营销领域呈现出一派生机盎然的景象。直播之所以能受到商家的青睐，是因为其具备以下七大优势。

（1）更高效的销售服务。任何一个直播间，可同时接待的用户数量远远超过线下导购场景，能在短时间内服务更多的潜在用户。

（2）更个性的信息传递。在直播间，主播可以根据用户的个性化需求有选择性地展示用户感兴趣的商品，并充分地展示商品的特点。

（3）更快捷的场景导入。用户在网店浏览商品图文详情页或翻看商品参数时，需要在大脑中自行构建场景；而直播营销完全可以将主播试吃、试玩、试用等过程直观地展示在用户面前，更快捷地将用户带入营销所需场景。

（4）更真实的商品感知。直播具有即时性的特点，能增强用户对商品的真实感知，提升其消费信赖感。

（5）更及时的销售互动。用户在直播间提问后，可以获得即时反馈，主播也可以通过用户在直播间的真实情绪快速做出反应，缩短用户的消费决策时间。

（6）更活跃的营销氛围。在直播间，用户更容易受到环境的影响而产生消费行为。这种环境影响，可能是基于“看到很多人都下单了”的“从众心理”，也可能是因为“感觉主播使用这款商品效果不错”产生的“榜样效应”，还可能是主播话术里的紧迫感触发的“稀缺心理”。不管具体原因是什么，在主播营造的氛围下，用户更容易产生消费欲望。

（7）更直接的营销反馈。直播间的互动是双向的、即时的，主播将直播内容呈现给用户的同时，用户也可以通过弹幕的形式，分享体验。借助直播，主播可以收集老用户的使用反馈和新用户的观看反馈，从而有针对性地在后续的直播中改进和优化。

四、直播营销的主要形式

直播营销，并不是主播简单地在直播间“叫卖”商品。直播间的直播营销方式有很多种，主要形式见表 8-3。

表 8-3 主要直播形式

直播营销形式	直播间形式	直播内容	商品来源
推销式直播	自己搭建的室内直播间	主播讲解并展示商品，通过一些促销方式引导用户作出购买决策	品牌商合作的商品
产地式直播	商品的原产地或车间	展示商品真实的生产环境、生产过程，通过展示“真实感”引导用户作出购买决策	合作地区的农产品、合作品牌的商品
基地式直播	向基地运营方缴纳基地服务费，使用直播基地提供的直播间	主播讲解并展示商品，通过丰富的品类及有吸引力的价格策略，引导用户作出购买决策	直播基地的商品，这些商品往往有淘宝店铺链接，主播可一键上架到自己的直播间
体验式直播	自己搭建的室内直播间	在直播间，主播现场对商品进行加工、制作，向用户展示商品经过加工后的真实状态或商品的使用过程，唤起用户的体验兴趣，吸引用户作出购买决策	自制商品，或者品牌商提供的商品，主要类别是食品、小型家电等
砍价式直播	自己搭建的室内直播间或品牌商提供的直播间	直播先向用户分析商品的优缺点，并告诉用户商品的价格区间，待确定用户有一定的购买意愿后，主播再向品牌商砍价，为用户争取更优惠的价格	多为品牌商合作的商品
秒杀式直播	自己搭建的室内直播间	向用户推荐商品，通过限时、限量等方式，刺激用户快速作出购买决策	多为品牌商合作的商品
知识类直播	自己搭建的室内直播间	主播以授课的方式在直播中分享一些有价值的知识或技巧，在获感用户的信任后，再推荐合作商品或与所分享知识相关的在线教育类服务	多为品牌商合作的商品，或者与所分享知识相关的在线教育类服务
才艺式直播	自己搭建的室内直播间	主播通过直播表演舞蹈、乐器、魔术等才艺，并在表演才艺的过程中使用要推广的商品，如与才艺表演相关的服装、鞋、乐器等	多为品牌商合作的商品
测评式直播	自己搭建的室内直播间	主播边拆箱边介绍箱子里面的商品，客观地描述商品的特点和使用体验，让用户真实、全面地了解商品的功能、性能等，从而让用户产生购买意愿，作出购买决策	多为品牌商合作的商品，品类多为数码产品
访谈式直播	自己搭建的室内直播间	围绕跟商品相关的某个主题，主播与嘉宾通过互动交谈的方式阐述自己的观点和看法，向用户介绍商品的独特功能和使用方法，吸引用户作出购买决策	多为品牌商合作的商品

续表

直播营销形式	直播间形式	直播内容	商品来源
海淘式直播	在国外商场、免税店进行直播	主播在国外商场、免税店进行直播。展示国外商场或免税店的商品及选购过程，提升用户的信任度，引导用户作出购买决策	国外商场或免税店销售的商品
日常式直播	日常生活场所	对主播个人而言，可以直播日常生活的内容；对于企业来说，可以直播企业的日常工作场景，如研发新品的过程、生产商品的过程、领导开会的情景、员工的工作状态、办公室趣事等。通过这些趣味内容的直播，提升用户对主播和直播间的黏性	对直播团队来说，可以推荐品牌商合作商品；对企业的直播部门来说，可以推荐企业自己的商品

知识延伸

常见的直播平台类型

常见的直播平台按照直播内容可以分成以下三类：社交类直播平台、购物类直播平台、娱乐类直播平台。

1. 社交类直播平台

例如映客直播、美拍、花椒直播、一直播等，这类直播平台具有良好的社交属性，而且用户使用较为便捷，进入门槛较低。

2. 购物类直播平台

例如淘宝直播、唯品会直播等，这类直播平台中的主播利用“直播+电商”的方式和平台上的用户互动，从而达到销售产品的目的。购物类直播平台以产品销售为主，转化率对比其他类型的直播平台更明显，但进入门槛较高。

3. 娱乐类直播平台

例如YY直播、六间房直播、奇秀直播等，这类直播平台中的主播利用书法、音乐、舞蹈等才艺与用户互动。娱乐类直播平台的覆盖面更高，用户基数大，用户黏性和活跃度也会更高。

第九节　移动广告

广告总是伴随着营销形式的变化而不断变化，传统线下营销有纸媒广告，互联网时代有PC端广告，移动互联网时代又产生了移动广告。可见，广告与营销是一对“孪生兄弟”，有营销必有广告。

一、移动广告的概念和特点

（一）移动广告的概念

移动广告是通过移动设备（手机、平板电脑等）访问移动应用或移动网页时所显示的广告，广告形式包括图片、文字、超文本标记语言 5.0（Hyper Text Markup Language 5.0，HTML5 或 H5）、链接、视频等。

移动广告大多通过移动广告平台进行投放。和互联网的广告联盟的平台相似，移动广告平台属于一个中介平台，连接着应用开发者和广告主。在平台上，应用开发者提供应用，广告主提供广告内容，而移动广告平台就会提供相应手机系统的软件开发工具包（Software Development Kit，SDK）。

（二）移动广告的特点

较之传统互联网广告，移动互联网广告有了很多新的特征，如移动性等。另外，在精准性、互动性、扩散性、整合性及预测性上也更有优势。那么，移动互联广告的这些特点是如何表现的呢？接下来就对其进行介绍。

1. 移动性

移动性是移动广告的最大特点。因为其主要载体——智能手机、iPad 等是个人随身物品，携带性比其他任何一种传统媒体都要强，所以一旦有广告出现，对用户的影响将是全天候的，广告信息的到达也是最及时、最有效的。

2. 精准性

相对于传统广告媒体，移动广告在精准性方面有着先天的优势。它突破了传统的报纸广告、电视广告、PC 互联网广告等单纯依靠覆盖范围实现传播目的的局限，在受众人数上有了很大超越。移动广告可以根据用户实际情况，实时、有针对性地推送，真正实现了“精准传播”。

3. 互动性

移动广告大部分依赖公众号、自媒体及移动 App 等社交平台，而这些平台都极具互动性，从而对广告的传播起到较强的促进作用。广告主能更及时地了解用户的需求，用户也可以与广告主进行实时互动，实时反馈。

4. 扩散性

移动广告的扩散性，即可再传播性，比传统广告要强。因为移动广告可通过用户进行最大限度的口碑传播，只要用户认为有价值，甚至是出于好奇心，都会不自觉地进行传播，如通过微信、短信、微博等方式转发给亲朋好友，直接向关系人群扩散信息或传播广告等。

5. 易测性

易测性是指移动广告客户端的数据监测更简单、易操作，这对于移动广告效果的评估和追踪非常重要。长久以来，广告的数据测量一直是个大难题，而在移动端，广告测量取得了重大突破，因为移动端后台可以很轻松地显示出大量数据，并进行初步分析。另外，平台方、广告机构也会提供很多数据报告，为广告的检测提供了必不可少的依据。

二、移动广告的表现形式

移动互联网的高速发展为移动广告的发展提供了巨大的空间。从用户被动地接受移动广告信息到用户主动订阅咨询，再到根据用户搜索需求定向推送信息，在不同的移动市场需求下的移动广告形式也在不断变化中。移动广告按其展现形式可以分成不同的类别，如开屏广告、横幅广告（Banner Advertisement，Banner Ad）、插屏广告、信息流广告、视频广告、竞价广告等，不同形式的移动广告，其效果及优缺点也各有不同。

1. 开屏广告

开屏广告是在应用开启时加载，一般会全屏展现 3~5 秒，展示完毕后自动关闭并进入应用主页面的一种广告形式。新浪微博开屏广告如图 8-12 所示。

图 8-12　新浪微博开屏广告

开屏广告对广告主来说是一种广告效果最大化的广告形式。在广告发布页面里，它基本上可以达到独占。因此，在广告进行播放的这段过程里，基本上对用户浏览广告没有任何干扰。开屏广告根据广告创意的要求，充分利用整个页面的最大空间而形成广告信息的传递，通过特定技术手段把广告锁定在最大空间。同时，开屏广告对用户的视觉冲击强烈，能够表达一个整体的宣传概念，可以达到吸引用户的目的，因此用户的广告点击率非常高。

2. 横幅广告

横幅广告又叫 Banner 广告、通栏广告、广告条，是比较常见的移动广告展现形式。它一般以图片的形式出现，常见于 App 的顶部或者底部，如图 8-13 所示。

图 8-13 横幅广告

横幅广告能够直观地向用户展示内容，容易吸引用户注意，但是部分会对 App 界面内容造成一定的遮挡，可能会影响用户体验。这种形式的广告较为普遍，收益也比较平稳，大多数开发者会选择此类广告，但有时会因为与所在的应用展现形式不匹配而引起用户反感。

3. 插屏广告

插屏广告采用了自动广告适配和缓存优化技术，可支持炫酷的广告特效，视觉冲击力强，是目前比较有效的精准广告推广形式。相比横幅广告，插屏广告显得更大气、美观。插屏广告一般是在应用开启、暂停、退出时以半屏或全屏的形式弹出，展示时机巧妙，如图 8-14 所示。

4. 信息流广告

信息流广告是位于社交媒体、资讯媒体和视听媒体内容流中的广告，它出现的形式有图片、图文、视频等，如图 8-14 和图 8-15 所示。

图 8–14　插屏广告

图 8–15　信息流广告

这种穿插在内容流中的广告，对用户来说体验相对较好，可以让广告主利用用户的标签进行精准投放，是基于用户属性和标签算法推送的一种广告形式。其特点是投放人群精准、强制向用户展现、无法关闭，目前几乎所有的互联网媒体都推出了信息流广告平台。

5. 视频广告

用户群体根据视频广告权限分为贵宾（Very Important Person，VIP）用户和普通用户。用户在购买 VIP 业务后成为 VIP 用户，观看视频时就能够直接跳过广告；普通用户则需要先把广告看完才能看后面的视频内容。视频广告一般出现在播放类 App 中，如图 8–16 所示。

视频广告以内嵌的形式植入，不增加额外的内容板块，这是它的优势，但缺点是普通用户（没有付费购买 VIP 业务的这部分用户）不得不长时间观看视频广告，这一定程度上造成用户反感。

图 8–16　视频广告

6. 竞价广告

竞价广告是一种由广告主自主投放、自主管理，通过调整价格进行排名，按照广告效果付费的新型网络广告形式。竞价广告的基本特点是按点击付费。推广信息出现在搜索（靠前）的结果中。如果没有被用户点击，平台不收取推广费。竞价广告常出现在搜索引擎的搜索结果中，如百度、UC、360、搜狗浏览器等，如图 8-17 所示。

图 8-17　竞价广告

竞价广告的优点是见效快，对关键词数量无限制，关键词不分难易程度；缺点是搜索结果以点击价格高低来排名显示，可能会造成用户意愿不匹配，影响用户体验。

案例分析

东方甄选直播间的创新模式

东方甄选是新东方在“双减”政策出台后寻求转型而推出的直播带货平台。2021 年 12 月首次开播，目前已开通东方甄选自营品、东方甄选美丽生活、东方甄选将进酒等 6 个直播账号，粉丝总量已突破 4000 万，2022 年 6 月销售额达 6.81 亿元，6—8 月总 GMV 达到 20 亿元。与其他主播相比，东方甄选的主播充分展示自身知识、情怀和内涵，在产品展示时进行双语直播，并融入地方风土人情、历史文化、个人态度和价值观；极大地丰富了直播间的内容和场景，形成了差异化的竞争优势，推动了直播带货模式的升级和创新。

用企业现有资源创造差异化的主播人设，增强消费者信任。东方甄选由新东方教育转型而来，作为中国最大的综合性教育集团，新东方致力于学生的全面成长，不断创造社会价值，同时积极倡导社会公益，“双减”政策出台后，累计向乡村学校捐献近 8 万套课桌椅，借助新东方的良好口碑和企业形象，东方甄选收获了消费者的好感和信任。同时，东方甄选的带货主播多数都是新东方的教师，这些教师具备全面专业的知识、较高的文化素养和内涵，凭借自身优势和较强的语言表达能力塑造了差异化的主播形象和直播风格，与全网最低价、“叫卖式”主播相比，东方甄选的主播给大众带来了全新的直播体验，增强了消费者的信任，创新了直播电商的模式。

拓展产品周边知识，以信息型内容提升价值感知。信息型内容指品牌传递与消费者相关的、有价值、有教育意义的内容，这些内容对消费者有帮助、有指导意义。东方甄选的主播不仅讲述产品的基本信息，还以知识点、历史故事等形式拓展产品相关信息，赋予产品文化内涵，无形中提升了消费者的感知价值和感知有用性，也因此促进了消费者的购买行为。

输出个人观点态度，用情感型内容与受众共鸣。情感型内容是指品牌选择贴近消费者的话题，表达特定情感和态度，实现和消费者的对话与共鸣，可以增强消费者的认同感。东方甄选将受众定位在20~40岁的青年群体，主播讲述个人成长经历、个人信仰和价值观，向目标受众传递积极奋进的生活态度。直播间以文化和知识传播为特色，不定期邀请梁晓声、麦家等作家，围绕中国传统文化、人生、理想等话题进行内容输出，受众在观看直播过程中获得知识和情感的满足，产生强烈的情感共鸣，这种共鸣会表现为对主播及直播产品的信任和支持。

展示个人特长优势，用娱乐型内容活跃直播间氛围。娱乐型内容新颖、有趣，能使受众放松和愉悦。在东方甄选直播间，主播尽情展示个人才艺和特长，还有国家非物质文化遗产传承人表演皮影戏等，直播间充满欢声笑语和亮点特色。东方甄选结合主播和产品特点，不断挖掘娱乐型内容，丰富直播间的内容形态，拓宽直播间的边界，同时也活跃了直播间氛围，提升了受众观看直播的获得感和体验感。

搭建多种直播场景，用场景化内容丰富受众体验感。作为直播电商的核心要素之一，东方甄选注重“场”的重要性，采用“虚实结合”的形式搭建直播电商的“场”。虚拟的“场”即直播间的场地和背景，东方甄选设立6个直播间用于销售农产品、生活用品、图书等不同品类，不同直播间通过背景和道具搭建形成特定风格特色。现实的“场”即户外直播，东方甄选将直播间搬到田间地头，进行桃子、大米等农产品直播，给消费者更直观的感受和更真实的体验。从开播至今，东方甄选陆续开设山东专场、海南专场、大湾区专场进行直播带货，直播间里不仅有各地美景、美食、好物，也有主播身穿地方服饰进行才艺表演。丰富且真实的户外直播场景将地方特色、风土人情、人文历史、优质农产品融合在一起，极大地丰富了直播间的内容，受众观看的不再是带货直播间而是户外综艺节目、电视节目，甚至有身临其境的临场感。场景化内容给受众带来了良好的直播观看体验，这种体验也会正向影响消费者对直播间及产品的偏好和购买。

（来源：牛小静．基于内容营销的直播电商创新与启示——以东方甄选直播间为例［J］．时代经贸，2023，20（6））

本章总结

（1）移动营销主要指利用智能手机、平板电脑等移动终端和互联网技术、无线通信技术等，完成企业和消费者之间产品和服务交换的过程，通过在线活动创造、宣传用户价值，并且对用户关系进行移动系统管理，以达到企业营销目的的新型营销活动。

（2）H5 营销是指将营销内容制作成 H5 的形式，发布到朋友圈、微博等不同平台，以吸引用户查看内容、参与互动等，达到提高品牌知名度、营销产品的目的的活动。

（3）二维码营销是指企业利用二维码策划一系列的营销活动，如发布产品信息、企业活动、企业简介等。

（4）LBS 营销是指在移动互联网环境中，企业利用位置信息，针对目标受众进行的精准营销活动。LBS 营销目前已经逐渐呈现与 O2O、移动支付和大数据相融合的发展趋势。

（5）微信个人号的营销价值体现在输出个人品牌、刺激产品销售和维护客户关系三方面；微信公众号的营销价值体现在信息入口、客户服务、电子商务、调研、品牌宣传、线上线下六方面。

（6）微博营销是指以微博为营销平台，将每一个听众（粉丝）当作潜在营销对象，通过更新自己的微博向网友传播企业信息、产品信息，树立良好的企业形象和产品形象，并与大家交流互动，或者发布大家感兴趣的话题，以达到营销目的一种新的营销方式。企业通过微博营销可以传递产品及活动信息，开展互动营销，开展客户服务、舆情监测及危机公关。

（7）社群营销是基于相同或相似的兴趣爱好，通过某种载体聚集人气，通过产品或服务满足群体需求而产生的商业营销模式。其具有弱中心化、多向互动化、情感丰富、自行运转、碎片化五大特点。

（8）直播营销是指企业以直播平台为载体进行的营销活动，达到品牌知名度提升或销量增长的目的。直播营销不仅在重构“人、货、场”三要素方面具有独特的营销优势，而且还在信息传递、场景导入、商品感知、销售互动、营造氛围和营销反馈方面具有显著优势。

（9）移动广告是通过移动设备（手机、平板电脑等）访问移动应用或移动网页时所显示的广告，广告形式包括图片、文字、超文本标记语言 5.0（Hyper Text Markup Language 5.0，HTML5 或 H5）、链接、视频等。其主要表现形式有开屏广告、横幅广告、插屏广告、信息流广告、视频广告、竞价广告。

复习思考题

一、名词解释

移动营销　H5 营销　LBS 营销　社群营销　移动广告

二、不定项选择题

1. 以下关于移动营销的特点，描述不正确的是（　　）。

A. 精准性高　　B. 高度的便携性和黏性

C. O2O 运营模式　　D. 成本较高

2. 以下对“移动营销”描述正确的是（　　）。

A. 移动营销和传统互联网营销无关

B. 移动营销是互联网时代发展的新阶段

C. 移动营销是利用互联网技术基础和无线通信技术满足企业与客户之间产品交换的过程

D. 移动营销就是使用手机连接网络

3. 以下属于移动营销思维的是（　　）。

A. 用户思维　　B. 产品思维　　C. 创新思维　　D. 渠道思维

4. 下列不属于微信个人号的营销价值的是（　　）。

A. 输出个人品牌　　B. 刺激产品销售

C. 维护客户关系　　D. 进行品牌宣传

5. 下列关于社群营销的特点，表述错误的是（　　）。

A. 强中心化　　B. 多向互动化　　C. 自行运转　　D. 碎片化

三、简答题

1. 简述 H5 营销的优势。
2. 简述二维码营销的业务分类。
3. 简述 LBS 营销的特点。
4. 简述微信营销的价值。
5. 微博营销的特点主要有哪些?
6. 社群营销的运作方式有哪些?
7. 简述直播营销的价值。

第九章　微商文案的策划与撰写技巧

项目导读

在新消费时代的背景下，人们对商品的需求越发多元化，商家除了要满足消费者实际需求以外，还要满足其潜在心理需求。如何巧妙地抓住消费者心理，用最小的成本和代价唤起消费者的共鸣，挖掘消费者的潜在心理需求并加以满足，成为摆在众多商家面前的一道难题。文案的出现，很好地解决了这些问题。文案不仅包括文字，还包含图片、视频等元素。一则优秀的文案可以让读者将其当作有趣的故事来阅读，让人眼前一亮、印象深刻。它不仅可以展现商家的企业文化和商品，还能更好地体现消费者的需求，吸引消费者购买，同时可以增加消费者对店铺的信任，提升品牌影响力。

学习目标

1. 了解文案的特点及价值；
2. 掌握文案构思的步骤；
3. 理解文案写作思维及创意思考方法；
4. 掌握文案标题、开头、正文、结尾的撰写；
5. 掌握微信公众号文案创作技巧。

思政目标

培养文案写作兴趣，树立实事求是、诚实做人的理念。

案例导入

支付宝广告文案

专门聊绘画的公众号“顾爷”曾经为支付宝创作了一个广告文案，标题是“凡·高为何自杀”。标题抓人眼球，内容也非常精彩，看了之后使人有转发的冲动。

凡·高是荷兰后印象派的著名画家，他的画作非常与众不同。很多人喜欢凡·高的著名作品《星空》，但对凡·高的生平不是很了解。《凡·高为何自杀》这篇文案成功地激发无数公众的好奇心。文案图文并茂，从“顾爷”视角讲述了他认为凡·高是一个只会画画的“神经病”，然后在看了一本名为《亲爱的提奥》的书后改变了对凡·高的看法。文案在一步步勾起读者的兴趣，很多人看了会想知道凡·高到底为什么自杀。紧接着，文案介绍了凡·高研究绘画创作的技巧，以及与弟弟提奥之间的故事，后来作者说凡·高自杀是因为穷，看到这儿读者会产生疑问：作为画家的凡·高怎么会那么穷呢？公众还在好奇的时候，突然发现这个文案竟然是支付宝的广告！大大出乎读者的意料。

评析：凡·高作为后印象派画家的代表，本身就自带话题属性，他这一生确实让人好奇不已。文案用独特的视角、有趣的内容把读者代入作者制造的悬疑故事中，前面一直吊人胃口，最后出人意料地插入广告，使读者对广告更容易接受，成功地调动了用户的情绪。

第一节　文案的价值

一、文案的概念

文案来源于广告行业，是“广告文案”的简称，由“copy writer”翻译而来。文案是广告的一种表现形式，有狭义和广义之分。狭义的文案包括标题、正文、口号。广义的文案包括标题、正文、口号和对广告形象的选择搭配。也就是说，文案并不仅仅局限于语言文字，而是包括语言文字在内的一切能传达信息的符号。

随着互联网的快速发展，越来越多的人购物从线下转到线上，商品的展示不再由导购员当面解说，而是通过商品描述来推荐商品。商品描述需要文案的策划才能达到良好的效果，文案基于互联网这个广阔的平台，已然走向了电商竞争第一线，成为电商运营中必不可少的一个重要环节。

互联网文案以语言文字、图片、视频、超链接等为元素，以吸引消费者为目的而存在，是一种艺术创作，也属于经济活动的一部分。优秀的文案能依靠卓越的文字表现力，描绘出精美的产品形象，促进产品的销售，并塑造品牌形象。

在互联网个性化发展的今天，各大线上平台文案撰写日复一日地进行着各种公开较量，尤其是每逢“双11”“双12”“5·20”“6·18”，以及母亲节、父亲节、情人节等促销节点时，各平台与商家之间更是充斥着浓重的“文案战争的火药味”。

知识延伸

中国历史上最早的文案

清朝时有个秀才，因生活困难，又找不到糊口的生计，就让娘子在家泡豆芽菜，他在家门口摆摊卖豆芽菜过日子。但生意一直不好，秀才很无奈。娘子就启发秀才说："书中自有颜如玉，书中自有黄金屋。你应该利用你饱读的诗书文章，为咱家的生意寻求一些转机。"秀才闻听此言，如梦方醒，略加思考，就写了一副怪联：

长长长长长长长，长长长长长长长。

他找人裱好，挂在摊边，并写明以文会友，猜出联意者，请豆芽菜伴酒一顿。人们觉得好奇，看热闹的人越来越多，而他的生意也越来越好。秀才的有趣怪联也被人们传得远近闻名，有些大的店铺开张、庆贺都车马相请，让他去写贺联，以求生意兴隆。

想一想，秀才的这十四个"长"字是什么意思，怎么读？

二、互联网时代文案的特征

（一）创作主体多元化

互联网向来就不是一个唱独角戏的地方，尽管主流发声的仍是品牌生产内容（Brand Generated Content，BGC）或专业生产内容（Professionally Generated Content，PGC），但如今用户对网络的需求不仅是简单地获取信息，而是渴望从旁观者转化为参与者，他们发声的意愿也越来越强烈，用户原创内容（User Generated Content，UCC）模式也应运而生。

文案的创作主体既有企业、品牌方，又有明星，还有普通的互联网用户。比起学院式文案，用户更愿意读自己喜欢的自媒体人、段子手、漫画家、名人等创作的文案。比起单方面的呈现式文案，人们更喜欢自己能够参与其中，进行互动和二次创作的文案。

（二）传播渠道碎片化

传播渠道的多样化，带来的是营销方式的多元化，电商平台、新媒体平台等渠道各有特色，文案传播应全渠道布局，以实现传播效率最大化。移动互联网的兴起，使内容传播渠道由传统媒体向新媒体倾斜，使其更有社交感。传播链条由过去单向的"引发兴趣—阅读"变成了双向的"想读—互动—二次传播"，换一种说法就是"关注—参与—分享"。

（三）内容表现个性化

在品牌策略的指导下，个性化的文案能直指目标消费者的内心，同时让品牌散发鲜明的个性。比起中规中矩的产品介绍文案，消费者更愿意读一篇不提及产品的文章，一个有趣或感人的故事，或者来自代言人的一段发自肺腑的独白。有时候，“自黑”比“自夸”更讨人喜欢，“吐槽”比“赞美”更讨人喜欢，“不讨好”比“讨好”更讨人喜欢，“有性格”比“温柔”更讨人喜欢。

（四）营销效果可测量化

如果说激发购买欲望是为顾客购买找到感性依据，那么赢得顾客的信任，就需要通过文案给顾客呈现一个理性证据，而最后，还需要引导顾客马上下单，这才是一个完整的文案。互联网文案投放的效果可以通过产品的曝光率、点击率、转化率等实际数据进行分析评估。这些数据一方面可以形成清晰的数据画像，另一方面也方便文案创作者进行文案的修改和调整。

三、文案的价值

文案既是一种销售手段，又是一种广告载体，也被称为纸上推销术。它可以描述商品的全部卖点，贴近消费者心理，激发其购买欲望，从而达成销售的目标。成功的文案可以带动商品甚至整个店铺的销量。文案不仅包括文字，如果配合图片、视频等元素，可以增强文案吸引力以起到事半功倍的作用。熟练掌握文案营销并辅助视觉设计，可以解决大部分店铺的流量问题和转化问题。优秀的文案可以提升商品的价值，促进销售，同时还可以增加消费者对店铺的信任，提升品牌影响力。文案在本质上属于创作，但最终目的是实现基于商品本身的销售目标。具体来说，文案的价值主要表现在以下四方面。

（一）积累品牌美誉度

随着市场与商品竞争的不断加剧，企业以及品牌之间的竞争也越来越受到商家的重视。同时，消费者购买商品时也更容易受到品牌影响。一般来说，品牌资产包括品牌认知、品牌形象、品牌联想、品牌忠诚度和附着在品牌上的其他资产。

（1）品牌认知：即品牌的知名度，是指消费者对该品牌的内涵、个性等有所了解。

（2）品牌形象：是指消费者对某一品牌的总体质量感受或对品质的整体印象。

（3）品牌联想：是指消费者对品牌或商品的联想，包括与有关商品的属性定义或对服务功能的联想，以及有关商品的服务、使用或消费的外在联想。

（4）品牌忠诚度：是指消费者在购买决策中，多次表现出对某个品牌有偏向性的行为反应，它既是一种行为过程，也是一种心理决策和评估过程。

文案可以将企业和商品品牌以形象生动的文字表达出来，让消费者了解品牌的形成过程、企业所倡导的文化精神及品牌所代表的意义等，从而提升品牌的形象，增加消费者对品牌的好感和信任度。长此以往，就可以逐渐积累起品牌的美誉度，使公众对该品牌的质量可信度、社会公信力、市场竞争力、服务诚意、公益和回报社会等方面的综合评价有良好的印象。

（二）赢得消费者信任

文案的主要目的是要让消费者信任文案中所描述的商品并产生购买欲望，因此，也可以将文案看作是一种销售行为。销售基于信任，而文案恰恰能建立起商家与消费者之间的信任关系。文案中详细的商品信息展示、第三方评价和权威机构认证等内容，都是很好的文案宣传素材。不仅如此，文案还能在更准确地揣摩消费者心理的基础上，从多方面出发，动之以情、晓之以理，激发消费者平时没有关注的潜在需求，引起消费者情感上的共鸣，促使消费者产生购买欲望。

（三）增强商家与消费者的互动性

在网络平台上，文案无处不在，尤其是移动互联网时代，消费者随时随地都可以看到这些文案。商家也可以整合各种平台进行文案的推广与宣传，扩大文案的作用范围，如通过网页、社交平台、短视频平台、邮件等进行推广与整合营销。商家还能及时获得公众的意见与回复，增加彼此的互动并展开讨论。如果互动的范围和讨论具有一定的话题性，就可以有效地进行宣传与营销，达到事半功倍的效果。

文案是手段，销售才是最终目的。文案是为了将受众的注意力吸引到商品上来，有效传达文案中所包含的商品信息，使受众在解读这些信息后，将自己的需求与商品、品牌联系起来，进而起到宣传的作用。

（四）增加外部流量

互联网文案的优点之一是可以添加外部链接，以便带来更多的外部流量并提高网店或网站的网页的技术级别（Page Rank，PR）值。首先，消费者可以通过点击这些外部链接来访问更多的网页，了解企业或商品的更多信息。其次，从搜索引擎优化的角度来考虑，外部链接越多的网页越能够被搜索引擎发现和收录，这就表明网店或网页越能够被消费者搜索到，产生的流量也会越多。

消费者在需求得到满足时就会产生愉悦的心理感受，同时会对满足其需求的商品或品牌产生好感；相反，如果需求不能得到满足，则容易对商品或品牌产生排斥。而文案就是为了实现与消费者的良好沟通，改变消费者的固有观念，促使他们产生购买行为并树立商品和品牌良好形象而产生的。优秀的文案必须承担起塑造品牌或企业形象的责任，这就要求文案能准确、有效地展示商品或企业的个性，并通过长期传播，最终将这种个性升华为品牌内涵。

第二节 文案的构思与创作

很多新人接到文案写作任务后埋头写作，写出来后被修改的概率非常高，甚至发生与宣传目标背道而驰的情况。所以，做文案不是文笔好就可以，一定要进行系统的构思。在写文案之前，先要弄清楚所描述的产品或者服务当下最能解决的问题是什么，然后用受众能够理解的语言去表达清楚。

一、文案构思的步骤

文案构思主要分为明确账号定位、明确文案写作目的、列文案创意简报、输出文案创意四个步骤。

（一）明确账号定位

为什么找选题时要先明确账号定位，因为定位是一个账号的顶层设计。没有准确的账号定位，就没有选题思路可言，更谈不上与高手竞争了。对于如何为账号定位，建议从以下几点入手。

1. 确定运营目标

目标没有高低之分，它让文案人员清楚自己做这个账号的目的是什么，是早日获得变现、增加品牌曝光率，还是建立基于兴趣的社交平台？以网易王三三为例，王三三的战略目标是“提高网易新闻品牌在18~25岁年轻用户群中的品牌认知”，因此其运营中的要点就是：抓住年轻用户的喜好、增加品牌曝光率、以大众化的内容获得广泛传播。

2. 资源盘点

（1）思考对哪个领域的话题有独特的了解。独特的了解是指超越一般用户平均程度的理解，即你在哪个领域比你的受众懂得更多。

（2）思考最擅长哪种内容形式。有的人擅长写文章，有的人擅长摄影和做视频，不要单纯因为哪种内容形式流行就不假思索地去做。

3. 市场分析

依据资源盘点的情况，选取一个方向作为起点并进行分析。比如，网易王三三基于运营目标和资源，首先选取了青年文化领域作为方向，然后通过分析这一方向上已有的内容品牌，明确了自己的细分市场。当时，同属青年文化领域的账号有Vice、公路商店、Bee Bee等，它们的视角更为小众和边缘。王三三选择做“更主流年轻人的亚文化”，实质上所选的市场要更大众化，一定程度上填补了这个方向上的市场空白。值得注意的是，细分市场切忌分得太小，以免用户总量上不来。

4. 市场定位

进行市场定位时，可以从以下几个角度思考。

（1）产品策略。文案人员要考虑什么话题、视角和语言体系（文风）才能让自己的受众觉得自己是独一无二的，内容的独特卖点是什么。如网易王三三的卖点就是大脑洞以及在内容和形式上的创新能力。

（2）渠道策略。要考虑在哪里、用什么样的内容触及目标用户。微信、网易号、QQ空间、知乎、哔哩哔哩、微博等平台都有各自的媒体生态，适合不同的内容。

（3）价格策略。要考虑如何实现变现，做电商、接广告还是通过品牌合作。如果没有变现的可能，媒体账号是很难持续做下去的。

（4）促销策略。要考虑怎样在不同的阶段实现用户增长，是原创爆款、互推合作还是花钱做推广。通常来说，新账号想做用户积累是必须做原创的。

5. 调整定位

最初确定的品牌定位只是起点，定位需要在实践中持续迭代。这不是品牌定位改变的过程，而是深化和细化的过程。如王三三这个账号开始只是定位于年轻人，但不清楚是对哪些内容感兴趣的年轻人，在实践中才将目标用户聚焦为对电影、漫画、书籍感兴趣的年轻人。

（二）明确文案写作目的

1. 确定写作目标

在写内容时首先要确立写作目标，即希望所写的内容达到什么效果。通常来讲，写作目标可以分为四类。

（1）自我讲述。围绕个人兴趣进行观察、评论，比如“罗辑思维”“姜汁满头”“拳王的故事”等的文案。

（2）品牌推广。重在树立品牌形象、打造品牌价值，比如“人间”“正午”“单读”“理想国”“公路商店”等，这类媒体在主题选择、标题拟定、排版等方面的标准不是以编辑的个人兴趣来确定的，而是立足于品牌定位的需要。

（3）传达消息。传达常见的类型有时政评论、行业分析、垂直领域资讯等，比如“浪潮”“品玩”的文案。

（4）产品营销。主要是指发布一些营销类软文，提高产品知名度和销量。

2. 做好文案选题

文案工作的出发点是生产优质内容并推荐给更多的人阅读。优质内容生产和传播的前提是要有好的选题。好的选题是成功的一半。好的选题应该具备可读性强、价值高、信息增量大和价值观明确四大典型特征。

（1）可读性。可读性是选题的卖点，即选题能够引起很多人的关注，并形成广泛传播。可读性由以下要素组成。

①时效性。从狭义上讲，时效性是指新闻发生的时间距离该新闻被报道的时间的长短。从广义上讲，时效性是指作者是否最早获取线索、进行价值判断，以及最早进入调研、写作和传播。在移动互联网占据主流阵地的今天，信息更新周期已经从日加速到秒，这也让选题的时效性变得更为重要。

②贴近性。选题所关注的事件要影响受众的生活甚至生命。小到水电煤气、衣食住行，大到国家重大事件，都和受众有密切关系。比如健康类选题《网传午睡时间不能超过30分钟？是时候告诉你真相了》《大热天不能喝凉水？夏天必知的30个饮食小知识》。

③冲突性。一般情况下，文案中出现的冲突越激烈，越容易吸引受众的眼球。冲突包

括了人与人之间的冲突、人与环境的冲突、价值观的冲突等。比如，中央政法委官方账号“长安剑”中的一篇文案《恐怖分子把匕首插进武警战士的嘴里时，这位武警开了枪》，因为冲突非常激烈，阅读量也自然飙升。另外，还有揭露社会问题的选题，如人民日报官方微信号的文案《月薪2500招临时工，还要研究生学历？官方回应来了……》。

④情感共鸣。选题中的情感元素能够引起受众共鸣。特别是一些涉及老人、儿童及其他弱势群体的选题，关注度较高。比如人民日报官方微信号推出的工作与亲子陪伴选题《宝贝对不起，放下工作养不起你，拿起工作陪不了你……》、“罗辑思维”推出的文案《罗胖60秒：想要意外之喜，请接受现状》。

⑤名人效应。选题中涉及的主人公知名度越高，传播效果也就越好。比如，爱岗敬业选题中的《这封信让董卿当场落泪！96岁泰斗仍每周3台手术，网友也哭了》。

⑥神秘性。未知比已知更容易传播，选题中的神秘效应是文案广泛传播的一个重要条件。比如公益活动宣传中的《我们把一箱硬币放在广州街头，供路人自取，结果出乎意料……》。

⑦趣味性。有趣的选题在休闲时间投放，也能激发受众的兴趣。“视知TV”推出的动画片《三分钟看懂中国官员级别》，就把一个严肃的政治话题变得轻松活泼，获得10万多的点击率。

（2）价值。仅仅追逐选题的卖点，容易陷入“负面扎堆”的选题环境中。所以，我们必须同时强调选题的价值，即强调一篇文案发出去后影响了多少人、影响了什么样的人、影响到什么程度。

（3）信息增量。信息增量是文案给受众提供的“欲知”“应知”和“未知”的内容。换言之，是不重复其他媒体平台已经发布的信息，不说正确的废话。提供信息增量，主要体现在以下两方面。

①角度。角度是对同一事件的不同看法。互联网是一个充分体现作者个性的平台，独到的视角尤为重要。在当下的新媒体环境中，每个媒体都在树立自己的性格和特色，有独特调性的媒体更容易吸引读者的眼球。“小切口、大主题”，文案人员经常选择意料之外、情理之中的角度进行文案写作，久而久之将会形成自己的品牌。

②深度。我们处于一个知识过载的时代，大家可以通过各种手段获取自己所需的资料，不过大家又都容易犯懒，如果文案人员可以提供深入的观点，提高知识增量，就会有更多的读者停留在其平台上。每一篇文案都争取要把所报道的事件上升到现象，提炼概念，并分析规律、趋势及解决方案等，形成所谓的“述”“论”“道”三个层次。

（4）价值观。文案的选题要传递正确的价值观，不能为了点击率制造虚假信息、散布谣言、发布低俗信息等。

（三）列文案创意简报

列文案创意简报是文案写作的重点，它需要明确以下三点。

1. 对谁说

“对谁说”是进行目标人群分析，明确哪些人是潜在的消费者，这些人具备什么特征，具体包括他们的文化因素、家庭地位、社会角色、职业、年龄、经济环境、个性、爱好、价值观、购买产品的动机等。这些特征越具体，目标人群的定位就越清晰，文案写作就越有针对性，传播效果也就越好。

2. 说什么

“说什么”是文案写作的核心。在这个过程中，文案人员要借助 SWOT 分析法、思维导图等工具，与竞争对手对比、与自己以前的产品对比，挖掘产品的卖点，同时要通过头脑风暴、线上线下调研等方式，找到最恰当的卖点呈现方式去说服、感染目标受众，使他们信任自己推出的产品、服务或者品牌，同时能够记住并广泛传播或者发起购买行动。通过“对谁说”和“说什么”，找到客户痛点、痒点、兴奋点三者之一与产品卖点之间的对应关系，这就做好了文案策划的一大半工作。

3. 在哪儿说

“在哪儿说”是根据受众特征和需求、说的内容和方式选择恰当的平台，在合适的时间进行发布。

（四）输出文案创意

在明确了文案写作目的、目标人群、竞争对手以及自身卖点后，文案人员找到本次文案需要解决的问题，结合媒体投放渠道的特性，再进行创意思考，最后完成文案的写作输出。

二、文案写作思维与方法

如今，互联网正以前所未有的速度向前发展，这对文案工作者提出了新的要求。在接到文案工作任务之后，如果只是一味地埋头苦写，这样写出来的文案很多时候会不符合营销或推广的要求。为避免这种情况出现，文案工作者首先要了解新消费时代背景下，人们对商品的需求已呈现多元化趋势，用户的消费习惯和购物方式已经发生了极大的改变。因此，在进行文案写作时，必须深入思考文案的阅读者是谁，要用什么样的内容来吸引目标人群的关注，哪种形式的文案更能促使消费者下单。表面上看，只是单纯地写文案，其实是考验文案工作者的写作思维。

（一）用户视角

在浏览一些品牌的官方网站时，人们会发现很多公司的文案是产品介绍、品牌介绍等内容，向消费者传播企业理念、公司文化、品牌价值。这种单向的传播方式很难引起消费者的兴趣，宣传的内容也很少关注目标人群的感受和体验。

其实，消费者在购买产品时，本能地以自我为中心，会更多地关注自己所关心的内容，对于那些与自身关系不大或不直接影响切身利益的事情，并不是很在意。这就要求文案工作者在写作文案时关注用户的需求和感受，以用户视角作为写作的主要切入点，深入分析用户的消费行为，提炼出他们最关心的问题，有针对性地呈现给目标用户其所感兴趣的文案。

当进行文案创作的时候，文案工作者虽然会想到要从“用户视角”出发，但是在面对着计算机屏幕时，便往往进入“自我视角”。于是就会写出一些自认为很走心的文案，但这样的文案只能感动自己。所以，如果想影响用户，就要站在用户的角度思考什么样的文案能够影响消费者的感知，而不是影响自己。

文案赏析

“用户视角”的文案

很多产品推销人员总是在向陌生的顾客介绍自己的产品有多么好，却不关心用户的感受。但小米不同，小米体重秤的文案不会说“灵敏随行，智掌未来”，而是说“喝杯水都可以感知的精准”。

这样消费者会非常容易地体会到小米体重秤的优点是“精确感知”，从而影响消费者的购买决策。

（二）制造对比

有一个很有趣的现象：人们在购物的时候，经常会因为一个 10 元钱的商品能不能再优惠 1 元而跟商家讨价还价。而对于一个 10000 元的商品能否再优惠 50 元，人们好像并不是太在意。为什么 50 元明明和 1 元有 50 倍的差距，人们却更看重那个 1 元钱呢？很简单，这是因为人们当时在乎的其实不是钱本身的数额，而是通过把优惠额和原价作对比来判断它的价值。相对于 10 元，1 元就是它的 1/10，它是有价值的；而相对 10000 元，50 元只占到 1/200，这个时候 50 元看起来价值又好像没那么高了。对于商品价格而言，这个时候它的相对值明显更影响消费者的购物决策。

这里有一个强大的营销底层逻辑：消费者在判断商品价值的时候，天生就喜欢去对比，而“参照物”在很大程度上直接决定了人们最终的决策。如果没提供参照物，那么消费者会按照过往固有的经验和认知去对比；而如果提供了合适的参照物，消费者就会基于眼前的参照物去作对比。

消费者往往需要在不同的产品之间做出选择，但是众多的产品同质化非常严重，导致用户很难快速作出决定。解决这一问题最好的办法就是制造对比，塑造差异，帮助消费者减少思考消耗的精力和时间。

只有通过对比，才可以使不同的产品之间的差异体现出来，从而形成清晰的记忆和印象。因此，制造对比可以让消费者的大脑快速对产品产生印象，从而更快地作出决定。

文案赏析

“制造对比”的文案

天堂迷你晴雨伞，收伞只有18厘米长，比普通晴雨伞体积缩小了45%，但消费者很难感知到这45%到底有多少。于是，天堂就把两种产品放在一起做对比（见图9-1），同时与人的手做对比，这样消费者的大脑就能清晰地感知到天堂迷你晴雨伞的尺寸更小。

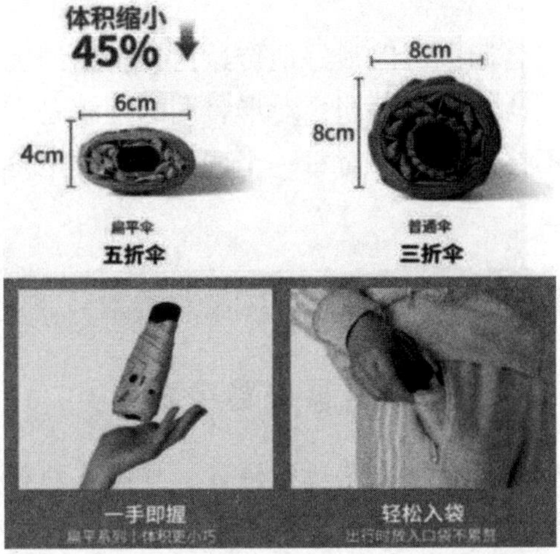

图9-1 天堂伞的尺寸对比

（三）去抽象化

奥美广告公司创始人大卫·奥格威说：“广告是词语的生涯。”失败的广告往往缘于创作者缺乏一种最基本的技能——找到准确的语言。但是语言的本质是抽象的，文案的目的是销售，重点在于让人记住，以实现传播效应，完成说服消费者购买的任务。因此，文案使用语言的重点在于去抽象化。当然，也不是说一篇文案全都使用具体的词汇。类似“易操作”“自动化”这种词汇，对提炼浓缩产品特征就很有帮助，否则只能使用更多的具体化的词汇来说明“自动化”是怎么一回事。去抽象化是把产品描述具体化，通过味觉、听觉、视觉、嗅觉、触觉五种感觉“组合拳”，把文案进行可视化或可感知化处理，让用户真实地感受到产品信息，也叫具象化思维，表现为对场景化的细节描写和词性的选择。

1. 场景化的细节描写

“场景”一词原指戏剧、电影等艺术作品中的场面。具体来说，是指在一定的时间、空间内发生的一系列行动或人物关系所构成的具体生活画面。观众可通过某一场景回忆起曾经的某句话，或实现对整个故事理解的衔接。场景化能给用户制造一个场景想象或场景联想，用户下一次在相同或类似的场景下触景生情而联想到品牌或产品，从而能体会到品牌的定位或价值。进行场景化细节描写的步骤如下。

一是明确产品定位和品牌定位，即明确产品的使用人群或目标受众，明确产品功能特色等，从而明确文案中心思想和受众人群。

二是联想相关场景，通过“穷举法”，列出可能出现的所有场景，并梳理出最容易和次容易产生联想的场景，摸索其中的关联，进而奠定文案描述的环境基础。

三是挖掘目标用户的痛点，无论是王老吉的“怕上火”，还是支付宝的10年回忆，或是像益达的“饭后嚼一嚼”，都是从人性出发，将产品定位与人性连接，由人性中的弱点带动对情景的感知和同化，最后将人性的特点和场景结合，创作出最终的广告文案。

2. 词性的选择

动词利于产生画面感，名词也可以很好地传达信息，量词则令事物更直观，便于大脑迅速理解。语言词性不同，认知模式不同，对形容词的理解是有偏差的。比如，美丽、大气、优美、纯洁等词汇都不错，但用户对每一个词汇的理解是不同的。

文案赏析

小熊电器的数字表达

数字是一种客观、准确的符号，更是一种语言，可以达到精确表达的效果。小熊加湿器就深谙此道，用99.9%的除菌率和小于38分贝的声音来突出核心卖点：除菌功能和静音加湿，快速在消费者头脑中形成认知并促成转化。小熊加湿器文案如图9-2所示。

图9-2 小熊加湿器文案

总之，去抽象化思维要求把关注点放到人身上，需要在生活中不断发掘令人感动的素材，用心体会并记录下这个时刻，呵护消费者的脆弱、消除消费者的痛苦、参与消费者的快乐、理解消费者的落寞。文案触动人心的力量，就藏在细节之中。

（四）可视化表达

在文案写作过程中，仅仅提供具体信息是不够的，还要加上视觉化表达，让文案能调动消费者的感受，联想一些生动的画面。

文案要有画面感，可以通过比喻、拟人等修辞手法把具体的信息传递给用户，使其在大脑中将这些有画面感的图像保存起来。文案的画面感越强，就越容易调动大脑的记忆，使消费者能够快速识别和储存信息。例如，要是给一款耳机设计广告文案，仅用“静享音质”这种抽象化的介绍是无法打动消费者的，他们也无法调动感官去想象这款耳机的音质到底有多好。如果换成“犹如置身音乐会”这样的比喻，会让用户眼前浮现出聆听音乐会的画面，产生身临其境的感觉，体验感瞬间变得真实起来。

当然，互联网文案不仅可用文字进行可视化表达，也可以搭配图片、视频来烘托视觉效果。图文并茂、视频清晰流畅的文案更能直接刺激用户的大脑，强烈的视觉冲击力会带给用户更多的震撼。可视化文案的目标是更好地影响消费者的行为和认知，因此，需要寻找具体的信息将其用视觉化的形式表达出来，从而快速地影响用户的感受。

（五）调动用户情绪

走心的文案，往往可以洞察消费者的内心世界，甚至有时比用户自己还要了解自己。了解用户需求，充分调动他们的情绪，促使用户对文案和商品产生好奇心，呈现他们所关注的利益点，就把握住了用户的购物心理，吸引他们快速下单。

当文案从“痛点”和需求的角度出发，能洞察用户的行为规律，从而挖掘用户的“痛点”和需求，帮助用户去了解产品、去理解产品理念，甚至让用户有代入感时，就会轻松让目标用户产生购买欲望。

1. 激发好奇心

好奇心人皆有之。在移动互联网时代，人们每天接触大量的信息，这些信息大部分会被大脑自动屏蔽，无法在人们心中引起波澜。只有能够引发用户好奇的文案，才能促使他们点进去查看具体内容。因此，在文案写作中，想要吸引消费者阅读，引导下单，可以通过文案的标题设计来引起消费者的关注。

标题是文案最能使人感到好奇的部分。由于标题比较简短，很多时候不能完全描述事情，反而更容易产生悬念，激发人们的好奇心。人的好奇心一旦产生，情绪也就会随之激动起来，有想要一探究竟的想法，这样就会产生后续的文案阅读行为。如果文案使用令人感到好奇的标题，那么文案的点击率会明显提高。

另外，文案创作者可以利用目标人群知识上的不足来激发人们的好奇心，因为人一旦在某个领域存在知识和信息的不足，就会产生好奇心，并想要去探索未知的领域，以此来弥补某方面的不足。文案创作者可以在文案标题中运用提问的句式，恰当使用“如何”一词来调动用户的情绪。例如“如何在 3 天内减轻 5 千克 体重?”“如何快速阅读一本书?”等。

2. 启动情感

人是有情感的动物，不管是朋友间的交往还是亲人间的沟通，情感都是重要的纽带。富有情感的文案往往比没有情感的广告更吸引人，它能触动情感，调动情绪，通过对情绪和情感的刺激达到吸引人们注意、打动人心的作用。文案就像一个产品，只有经过文案创造者精心设计和仔细打磨，才能获得目标用户的关注，进而获得用户的好感，实现情感上的共鸣。

三、文案创新方法

（一）发散思维树状图法

在文案策划过程中，可以通过发散思维树状图来完成卖点提炼。发散思维树状图适合在确定的信息上进行无限的发散创意，以确定卖点，然后做出更好的表述。比如，农夫山泉水的卖点是“天然水源”，文案小组人员对“天然水源”这个卖点进行发散联想。“天然水源”这个卖点就像是树的主干，而“绿色”“大自然”“水更好喝”等联想相当于树的主要枝干，每个枝干上还可以进一步开枝散叶，在每一个元素的基础上进一步联想，可以发散出无数个关键词，最后在树状图上选择一个最能打动用户的点进行提炼。

（二）创意表格思考法

一家饮料公司要开发新产品。如果你是该公司研发部人员，你会提出怎样的饮料开发建议呢？通常的思考方法就是随机将口味进行组合，如“牛奶+蓝莓”，或者将口味与形状进行组合，如“苹果+三角形”等，这样得出的结果比较随机，会漏掉一些组合元素。如果运用创意表格思考法，将不同维度进行穷尽列举，就可以获得无穷的创意结果。

表 9-1 是“创意饼干创意表格思考法”的思考结果，将口味、结构、造型、颜色等维度分别列举，不同维度进行排列组合，就可以获得无穷尽的创意结果。

表 9-1　创意饼干创意表格思考法

序号	口味	结构	造型	颜色	……
1	牛奶	单层（厚）	人的造型	红	……
2	巧克力	单层（薄）	生活用品的造型	黄	……
3	柠檬	夹心（厚）	植物的造型	橙	……
4	西瓜	夹心（薄）	动物的造型	绿	……
……	……	……	……	……	……

使用创意表格思考法具体有三步。

(1) 从现有的产品中抽象出分解问题的维度。如从现有市场中发现饼干有不同的口味，如牛奶、蓝莓等，把这些事项概括成一个维度——口味。

(2) 对每个维度尽可能进一步细分。如将口味进一步细分，除了牛奶、巧克力、草莓等常见的口味外，还可以列举出其他不常见的口味。

(3) 对不同维度建立不同的组合。如将口味维度的“苹果”与结构维度的“夹心(薄)”和造型维度的“动物造型”结合起来，就成为一款苹果味的不同动物造型的夹心薄饼干。

(三) 元素组合法

铅笔曾经是没有橡皮头的，但是当美国画家李普曼用铁皮将橡皮和铅笔连接到一起后，这样一个小创意就给他带来了 RABAR 铅笔公司的 50 万美元专利费，而此后千万人受惠于此。不同元素的组合常常能带来意想不到的创意。如“耳机+录音机”就成了随身听，将水杯和转刀组合可以做成榨汁机。文案的创意也同样可以运用这样的思维方式，如将“钞票雨”和“孩子”结合，就有了《小区突然下起钞票雨，这时一群孩子路过……》这样的文案。

第三节 文案的撰写

一个好的文案能为企业带来数以万计的销量，为企业塑造良好的品牌形象；反之，一个差的文案也会破坏企业的形象，导致企业利益受损。如何让文案标题有吸引力、让文案内容有代人感、让文案框架条理清晰，是一个文案创作者需要思考的问题及具备的写作能力。

一、文案标题的拟定技巧

(一) 巧用数字

巧用数字，即在拟定的标题中加入具象化的数据，将正文的重要数据或正文的思路整合到标题中，利用数字的辨识度、权威性、文化感，给读者更直观、更量化的感受。具体的技巧如下。

1. 两组数据对比，制造反差

借助两组描述对象反差较大的数据，以正反、好坏的对比营造冲击力、震撼力，或以低投入、高产出的两组数据满足读者的得益心理，引起读者的关注与共鸣。如《从 0 基础快速成长为年薪 30 万元的交互设计师》。

2. 多组数据递进，强调重点

采用多组数据，按照大小、轻重、本末、先后等一定的次序，对三种以上的事物或事情发展顺序依次层层推进，以达到某种效果或目的。前者或为铺垫，或为对比，重点强调后者。

3. 精确数据，强调权威

用直接调查得来的第一手资料，或来源真实的权威数据，强调信息的真实性、可靠性，突出专业的手段及严谨的态度，从而获得读者的认可。如《追踪了 783 家创业公司 5 个月，分析了 64.7 万条数据，我们发现了 10 个有趣的现象》。

4. 特定数字，强调文化感

采用特定的数字如“七十二变”“三十六计”“三七二十一”“九九八十一难”等，可以加强语义，突出程度及效果，增强文字表达的趣味性。如《夏天想要美，也就需要经历九九八十一道磨难吧》。

（二）善用提问

标题中采用提问的方式，重点在于调动读者的好奇心，可以通过疑问、反问、设问等方式激起读者的求知欲。读者疑问越大，寻找答案的欲望越强，标题效果就越好。常见的提问类标题写作技巧如下。

1. 疑问式标题

疑问式标题，在语句中传递疑问语气。标题提出问题，需要进行回答。可以是只回答“是”或“否”的是非问句，在句尾采用“吗、吧、啊”；也可以是选择疑问句式，在标题中提出两种或两种以上的情况，让读者从中进行选择；还可以是就某一问题或事件的处理方法提出疑问，吸引读者在文中获得答案。如《牙齿发黄，仅仅是刷牙方法不对吗?》《小红书点赞过万的眼妆，都是怎么化出来的?》。

2. 设问式标题

设问式标题，为强调某部分内容，明知故问，自问自答，答案往往出现在问题之后。通过一问一答或几问一答的方式，强调问题的答案并引起读者的思考。如《你的孩子一到冬天就咳不停？试试这 5 种食疗，缓解咳嗽痛苦》。

3. 反问式标题

反问式标题即用疑问语气表达与字面相反的意思，往往问题的答案明确地表示肯定或否定的内容。反问句式主要是加强语气，用确定的语气表明作者自己的思想，引发读者共鸣。如《孩子一哭，难道就只能妥协吗?》。

4. “如何”体标题

“如何”体标题，顾名思义，在标题中使用“如何”两字，可以只问不答，也可以自问自答，重点在于强调即将推出的解决方法，以此让读者受益。如《如何让孩子好好刷牙？这位妈妈的做法我要吹上天!》。

（三）抓住心理

抓住受众心理的标题拟定方法，是借助人的某些心理引起受众的共鸣，如猎奇心理、怀旧心理、“窥探”心理、恐惧心理等，从而引起受众的阅读兴趣。常见的技巧如下。

1. 利用受众猎奇心理

猎奇心理是受众要求了解或获得有关新奇事物或新奇现象的心理状态。该标题拟定技巧的重点在于选择适当的、受众未知或与寻常认知不相符的人或事物为“噱头”，吸引大众的注意，并引发讨论。如《我用棉花糖上粉底，结果……》《有些人，一到春天就想把鼻子“砍”了》。

2. 唤起受众怀旧心理

怀旧就是缅怀过去，怀念往事或故人。这种标题的写作技巧在于挖掘逝去岁月的情感内涵，唤起受众对旧物旧事的怀念情绪，从而引起特定受众的共鸣。如《头号玩家，不只是电影》。

3. 满足受众“窥探”心理

这里的“窥探”心理并不是指违反法律和道德的偷窥行为，而是普通群众对公众人物神秘感的好奇及猜想，利用这种心理引发其探究的兴趣。如《为什么女演员都在戴这个土味头饰?》《诺贝尔奖获得者都看些什么书?》等。

4. 激发受众恐惧心理

恐惧心理是指对某些事物或特殊情境产生的比较强烈的害怕情绪。激发受众恐惧心理即利用受众害怕犯错受损，希望通过某物或某事降低损失的心理，引导受众通过文案获取相关知识。此类标题中常出现“误区、雷区、致病、后悔、可怕”等字眼。如《勤洗脸也会烂脸？这些护肤雷区你千万别踩……》。

5. 抓住受众稀缺心理

抓住受众稀缺心理即利用受众对获得某物的焦虑情绪，引发其强烈的购买意愿，一般包括时间稀缺与数量稀缺。此类标题中常出现“最后一天、最低价、仅剩、仅有”等字眼。如《一年只卖20天！岭南贡品级蜂蜜荔枝，平均19度蜜甜，全网都在疯抢》。

（四）紧追热点

紧追热点，即以名人或热点事件、新闻为“噱头”，采用类比、翻新或联想的方式，引导读者对文案的关注，提高文案的点击率和转载率。常见的技巧如下。

1. 借流行势头

借流行势头即利用一个时期内，某一群体模仿、追逐某一创新事物或形式并广泛传播的社会现象，一般是指较为普及且持续时间相对较长的流行事件，如“网购”“直播”等。如《“小朱配琦”带的货没抢到？来这里给你配齐》。

2. 借热点势头

热点指的是比较受广大群众关注或者欢迎的新闻或信息，或指某时期引人注目的事件或事物，一般表现为短期内的个别现象，如热播影视剧、节目等。如《综艺节目中这些漂亮女孩脸上的秘密，被我扒出来了……》。

3. 借名人势头

名人是社会公众比较熟悉和喜欢关注的群体，借助名人效应来吸引公众的眼球，可增加文章的点击率和阅读量。标题写作时可以根据授权的范围进行名人与产品的关联。如《×××推荐的一款眼霜，好用到不行》。

4. 借牛人势头

牛人指某领域的专业人士或具有某特长的人。借助牛人的势头即借助牛人在特定领域的能力及权威性，引导特定受众的关注及兴趣。如《×××直男风带货哈弗 F7，你上头了吗?》。

（五）妙用修辞

在标题中采用比喻、拟人、排比、夸张等修辞手法，或借助诗词、成语典故、谚语、歇后语等来创作文案标题，可以提升文案的文化涵养，引起读者的相关联想。

常用的技巧如下。

1. 比喻式标题

采用比喻式标题即抓住不同事物的相似之处，用浅显、具体、生动的事物来代替抽象、难理解的事物，达到借甲事物来描写或说明乙事物的目的。标题中常见“如、像、似、类”等字眼。如《薄如蝉翼的金华火腿，每一口都是时间的味道》。

2. 拟人式标题

拟人式标题，就是把标题中的事物人格化，将事物描写成和人一样具有动作、语言和感情的样子。此类标题须抓住物与人的共通点，在情感上引起人对物的代入感。如《1.5 斤新鲜甘蔗浓缩成一颗糖，它懂你不能说的秘密》。

3. 夸张式标题

夸张，是为了达到表达效果，对事物的形象、特征、作用、程度等方面着意夸大或缩小的修辞方式。夸张式标题即利用夸张的手法启发读者的想象力并加强文字的力量，但夸张不等于虚假、捏造。如《吃掉一只优秀的小龙虾，就抓住了南京的夏天》。

4. 化用式标题

“化用”，也称作“借用”“套用”，即将他人作品中的句、段或作品拆解开来，根据表达的需要再重新组合，灵活运用，形成一个有机的整体。化用式标题，可化用古典诗词、名人名言、歇后语及网络用语等。如《假如生活欺骗了你，不要悲伤，不要心急，你只是需要一盒乐高。》

知识延伸

“标题党”的危害

“标题党”是指在网络论坛或媒体上制作引人注目的标题来吸引受众注意力，以达到提高点击量或知名度等各种目的的网站编辑、记者、管理者和网民的总称，也可指那些耸人听闻、题文不符的标题本身。其主要特征是发帖的标题严重夸张、曲解、煽情，帖子内容通常与标题完全无关或联系不大。“标题党”一般具备以下特点。

(1) 罗列夸张、刺激的词语，如《太残忍了！美丽姑娘被火柴烧死的惊天血案》。

(2) 曲解原意、夸张事实，如《再见了！负债4205亿元后，一代首富跌落神坛让人警醒》。

(3) 采用“或”“疑”等字眼进行猜测、编造。通过炒作热点事件，提出疑问，让读者随意进行猜测，以达到提高点击率的目的，如《×和×清空动态，×言语激烈状态不对，难道被骗婚了》。

“标题党”的危害：

(1) 浪费读者的注意力和时间，欺骗读者的感情。

(2) 破坏媒体自身的公信力。

(3) 激发社会矛盾，破坏社会秩序。

拟写文案标题需要借助一定的技巧吸引阅读者兴趣，但不能为吸引眼球而毫无底线，沦为“标题党”。

二、文案开头写作

文案的开头具有承上启下的作用，一方面，开头需要与标题呼应以防“文不对题”，另一方面，开头也要起到提纲挈领的作用，让读者对下文有所期待，引发读者阅读的好奇心。常见的文案开头有以下几种。

(一) 故事型开头

故事型开头是最能引起读者代入感的一种方式。好的故事能够让阅读者进入作者的写作情景，与作者共情。写好一个故事型开头可以采用真诚的感情共鸣、反常识、反套路勾起读者的好奇心，也可以设置悬念、采用荒诞离奇式开头打破常规，让读者充满期待地阅读下去。

(二) 简洁型开头

简洁型开头采用直截了当的方式阐明主题，干脆利落，甚至可以一句带过。

（三）场景式开头

场景式开头即在文案开头展示读者生活中常见的环境及情感，能够第一时间唤起读者的共鸣。如与读者生活相关的升职、升学、健康、养老等场景及由此产生的迷茫、心酸、期待等情绪。

阅读案例

标题：被疯抢的电动牙刷，是人类之光还是网红骗局？

开头：美食的诱惑，人类总是难以抵挡。麻辣小龙虾、酸汤肥牛、酸辣土豆丝、水煮牛肉，加上各类甜品和奶茶，满足了我们七荤八素的口腹之欲。能够享用这些美食的人，却从不包括牙口不好的。

（四）提问式开头

提问式开头可通过提问题的方式自然而然地导出文案的主题，不仅能引起受众的思考，还显得文案主旨鲜明、中心突出。

（五）权威式开头

权威式开头是指借用权威机构或某个行业内具有发言权的个体的调查数据、分析报告、趋势研究等权威资料作为媒介来表达自己的观点、推广某款产品，以此作为开头可将读者对权威资料的信任转嫁到产品身上。

（六）独白式开头

独白式开头通过作者的内心活动，采用一人独白或者二人互相补充情节的方式，叙述完整的故事情节，从而营造出亲切的氛围。

阅读案例

开头：

年轻人：“清晨四点，整个城市好像只有在那个角落，才让人觉得明亮且温暖。”

店员：“我记得那天冷冷的，还在下雨。他站在那里喝咖啡，心情好像很坏。”

年轻人：“只不过喝他的一杯咖啡而已，他就像个老朋友一样陪我聊了很久。”

店员：“我只不过问问他是不是工作不顺心，他就像好久没有跟人说过话似的，一说就说个不停。”

年轻人：“我好像第一次跟一个陌生人讲那么多话！也就在这个角落里，我第一次感觉到许多人竟然那么单纯、那么认真地活着。”

店员：“嘿，刮刮胡子吧！常来哦，别忘了这个方便邻近的好邻居哟！”

年轻人：“那个早晨，我觉得自己的脸那么清新，那个角落真的特别明亮、特别温暖。”

文案亮点：两人各自的独白可组成完整的故事情节，充分展现了该店人性化服务的良好企业形象。

（七）金句式开头

金句式开头即在开头设计一则短小精练、扣题又寓意深刻的句子，或者引用俗语、名人名言、诗词等句子，引领文章的内容，吸引读者，并使文案富有文采。

（八）利益式开头

利益式开头即在开头直接展示产品或文案的利益点。读者关注自身利益，从而选择继续查看文案展示的相关信息。

三、文案正文架构的设计

文案的正文内容不追求华丽的辞藻，追求的是文章清晰的思路、条理，注重的是作者观点的阐述方式。正文内容可以通过文字、图片、视频、语音或综合混搭等方式表现出来。常见的文案正文架构设计有以下几种。

（一）新闻式

新闻式正文布局是指通过模仿新闻媒体的口吻进行正文的撰写。比如，公司内部重大活动的宣传报道，可以通过新闻式正文形式来发布。新闻式正文布局是一种比较常用的写作布局，主要用来报道企业新闻、动态消息、杰出人物。一般来说，新闻式正文布局是一种准确、及时而普遍的写作方式。如今，不管是中小企业还是个人，都开始像大企业一样，具有了宣传意识。于是，它们开始将自己的动态、消息、人物及时向社会宣传，从而达到获得一定的流量和知名度的目的。

（二）故事导入式

故事导入式文案是一种容易被用户接受的正文体裁。一篇好的故事正文很容易被读者记住，形成深刻的印象，拉近品牌与用户间的距离，提升品牌知名度。在写故事导入式文案的时候，要确定产品的特色，将产品关键词提炼出来，然后将产品关键词放在故事线索中，贯穿全文，让读者读完之后印象深刻。同时，故事导入式正文要满足两点要求：第一，故事情节要合理；第二，故事要有一定的艺术加工，但是不能太夸张。企业要推广某个产品或者品牌的时候，可以采用故事导入模式，提取产品或者品牌卖点关键词，根据宣传定位提炼故事，合情合理地将产品信息植入故事中。

（三）设置悬念式

所谓“悬念”就是人们常说的“卖关子”。设置悬念也是文案常用的一种写作方法。通过悬念，激发受众丰富的想象与阅读兴趣，从而达到写作的目的。在文案正文中设置悬念，具体是指在正文中的故事情节、人物命运进行到关键时刻设置疑团，在后面的情节中慢慢解开，或者在描述某一奇怪现象时，不急于说出产生这种现象的原因，让读者产生急切的盼望心理。

（四）片段式

片段式组合正文布局像是一个个镜头的剪辑组合，根据表现主题的需要，选择几个典型生动的人物、事件或景物片段组合成文。主题是文案的灵魂，所以，所选的镜头片段要服从于表现主题的需要。文章整体布局一般为“总—分—总”，开头点题定向，领起下文；主体部分片段组合，各个片段之间既独立又彼此勾连；结尾呼应前文，点明主旨。

（五）层层递进式

层层递进式正文布局的优点是逻辑严谨、思维严密，按照某种顺序将内容一步步铺排，给人一气呵成的畅快感觉。层层递进式正文布局的缺点在于对主题的推出不够迅速，如果开头部分不够精彩，后面的内容将失去意义。层层递进式正文写作要么是从现象到本质，要么是从事实到道理，要么是从“是什么”“为什么”到“怎么样”。

（六）欲扬先抑转折式

欲扬先抑转折式文案写作的核心理念是“欲扬之，却先抑之；欲抑之，却先扬之”，做到曲折生动、千回百转，使文案产生艺术魅力的同时，突出所推广事物的特点或者品牌理念。

四、文案结尾的写作

文案结尾虽然篇幅不长，但在文案的结构和完整性上，地位不容小觑，是文章的重要组成部分。一个好的文案结尾，既能够总结升华全文，也能触动读者的情感，给读者留下更深刻的印象。常见的文案结尾有以下几种。

（一）点题升华式

点题升华式结尾即在文末总结全文，点明中心。有的文章在开头和中间只对有关问题进行阐述和分析，最后才将意图摆到明面上，从而升华主题，让读者印象深刻。

（二）转折震撼式

转折是指事物发生了一种突破常理、违背逻辑的变化，这种变化往往让人始料不及，完全没有准备。这种氛围落差会使受众感到震撼，让受众惊叹于作者独特的构思，在心中留下深刻的记忆。

阅读案例

正文梗概：

男孩和女孩是初、高中同学，因为想着要好好学习考入同一所大学，所以尽管他们非常要好却一直没有明确彼此的关系。最终她考上了，他却名落孙山，彼此再无联系。直到她的婚礼两人才又见面，他交给她一个手机后就转身离开了。

结尾：

她打开手机，手机上的软件正在播放节目，她发现，软件中每一条收藏的音频都是他们学生时代反复收听的电台节目，每一首歌都是记忆的引子。

她泪流不止……

这个软件就是音频分享平台喜马拉雅FM。

（三）话题讨论式

话题讨论式结尾是在文案末尾采用话题进行提问或投票，从而引发受众思考，促使受众积极互动、留言，从而提高文案的热度，它是文案经常使用的结尾方法。

（四）行动引导式

行动引导式结尾从感情的角度打动读者，让产品有温度、有情绪，做到“以情动人”。当受众感受到文案作者的用心与认真时，就很容易促成购买。

（五）利益诱导式

利益诱导式结尾即在结尾通过展现利益和好处，对消费者进行诱导，采用饥饿营销的方式，制造稀缺感，将利益最大化，引导受众行动。

第四节　微信公众号文案技巧

公众号是目前微信营销的主战场，包括订阅号、服务号、企业号和小程序，通过公众号，商家可在微信平台上实现文字、图片、语音和视频的全方位沟通与互动。

一、公众号文案的写作技巧

公众号通过群发推送、自动回复及一对一交流三种方式向用户传递信息。公众号文案主要有以下三个写作技巧。

（一）吸引读者点进去

微信文案的封面图和标题是吸引读者点击阅读文章的第一动力。无论是订阅号入口还是朋友圈入口，封面图和标题都是读者在几秒之内判断一篇文案是否值得点击阅读的“胜负手”。因此，文案创作者要重视封面缩略图的设计和标题的设计。封面缩略图是对微信文案的简要说明和概括，具有创意和视觉冲击力强的缩略图可以快速吸引用户的注意力，使其产生进一步点开阅读的欲望。同样，优秀的标题设计也有相同的作用。

（二）抓住读者读下去

通过标题及封面图的简要概括吸引读者点击后，正文的知识性、趣味性、有效性才是抓住读者读下去的原因。提高正文写作水平，能够让用户阅读完整的文案信息，达到企业推广的预期目标。另外，公众号文章除内容精彩、布局合理等因素之外，还有一个重要的因素可以吸引读者读下去，那就是文章的排版。精美细致的文章排版，能够提高读者继续阅读的概率。可以使用 135 编辑器、365 编辑器、秀米编辑器等排版网站来美化自己的文章版面。

（三）鼓励读者转出去

通常来说，文案内容有用、有趣、有启发，用户就会阅读、点赞、收藏并转发。文案写手们可以参照微博互动的方法，通过设置互动话题、互动活动、转发集赞、抽奖投票等方法进行微信文案的推广。

二、公众号文案的推广技巧

公众号文案撰写完成后，需要进行文案推广，以达到增加曝光量、提高销售业绩的目标。公众号文案推广有以下几个技巧。

（一）结尾引流推广

结尾处引流是最直接的文案推广技巧，通过此方法可以为用户提供便利的购买渠道，提高购买转化率。常见的结尾引流方法有放公众号二维码图片、贴关联社交账号名称、附产品购买链接，或引导点击“阅读原文”与“在看”等，增加文章的曝光度。

（二）互动优惠活动

利用用户贪图优惠的心理，适当设置互动优惠活动，既可以提高受众的参与程度，又能增加文案的曝光度，也能在一定程度上提高销售量，可谓一举三得。

（三）巧借热点

借势热点是营销推广界一个永不过时的话题。新闻热点、节日等自带超级传播属性，适当借势热点，把关键词融入文案中，能够为文案吸引更多阅读者，当然也可以增加用户下单购买的概率。

（四）善用回复

公众号可以在留言区与读者进行互动，增加亲近感，提高读者评论的积极性。

（五）制作 H5

生动有趣是吸引读者自动传播的又一大利器。H5 文案因为其良好的互动性、操作的便捷性和内容的丰富性被广大商家和企业青睐，成为文案推广的一种有效手段。

知识延伸

爆款文案的特点

微信公众号成为目前比较火热的营销工具，要在海量微信公众号中脱颖而出，就必须打造独具特色的微信公众平台，影响力大的公众号在文案写作方面具有以下特点。

1. 紧跟热点的选题

GQ 实验室是个每日更新、紧跟潮流的公众号，密切关注节日、热播剧、时事、流行段子等内容。例如，美剧《致命女人》讲述了同一幢豪宅里，三位不同年代、个性迥异的女性如何对待自己的感情和婚姻的故事，其讨论度居高不下。恰逢《致命女人》完结，GQ 实验室蹭上这个热点，讲述了几个女人在家庭、婚恋中的小故事，引发读者积极互动。

2. 独家采制的内容

Know Yourself 公众号主打心理学内容，秉持“让每个人拥有获得幸福的能力”的目标来运营公众号和撰写文章。它的内容独家、深刻，推文中会分享很多“干货知识”，用心理学的视角洞悉很多现实问题，不仅能让读者学习到很多心理学知识和方法，而且可以帮助读者以全新的视角来看待生活、提升自我。

3. 新颖奇特的视角

定位于“星座娱乐方面的专家少女之友”的同道大叔公众号主要以搞笑幽默的方式来讲述每个星座的特点，每天推送的内容主要有星座与星座间的相处方式、星座的运势，有时候还会推送一些八卦，吸引了大批年轻人。

4. 个性鲜明的语言

微信公众号的语言风格多种多样，吸引不同的用户群体。资讯类微信公众号大忘路，定位于“文艺地浪来浪去，有趣地讲故事”，集文艺、犀利、大胆、幽默等多种风格于一体。在保持总体轻松幽默的调性同时，三位文案作者风格各异：少女心 001 主打少女小清新；保安 007 相对理性，逻辑强、叛逆；排版 002 相对文艺敏感，又洒脱、通透。不同风格维系着不同人群，获得了更多关注。

5. 轻松有趣的形式

毕导是由清华大学化工系博士生毕啸天创办的公众号，致力于以脑洞大开的方式来做科普。其特点是语句简短易懂，节奏快、不沉闷，反问句、疑问句较多，常常带反转、玩梗，喜欢把一个热点和其他热点以幽默的方式进行比较。例如，把《延禧攻略》比作《乾隆之爱情故事》，把《还珠格格》比作《乾隆之家有儿女》，把《甄嬛传》比作《乾隆之妈妈再爱我一次》，并将这三部清宫剧合并在一起，起名为《乾隆女子图鉴》。

6. 频繁密切的互动

Be The Beauty 公众号除了经常与粉丝互动外，还根据读者点赞来决定推送内容。而 GQ 实验室的很多读者会关注文章后面的留言，许多留言是读者对 GQ 小编的调侃或者是对文章内容的想法。GQ 实验室公众号也会对评论进行回复，从而形成了良好的自媒体与读者的互动氛围，拉近了与读者的距离。

实际上，完成一篇高质量的公众号文章绝非易事。某知名自媒体人曾提出一个“爆款公式”，即从 50 个选题里面选一个，做四级采访（5000 人核心粉丝群的群访，3 个以上小群的采访，50 个个案的采访，专家顾问团的采访），5 小时的互动式写作，然后要取 100 个标题，拿到 5000 人群里投票，最后再给一篇文章作 1 万字的数据分析报告。她认为，所有的好文章都是用户需求和自我表达之间的交集，写出爆款文案的秘诀就是下“笨功夫”。

案例分析

一篇阅读量 140 万的文章是这样创作出来的

作者以《吃了几十个西瓜后，我终于发明了能避开所有瓜子的科学吃瓜法》为例讲解了自己的创作过程。

首先，进行发散思维，充分思考“我想写什么”，西瓜子在西瓜中的分布有什么规律？有没有可能避开西瓜子切瓜？冰西瓜要冰多久合适？

其次，将这些想法细化，具体到“我能写什么”，于是以上问题就得出了一些相应的答案：花样切瓜、切成平面、切成块；统计瓜中各个瓜子的球坐标；用偏微分方程计算瓜的冷却时间。

最后，将这些碎片化的素材搭建成一个完整的内容框架，理清文章思路：分析瓜的背景→切瓜、统计瓜子规律→根据瓜子规律设计切瓜方法→计算冰西瓜的过程并用实验验证。

最终这篇文章的阅读量达 140 万次，分享量达 11 万次。

思考：试分析文案的创作过程，思考文案创作的关键点是什么。

本章总结

在互联网个性化发展的今天，微商文案以语言文字、图片、视频、超链接等为元素，依靠卓越的文字表现力，描绘出精美的产品形象，促进产品的销售。具体来说，文案的价值表现为：积累品牌美誉度、赢得消费者信任、增强商家与消费者互动性、增加外部流量。

文案构思的步骤有明确账号定位、明确文案写作目的、列文案创意简报、输出文案创意，可以通过发散思维树状图法、创意表格思考法、元素组合法来提升文案创意。一篇好的文案，标题有吸引力、内容有代入感、框架条理清晰，结尾升华主旨，才能吸引用户群体，提升品牌影响力。

复习思考题

一、名词解释

文案　标题党　用户视角

二、不定项选择题

1. 互联网文案的特征有（　　）。

A. 创作主体多元化　　B. 传播渠道碎片化

C. 内容表现个性化　　D. 营销效果可测量化

2. 好的文案选题应具备（　　）的特征。

A. 可读性强　　B. 价值高

C. 信息增量大　　D. 价值观明确

3. 在文案开头展示读者生活中常见的环境及情感，能够第一时间唤起读者的共鸣，属于哪种文案写作技巧（　　）？

A. 故事型开头　　B. 简洁型开头

C. 场景式开头　　D. 独白式开头

4. 以下哪些是文案结尾的撰写技巧（　　）？

A. 点题升华式　　B. 转折震撼式

C. 利益诱导式　　D. 故事导入式

5. 公众号文案吸引读者点开的关键因素有（　　）。

A. 结尾　　B. 封面缩略图

C. 正文架构　　D. 标题

三、简答题

1. 请简述文案具有的价值。
2. 文案的写作目标有哪些？
3. 优秀文案写作思维有哪些？
4. 谈谈公众号文案有哪些写作技巧。

第十章　微商负面效应与网络舆情管理

项目导读

从微商的出现到大规模爆发只有几年时间。微商进入门槛低、成本小等优势为个人经营提供了很多便利，但随之出现的质量参差不齐、监管把控不严等问题也成为制约其发展的因素。在行业竞争日趋激烈的今天，微商若想在与强有力的竞争对手的竞争中保持领先地位，必须在保持自身优势的同时，认识到制约微商发展的因素并从自身的实际发展情况出发，突破自我，追求卓越。

学习目标

1. 了解微商带来的负面效应；
2. 掌握微商负面效应的应对策略；
3. 理解网络舆情的特点；
4. 掌握网络舆情的处理原则及应对措施；
5. 掌握网络舆情的调控方法。

思政目标

掌握法律法规，恪守职业道德，加强行业自律，正确对待网络舆情。

案例导入

浦江一微商因虚假宣传被罚30万元

浙江省浦江县市场监管局对“某金牌团队”微信公众号的运营主体浦江县某电子商务有限公司进行检查，发现该公众号宣传“××植物精油”适应患有颈椎病、肩周炎、乳腺增生、宫寒等病症的人群，还称“见效快，疗效久”，更有“一瓶20+种功效，为你解决身体烦恼”等夸张用语。另一款“××营养代餐饼干”，则宣称具有减脂减肥及预防糖尿病、脂肪肝、心脏病、卵巢囊肿、乳腺癌、子宫内膜癌等疾病的功效，还有相关使用前后配图、用户评价信息。

经查，上述精油属于非特殊用途化妆品，代餐饼干属于普通预包装食品，并无特别功效。

该公司的行为扰乱了正常的市场竞争秩序，欺骗、误导了消费者，属虚假宣传的违法行为。根据《中华人民共和国反不正当竞争法》的规定，浦江县市场监管局责令当事人停止违法行为，并罚款30万元。

评析：微商作为电子商务经营者，应当遵守法律法规，全面、真实、准确、及时地传递产品信息，保障消费者的知情权和选择权，不得以虚构交易、编造用户评价等方式进行虚假或者引人误解的商业宣传，欺骗、误导消费者。公众号不是法外之地，微商也要守法经营！

第一节　微商的负面效应与应对

微商，社交应用普及的结果，它的便捷性、商品多样性正慢慢地改变着我们的购物习惯。然而，微商在高速发展的背景下，也频频被曝出各种负面新闻。提起微商，相信大多数人脑海中浮现的不外乎是这样：草根创业、朋友圈刷爆、不停地加好友、产品质量难保障，还有被当成段子讲的文案“恭喜××代理喜提豪车飞机”……这是一个被贴满了负面标签的行业。

一、微商的负面效应

（一）货源质量堪忧

要想在销售中取得成功，优质的货源是必不可少的。在微商这一营销模式中，处在最低端的末级代理是控制产品流向市场的最后一道关卡。顾名思义，产品最终从末级代理手中流出，他们在整个渠道中扮演的是与顾客直接接触的角色。所以末级代理手中掌握的货源质量对消费者获取的产品利益有着至关重要的影响。微商中目前存在的主要问题便是末级代理的货源质量堪忧。主要原因包括以下三点：第一，微商商业模式的特殊性，使各级代理都没有实体产品，这也直接导致了下一级代理不知道上一级代理提供的产品质量是否可靠，当产品到达消费者时，才发现是劣质产品，这种以次充好的泛滥，在根本上损害的是末级代理的利益，培育忠诚客户的难度较大。第二，各代理层层加价，末级代理的盈利空间被压缩得所剩无几，末级代理的产品出售价格与实体商店相比不具有任何优势甚至处于下风，导致消费者难以接受高价下的该产品，于是，部分商家以次充好，致使整个市场恶性循环，而对这种现象的恶化，末级代理的无能为力。第三，朋友圈的营销活动缺乏政府相关部门的监管，大部分产品信息由私人卖主发送，或者微商产品企业编辑，缺乏对其真实性的考察，同时，其产品质量也未受到相关部门的严格检验，质量参差不齐、鱼龙混杂，假货经常出现。这对微商的发展很不利，难以形成长期的品牌化运作。

（二）虚假宣传

虚假宣传主要是在策划与产品的包装推广上刻意夸大功效，在宣传上夸大业绩，或是刻意 P 图进行虚假推广，不断推送虚假发货、虚假打款收款、虚假分享代言等。比如，违规宣传“减肥”功效的普通食品层出不穷。一款极普通的食品，就可以往健康美容方面靠，包装成“减肥果”“清净果”“清肠果”“净颜梅”“纤体梅”“酵素梅”等，标榜着“清肠”“排毒”“减肥”“健康”“美容”等功效。

（三）频繁骚扰

打开朋友圈，满眼尽是刷不完的微商推广，这是普通大众对微商最反感的原因所在。据统计，95%的朋友圈中充斥着化妆品、服装、面膜、母婴用品等产品的信息。宣传模式一般是产品图片、销售订单截图、收款截图、几个人试用后的自拍照和各种好评的集合。千篇一律的推广模式，反复不停地推送信息。朋友圈里面流传这样一条状态：“那些在我‘朋友圈’里摆摊卖货发广告的，到年底了，交点广告费吧。”玩笑之余，也说明在微信朋友圈推销商品的微商，正在影响不少人的社交关系。

（四）价格虚高

微商借助移动端进行产品推广，免去了开实体店的租金成本，商品价格应当比传统实体店的要低许多，而且因为朋友圈的互动与口碑推广，也免去了广告费用投入，微商产品的价格应当极具竞争优势。但随着层级代理微商与三级分销的兴起，微商产品的价格越来越高了，最典型的代表就是各类面膜与护肤品。各代理有两种定价方式：一种是厂家统一定出市场价格，出厂价低于市场价多倍，各代理在出厂价的基础上层层加价；另一种是厂家不定市场价格，各代理在出厂价基础上不断加价出售给次级代理，代理逐级分润，价格一路虚高不下，从而造成了现在人们对微商又一个不好的印象，价格虚高已成为微商的显著标签。

（五）非法传销

在微商发展的这几年，假借微商名义进行传销活动的报道时常可见。网络传销活动触及法律法规，但是一些民众对于这项活动的辨别不够，容易走上违法道路，破坏了市场秩序，影响了自己的生活。与以往传销方式不同的是，网络传销波及范围更广，负面影响传播速度更快，涉及违法人员可能更多。一些传销人员假借微商名义，明则分销暗则传销，向“代理”收取高额费用，其所依托的产品是无价值但定价非常离谱的产品，一套成本只有几十元的化妆品定价上千，获取非法暴利。扰乱了经济秩序，影响了社会稳定。

（六）信任危机

微商自身很难跨过消费信任难题。朋友圈营销说到底贩卖的是人与人之间的信任关系，最主要的是产品和支付。如果你的产品本身没有品牌背书，用户很难对产品产生信赖，不足以维系长期的经营。另一方面是交易的支付信任，目前没有任何保障，除非腾讯能帮助解决交易信任问题，提供类似支付宝一样的担保交易模式。但这又涉及腾讯对微信商业构建的定位，现阶段来看，腾讯不会为了微信营销牺牲微信生态的社交性，平台提供担保交易的概率还是极低的。

二、微商负面效应的应对

尽管微商存在一定的负面新闻，应该说只是个别现象，优秀的微商绝不会因负面影响而裹足不前。从另一个角度来看，有负面也未尝不是好事，反而会吸引监管层的关注，并立法规范，从而使微商走向理性，成为被大众认可与接受的销售形式。

（一）走高品质之路，提高产品信誉

消费者需要购买有价值的产品，而不是以较低的价格购买无用或者对自身有害的产品。当前，微商假货次品狂轰滥炸、此起彼伏，假冒伪劣产品猖獗，提高产品质量必须得到重视。一方面，严格的审查监管制度必不可少。当产品通过微商这一平台销售时，应当加强审核、资质认证等，只有经过严格的审批才能流向市场，一旦发现违规商家，应严惩，做到“零容忍”。从短期来看，这可能会损害部分商家的利益，但为了营造一个良好的交易市场，必要的净化措施是不可缺少的。另一方面，将货源渠道透明化。只有代理商真正了解其代理产品的性质、功能等各方面的属性，才能更好地为消费者服务。面对代理层级过多，导致代理商不知产品质量如何的状况，代理商应当加强自身辨别商品真伪的能力，知悉进货渠道是否正规合法。代理制度的改革迫在眉睫，压缩代理层级，提高代理门槛，简化代理程序，旨在提高产品质量。品质是企业的生命，失去品质就等于失去了一切。厂商必须建立严密的产品质量控制机制，在产品生产过程中对质量进行严密的控制，注重发掘新技术和新工艺，确保产品信誉稳步提高。同时，也应该通过网络宣传、电视宣传、现场宣传等方式提高产品的知名度，扩大产品的社会影响力，提高客户对产品的认知

度，增强消费者的信心。

（二）加强内部经营管理，提供多元服务

厂商需要建立完善的人才培养机制，不断提高微商的整体素质，尤其要提供社会实践的平台，让微商在实践中持续增强自己的能力。微商在销售模式上，尽量避免朋友圈刷屏的方式，树立创新意识，向客户提供多元化服务。现在是自媒体的时代，可以利用公众号或其他自媒体账号推送消息、宣传产品，相比在朋友圈叫卖，优点有两点：第一，受众增加，潜在客户群不再只是朋友圈中的好友，任何关注了公众号自媒体的人都是潜在客户；第二，营销趋于理性化，拒绝过去暴利刷屏，系统规范地推送产品信息，理性宣传，重塑微商形象，提升路人好感度。

（三）控制价格，突出营销模式优势

微商层层分销模式的弊端已经日益凸显，过多的代理商层级关系，不仅致使产品价格过高，且利润由于成本增多而被压低。因此，微商可以将传统直销与 B2C 结合起来，打造出一种新的销售模式。厂家直接给代理商提供优质货源，产品只经过一层代理直接到达消费者，简化分销渠道，压缩成本，降低价格，提高利润，保证产品质量。目前，微商代理层级过多，各店家如果想在这一蛮荒中杀出一条血路，须做到渠道"去中心化"甚至无中心化，操作技术可以选择一件代发，减少代理商的负荷量，改变目前部分分销商即为消费者的局面。分销商的作用是扩大销售覆盖面以及提高销售量，而不是找不到消费者时充当自产自销的角色。

（四）完善第三方支付平台，保障支付安全

作为新兴的移动支付平台，部分客户对微信支付存在不信任观念。在微商行业发展的初步阶段，微商可以允许客户借助一些发展相对成熟的第三方平台来提高对支付安全的信任度。但是从长远发展的眼光来看，微信支付必须寻求创新，探寻最安全的支付方式，进一步保障微信支付及客户信息的安全。

（五）建立 CRM 体系，实行信用评价制度

微商作为移动电商，与传统电商不同的是，微商没有客户管理系统，也没有购物评价体系。这对于消费者来说，在购买产品的时候，缺乏客观的意见参考，在交易过程中客户权益可能受到侵害。可以利用第三方社交平台来帮助微商建立 CRM 系统，引入信用评价制度，将客户纳入购物评价体系，为微商行业营造客观公正的经营环境，帮助消费者构建可靠的购物环境，维护正常的商业环境。微商行业应当从客户需求出发，定制个性化、人性化服务，实现用户最大限度的满意度，不论在交易中还是生活中，加强与用户的密切联系。

第二节　网络舆情的应对及调控

在互联网的信息传播环境下，手机的高普及率和上网的便捷性，使每个人都可能成为新闻发言人，一些网络社区每天都涌现大量的话题，大众传播媒体提供方便的留言区，微信平台上被反复转发的评论帖子，让社会公众几乎须臾不脱离信息的热点。“看热闹不怕事大”“吃瓜群众”常常自然地、有意无意地发出他们的声音，增加了社会舆论的热度；再加上一些意见领袖，势必对舆论的走向发挥出一定的作用。在互联网的探照灯下，没有什么东西可以不为人知，没有什么事情可以隐瞒到底。公众不再是视而不见的“草民”，他们已经具有了强大的力量。因此，微商在遭遇网民的痛斥或批评时，不能无动于衷，要积极引导，真诚解释，不可含糊其词，生硬对待。

一、网络舆情的概念和特点

随着互联网、社交网络等技术和应用的兴起，全球范围内数据量迅猛增长，大数据时代正在开启。作为大数据时代的推动力之一，媒体技术的革命正在造就一个全新的舆论环境。网上言论已达到前所未有的活跃程度，互联网日益成为社会各阶层利益表达、情感宣泄和思想碰撞的平台，进而产生巨大的舆论信息。

网络舆情是指在互联网上流行的对社会问题不同看法的网络舆论，是社会舆论的一种表现形式，是通过互联网传播的公众对现实生活中某些热点、焦点问题的意见和态度。网络舆情是以网络为载体，以事件为核心，广大网民情感、态度、意见、观点的表达、传播与互动的集合。

网络舆情形成迅速，对社会影响巨大。随着互联网在全球范围内的飞速发展，网络媒体已被公认为是继报纸、广播、电视之后的“第四媒体”，网络成为反映社会舆情的主要载体之一。网络舆情是社会舆情在互联网空间的映射，是社会舆情的直接反映。网络的开放性和虚拟性，决定了网络舆情具有以下特点。

（一）观点的多样性

在传统社会，人们由于害怕孤立，会对优势意见采取趋同行为，进而把某种观点确立为主导意见形成舆论。但由于网络匿名制的实现，网民通常都隐藏自己的真实身份，在虚拟世界中人们减少了对周围事物的顾忌，减少了人们的从众心理。网民更崇尚自由、追求个性，在网络上畅所欲言。网络传播的个性化使舆论主体呈现分众化趋势，网络传播的出现突破了大众传播由点到面单向的线性传播方式，实现了信息传播的双向互动。受众不再是纯粹的听者，也掌握了话语权；传播者也不再占有绝对的话语主导权和控制权。

（二）形成的突发性

网络舆情的形成往往是非常迅速的，一个热点事件的存在加上一种情绪化的意见，就可以成为点燃一片舆论的导火索。一方面当一个事件发生时，网民可以立即在网络中进行意见表达，网民个体意见可以迅速地汇聚起来形成公共意见。另一方面各种渠道的意见可以迅速地进行互动，线上线下相互影响，从而迅速形成强大意见声势。

（三）传播的不可控性

在网络媒体中，公众表达更加自由，这给兴趣相同或思想观点一致、希望参与到一起讨论的公众提供了可能。然而，一旦某个话题聚集了相当多的人时，就会出现“舆论爆炸”，话题涉及的问题就会被放大，事态的发展也就越来越不可预测，尤其当渲染信息在网络上传播时，就会强化和扩大矛盾，引发危机。

二、网络舆情的处理原则

（一）形象原则

微商通过微信及其他互联网工具传播信息时，要始终牢牢把握传播的所有信息都有益于树立并巩固积极的、负责任的微商形象，任何有损微商形象的信息都应予以重视，不能放任其发展而不理会。

（二）时效性原则

网络舆情一旦发生，“救急如救火”，时间因素显得最为关键，在事件发生后及时站出来表明处理态度往往会给公众留下正面的印象。要坚持快速反应原则，争取主动、抓住时机、勇于决断，制定针对性对策，引导舆论。当然，在快速决策的同时，微商必须不断寻找有关媒体和公众的新信息，收集有关舆论进展的新情况，应增强策略的灵活性和可变性，避免因信息滞后导致策略的盲目性和冲动性。

（三）互动原则

网络舆情产生后，要稳定绝大多数公众的恐慌情绪，赢得公众的理解和支持，最需要的是从关心公众的角度出发，真诚及时地对外宣传，加强与公众的沟通，既包括微商与网络公众之间的信息互动，还包括与内部员工、大众媒介、投资者、政府及社区等多方面的信息互动。在利用互联网开展舆情应对的各个环节都要注意信息的双向流通，切忌单向灌输。

（四）整合原则

虽然网络在舆情应对中，有相对于其他传播手段独特的优势，但单纯依靠互联网是不够的，微商一定要把网络与其他各种传播方式（如报纸、杂志、广播、电视等）有机结合起来，才能收到良好的效果。各种平息网络舆情的传播手段是相互促进、互为相长的，不可偏废。

（五）引导原则

网络媒体的速度比报纸、杂志快，网络的特性决定了在舆情处理中意见领袖的作用变得非常重要。

三、网络舆情处理误区

面对舆情，微商可能由于经验不足，缺乏完善的制度措施，怕字当头，因此陷入网络舆情处理的误区。这些误区包括以下几种。

（一）鸵鸟对策

有些微商在网络舆情爆发后，担心家丑外扬，怕越描越黑，选择沉默应对，对内严加控制，对外封锁消息，拒绝接受媒体采访，企图通过躲、拖而冷处理，让舆情自生自灭。这几乎等于束手待毙。

（二）高压对策

有些微商面对舆情采取“封堵删抓判”的手段，抓“幕后黑手”，使自己更加被动。有些企业店大欺客，甚至把“封堵打压”作为救命稻草和万能钥匙，傲慢消极地对待各种诉求和质疑，这会更加激起公众的愤怒，产生次生危机，最终被卷进舆论的旋涡，严重损害企业的声誉、形象，使危机雪上加霜。

（三）坐失良机

任何舆论危机都会有一个传播发酵的过程，这个过程持续的时间是及时处理网络舆情的窗口时间，也被誉为“黄金时间”。鉴于网络的传播速度极快，所以为微商留下的黄金时间也越来越短，有些危机甚至需要“即时处理”。为避免响应滞后于舆情，应在第一时间启动预案。否则，星火燎原，悔之不及。

（四）本领恐慌

网络舆情处理要避免手段单一。网络传播是高科技多媒体传播，手段丰富，生动性前所未有。在“有图有真相”的时代，如果只靠发布一纸公文澄清事实，成效恐怕微乎其微，线上线下，官媒、自媒，纸媒、微博、微信、客户端等媒体渠道能用尽用，务求必胜。

四、网络舆情的应对措施

（一）迅速表态，掌握主动

网络舆情爆发，很多微商开始并不了解情况，所以不敢表态。可是在调查的过程中谣言已经满天飞，不利的舆论已经形成，贻误了战机。所以网络时代面对危机一定要“先表态度，慎说原因”。表态的内容主要是向大众告知：“我们非常重视这件事情，正在认真调查。如果事件是真的，我们会认真负责，希望大家监督。”针对不同性质的危机和自己核实的真相，如果自己确实有问题，或者有部分问题，就应当实事求是，诚恳接受公众的批评，并迅速处理有关的人和事。不要纠结于公众批评的部分内容不准确、不科学、态度不友好等，要看事物的本质，要看大局，不要抓住细节吹毛求疵，造成进一步的对立。

如果确认是造谣诬陷，即便还没有找到谣言的源头，表态时也可以说：“如果是恶意造谣诽谤，我们保留运用法律保护自己的权利。”这样做会震慑恶意诽谤者，也显示了自信和底气。但这些话比较敏感，不要在任何危急时候都使用，特别是当有顾客投诉引起群体性舆论攻击的时候，即便攻击内容中有真有假，也不要动不动就抬出法律权利，这样往往会适得其反。在调查进行之中，也可以召开记者会和发布消息，因为有时真相要很长时间才能浮出水面，所以应该本着公开透明的原则全程直播，谣言就没有了生存的空间。不要期盼所有事实调查清楚了再给公众一个交代，那样为时已晚，应该随着调查的进展及时地向公众加以说明。

（二）积极争取公关媒体的支持

要本着建立统一战线的精神去争取公关媒体。要在具有良好信誉的网站上搭建专题平台讨论，积极引导舆论，尽量把自己的消息发布在重要网络媒体的显著位置，通常 1 条一类新闻胜过 10 条三类新闻的效果。既要重视网络传播媒体，也要重视传统媒体，因为很多传统媒体有自己的受众和传播渠道，要线上线下连成一体。

（三）建立网上信息中心

网络舆情爆发，对相关部门的信息需求突然剧增，公众会利用搜索引擎主动搜索相关信息，此时微商应该立刻构筑自己的舆论阵地，利用官方网站、博客或者微信平台建立新闻中心，不间断地发布微商的声音，安排专人管理维护，及时更新内容。

（四）正确对待负面信息

所谓负面信息，典型的就是恶毒攻击或者是造谣诽谤。所谓“谣言”，即虚假信息。应对诽谤谣言，首先要找到源头，及时控制。争取第一时间撤下该负面信息，防止二次传播。同时公布相关事实真相。安抚相关的受众，澄清负面信息，做好网络沟通，挽回原有形象。粉碎诽谤谣言最好的武器是事实，微商可以利用权威渠道公布事实真相，并且尽可能用多媒体、多渠道、多手段围剿谣言诽谤。可以组织媒体记者、意见领袖和公众代表到发生问题的现场去观看，耳听为虚、眼见为实，诽谤谣言不攻自破。如一时无法到达现场要请权威出马，在权威媒体表态，要学会多角度、全方位地进行辟谣。

（五）转危为机

网络舆情爆发的时候，微商被关注的程度急剧升高，如果借此机会向公众展示自己的形象，会起到事半功倍的作用。要学会借机展示自己的态度、产品、服务、实力、品牌，让原来不认识自己的公众和媒体借此了解，在舆情平息后，可以塑造更好的形象，收获更多忠诚顾客。

阅读案例

“星巴克咖啡致癌”谣言刷屏

2018 年 3 月，星巴克迎来了一场躺枪的“危机公关”。原因是一篇名为《震惊！星巴克最大丑闻曝光！我们喝进嘴里的咖啡，竟然都是这种东西……》的微信文章刷屏。为增加“星巴克咖啡致癌”的可信度，文章还引用了美国一家法院的判决，要求星巴克必须在所售咖啡的外包装上标注“有毒”提醒。很快，整个舆论沸腾了，网上陆续出现“据说星巴克咖啡致癌”的消息。

值得一提的是，短短两天的时间内，星巴克就巧妙地将此危机化解。首先，举报造谣的微信账号，邀请权威账号“丁香医生”辟谣；其次，积极回应媒体，针对刷屏文章提到的“法院判决”，附上了全美咖啡行业协会相关公告图，并顺水推舟地给公众做了一次咖啡到底健康不健康的科普。于是，大众很快就理解了星巴克，销量回升。

除了顺势而为，这次星巴克的成功还离不开前期周密的准备工作，才顺利地化解了危机，获得消费者的信赖。

五、网络舆情的调控

网络舆情爆发后，微商应本着对社会、对自身、对公众负责的态度，通过一定的措施来进行网络舆情的调控工作，以恢复或重塑微商的良好形象。

（一）加强正面宣传，争取赢得理解

微商应将危机后采取的一系列措施和服务，通过传媒工具进行连续的、全方位的宣传，让公众真正了解微商及其行为，逐步恢复对微商的信任。通过“话题策划”，借助媒体和公众，进行置入式的软性传播是较为明智、效果更佳的传播策略。

（二）加大责任投入，重塑良好形象

微商在经营管理过程中，要加大对社会责任、社会利益和公众利益的活动投入，比如可以通过积极支持社区建设、热心社会公益事业、关心社会热点问题、发起社会道德讨论等活动，向公众展示微商回报社会、服务社会的良好形象。通过网络媒体议程设置，把社会的注意力和社会关心引导到特定的方向。

（三）密切加强沟通，利用他人魅力

微商应加强与政府部门、权威机构、著名人士、意见领袖的关系，积极参与地方建设，充分配合权威机构的监督检查；还可以以讲课、座谈等方式邀请著名人士和意见领袖为微商出谋划策，充分利用他们的影响力，来为微商“正名”。

（四）关注舆情动向，严审恶意信息

日常持续监测网络舆论，对监测到的舆情动向，通过网络信息评论员进行引导。一方面可以开展即时性评论，及时跟帖批驳反面声音；另一方面可以通过发帖、跟帖发表引导性评论，发布正面观点。“意见领袖”在影响受众的态度方面作用明显，尤其当网络出现海量信息时，网民往往会无所适从，这时候他们更需要“意见领袖”的声音作为自身决策的依据。在正面引导的同时，还要严格审核有关信息，对恶意信息立即删除，对情绪偏激的帖子做缓冲处理。在把关中，切忌简单粗暴地删帖，要注重运用动之以情、晓之以理的引导艺术，使网民产生理性和情感上的认同与共鸣，从而形成网上正面言论强势。

知识延伸

意见领袖

一般来说，意见领袖可分为公共意见领袖、专业意见领袖和“草根”意见领袖三类。这三类意见领袖的特征及沟通策略如下。

1. 公共意见领袖，包括商业精英、演艺精英、知识精英等社会公众人物。对该类人群，应注重价值观念上的引领和契合，将其所关注的社会和人生话题与自身的业务、传播信息联系在一起，从而获得他们的认知、认同及认可，实现共塑形象的目的。

2. 专业意见领袖，包括行业内的专家、学者等。可通过召开论坛、举办会议等方式，向这些意见领袖传播自身的文化、理想、责任、业务，并在此基础上进行深度沟通，从而获取他们的智慧和资源，帮助组织改进业务、完善公关传播策略。

3. “草根”意见领袖，即在特定“圈子”中具有影响力的网民。他们广泛存在于微博、微信、社区等网络平台上，并对公众的态度和行为构成直接影响。可针对他们的兴趣点推出新产品、发起公关活动、发布特定信息，从而通过他们的转发取得信息的扩散效应。

本章总结

微商在给消费者带来便捷的同时，也频频被曝出各种负面效应：货源质量堪忧、虚假宣传、频繁骚扰、价格虚高、非法传销、信任危机等，面对这些负面新闻，微商应提高产品品质，加强内部经营管理，改变微商负面形象，提高消费者的信任度。

网络舆情是指在互联网上流行的对社会问题不同看法的网络舆论，是通过互联网传播的公众对现实生活中某些热点、焦点问题的意见和态度。面对网络舆情，应迅速表态，掌握主动；积极争取公共媒体的支持；建立网上信息中心；正确对待负面信息；转危为机；通过一定的措施来进行网络舆情的调控工作，以恢复或重塑微商的良好形象。

复习思考题

一、名词解释

网络舆情　鸵鸟政策　意见领袖

二、不定项选择题

1. 以下哪些属于网络舆情的特点（　　）？

A. 观点的多样性

B. 形成的突发性

C. 内容的可靠性

D. 传播的不可控性

2. 网络舆情的处理原则包括（　　）。

A. 形象原则

B. 时效性原则

C. 互动原则

D. 整合原则

3. 以下哪些属于网络舆情的处理误区（　　）？

A. 鸵鸟政策

B. 高压政策

C. 本领恐慌

D. 迅速表态

4. 以下哪些不属于意见领袖（　　）？

A. 公共意见领袖

B. 商务意见领袖

C. 草根意见领袖

D. 专业意见领袖

5. 以下事项哪些有利于重塑微商形象（　　）？

A. 支持社区建设

B. 支持社会公益事业

C. 关心社会热点问题

D. 发起社会道德讨论

三、简答题

1. 微商的负面效应有哪些？
2. 网络舆情的应对措施有哪些？
3. 网络舆情后如何重塑微商形象？

参考文献

[1] 陈晨.基于微商的商业运营传播模式研究[J].商业研究,2021(20):37-39.

[2] 张玲,汤美子.新媒体环境下微商传播研究[J].传播力研究,2020(5):156-157.

[3] 中国微商市场研究白皮书2021年[R]//上海艾瑞市场咨询有限公司专题资料汇编,2021(4):1-38.

[4] 魏梦佳.微商运营发展未来趋势[J].合作经济与科技,2021(3):72-73.

[5] 王丹妮.微商发展现状调查分析报告[J].市场研究,2020(21):19-20.

[6] 贾园园.社交电商背景下微商优势分析及对策[J].现代经济信息,2020(1):154-156.

[7] 阚勤.浅谈电商新业态微商的发展趋势与对策[J].探讨与研究,2021(9):130-131.

[8] 乐琰,刘晓颖.从偶像到涉嫌传销被查 林瑞阳和张婷这些年都做了什么?[N].第一财经日报,2021(12):1-2.

[9] 卫振中.微商市场发展探究[J].市场研究,2019(11):40-41.

[10] 付晓超.社交电商的商业模式研究——以云集电商为例[D].河北工业大学,2019.

[11] 张雯婷.社交化电商商业模式分析——以小红书为例[J].上海商业,2021(6):32-33.

[12] 茹莉.微商商业模式解析及其规范化发展[J].河南社会科学,2018(10):117-120.

[13] 社群经济[EB/OL].(2022-03-14)[2022-03-14].https://wiki.mbalib.com/wiki/%E7%A4%BE%E7%BE%A4%E7%BB%8F%E6%B5%8E.

[14] 社群经济,形成了全新的商业模式[EB/OL].(2020-12-04)[2022-03-14].http://www.iwanshang.cn/info-2020120411319.html.

[15] 社群经济的5个商业模式,你了解吗?[EB/OL].(2018-09-28)[2022-03-14].https://www.163.com/dy/article/DSQ73J260518RVHK.html.

[16] 粉丝经济[EB/OL].(2022-03-14)[2022-03-14].https://baike.baidu.com/item/%E7%B2%89%E4%B8%9D%E7%BB%8F%E6%B5%8E/2492566?fr=aladdin.

[17] 分享经济[EB/OL].(2022-03-14)[2022-03-14].https://baike.baidu.com/item/%E5%88%86%E4%BA%AB%E7%BB%8F%E6%B5%8E/8326150?fr=aladdin.

[18] 高杰英.信任研究的经济学视角:一个文献综述[J].经济学家,2013(4):100-104.

[19] 郑昊.创客经济:制造业经济转型与发展的创新驱动[J].现代经济信息,2017(15):5-6.

[20] 刘荣秀.新常态下创客经济发展现状及路径探究[J].山西财经大学学报,2017(S1):1-3.

[21] 邓金梅.移动营销(慕课版)[M].北京:人民邮电出版社,2021.

[22] 谭静.H5营销和运营实战从入门到精通[M].北京:人民邮电出版社,2019.

[23] 刘伟．H5 移动营销:活动策划+设计制作+运营推广+应用案例［M］. 北京：清华大学出版社,2019.
[24] 谭贤．新网络营销推广实战从入门到精通(双色图解版)［M］. 北京:人民邮电出版社,2015.
[25] 何晓兵．网络营销基础与实践［M］. 北京:人民邮电出版社,2017.
[26] 许耿,李源彬．网络营销:从入门到精通(微课版)［M］. 北京:人民邮电出版社,2019.
[27] 赵轶．网络营销:策划与推广(微课版)［M］. 北京:人民邮电出版社,2019.
[28] 赵雨,刘敏．社群营销(微课版)［M］. 北京:人民邮电出版社,2020.
[29] 蔡勤,李圆圆．直播营销(第 2 版)［M］. 北京:人民邮电出版社,2021.
[30] 刘海燕,陆亚文．移动营销［M］. 北京:人民邮电出版社,2018.
[31] 谭鸿健,刘德华,董媛．网络营销［M］. 镇江:江苏大学出版社,2016.
[32] 郭薇,李雪．微商营销新生态对网络消费市场发展的影响［J］. 商展经济,2022(3):66-68.
[33] 陈晨．基于微商的商业运营传播模式研究［J］. 商场现代化,2021(20):37-39.
[34] 沈庆磊,邓月．ABC-EM 算法对微商信息传播模型的参数估计［J］. 模糊系统与数学,2021,35(3):50-58.
[35] 魏梦佳．微商运营发展未来趋势［J］. 合作经济与科技,2021(3):72-73.
[36] 穆兰．基于社群微商营销环境下的用户购买行为分析［D］. 上海外国语大学,2021.
[37] 中国微商市场研究白皮书 2021 年［R］//艾瑞咨询系列研究报告（2021-04),2021:522-559.
[38] 谭前进,郭城,李强．新媒体运营的理论与实操［M］. 南京:东南大学出版社,2018.
[39] 吴智银．社群营销与运营实战手册［M］. 北京:人民邮电出版社,2018.
[40] Xue Linyan, Huang Dan, Wang Tong, Hu Qiyi, Chai Xinyu, Li Liming, Chen Yao. Dynamic Modulation of the Perceptual Load on Microsaccades During a Selective Spatial Attention Task［J］. Scientific reports, 2017, 7(1).
[41] 金迹人．移动社交微电商营销从入门到精通［M］. 北京:人民邮电出版社,2017.
[42] 陈倩倩．新媒体文案写作与编辑(第 3 版)［M］. 北京:中国人民大学出版社,2021.
[43] 辛丽如,周艳红．电子商务文案写作与推广［M］. 北京:中国人民大学出版社,2021.
[44] 林海．电子商务文案写作［M］. 北京:高等教育出版社,2021.
[45] 初广志．广告文案写作［M］. 北京：高等教育出版社,2020.
[46] 李兴国．公共关系实用教程(第 4 版)［M］. 北京:高等教育出版社,2021.
[47] 许梦军,黄思慧,万奇缘．基于 SWOT 分析法分析我国微商的发展［J］. 现代商贸工业,2015(14):12-14.
[48] 李梦玉.移动互联网时代的微商发展问题研究［J］.现代经济信息,2016(8):334-335.
[49] 程彬彬.浅谈我国微商发展中存在问题及发展前景［J］.赤峰学院学报(自然科学版),

2016 (14):51-53.

[50] 高晴晴.企业网站建设中前端技术的应用[J].广东经济,2020(2):72-73.

[51] 李淑娣. 浅谈 PHP 在电子商务网站建设中的研究与应用[J].科学咨询(科技·管理),2019(2):71-72.

[52] 张洪海. Web 前端技术在教学应用中改革创新[J].电脑知识与技术,2018(18).

[53] [美]凯文·凯利.必然[M]. 东西文库译. 北京:电子工业出版社,2016.

[54] 秋叶,刘勇. 新媒体营销概论[M]. 北京:人民邮电出版社,2017.

[55] 王发兴. 服务营销理论[M]. 广州:广东高等教育出版社,2018.

[56] 薛青. 广告学理论[M]. 北京:中国建筑工业出版社,2018.

[57] 骆迷俏. 微商营销的兴起与发展研究[J].农村经济与科技,2015(6):96-98.

[58] [美]穆罕·梭尼(Mohan Sawhney),[美]杰夫·萨宾(Jeff Zabin). 企业 e 化 7 步:电子商务转行的策略指导[M]. 赵勇,底彦彬,译. 北京:企业管理出版社,2002.

[59] 魏国英,张冰. 女性学概论[M]. 北京:北京大学出版社,2021.

[60] 姜胜洪.网络舆情的内涵及主要特点[J].理论界,2010(3):151-152.